Untreue und Bankrott

Silvia Reichelt

UNTREUE und BANKROTT

Zum Problem einer strafrechtlichen „Doppelhaftung" des Geschäftsführers der GmbH in der Insolvenz

PETER LANG
Frankfurt am Main · Berlin · Bern · Bruxelles · New York · Oxford · Wien

Bibliografische Information der Deutschen Nationalbibliothek
Die Deutsche Nationalbibliothek verzeichnet diese Publikation in der Deutschen Nationalbibliografie; detaillierte bibliografische Daten sind im Internet über http://dnb.d-nb.de abrufbar.

Zugl.: Jena, Univ., Diss., 2010

Layout:
Franziska Fucke, Lübeck

Umschlaggestaltung:
Manuel Geiger
www.pitchbrain.de

Umschlagabbildung:
Manuel Geiger
www.geiger-images.com

Gedruckt auf alterungsbeständigem,
säurefreiem Papier.

27
ISBN 978-3-631-61773-1

www.peterlang.de

Für meine Familie

Vorwort

Diese Arbeit wurde im Wintersemester 2010/2011 von der Rechtswissenschaftlichen Fakultät der Friedrich-Schiller-Universität Jena als Dissertation angenommen. Rechtsprechung und Schrifttum wurden bis Dezember 2010 berücksichtigt.

Mein besonderer Dank gilt meinem Doktorvater, Herrn Prof. Dr. Heiner Alwart, dem ich die Initiative zur Anfertigung der Dissertation sowie die Unterstützung des Vorhabens verdanke. Herrn Prof. Dr. Christian Fischer danke ich für das Zweitgutachten. Durch die Umsetzung seiner Anmerkungen hat die Arbeit an Wert gewonnen.

Tief verbundener Dank gebührt Herrn Prof. Dr. Hans Dahs, der mir durch die Tätigkeit als wissenschaftliche Mitarbeiterin in seiner Kanzlei die Möglichkeit geboten hat, die in verschiedenen Insolvenzstrafverfahren gesammelten praktischen Erfahrungen in die Dissertation einfließen zu lassen.

Hamburg, im Januar 2011 *Silvia Reichelt*

Inhaltsverzeichnis

Abkürzungsverzeichnis

a.A.	anderer Ansicht
a.a.O.	am angegebenen Ort
a.F.	alte Fassung
AG	Amtsgericht
AHB	Anwalts-Handbuch
Anm.	Anmerkung
AO	Abgabenordnung
AT	Allgemeiner Teil
AV	Allgemeine Verfügung
AWV	Außenwirtschaftsverordnung
BAnz.	Bundesanzeiger
BB	Der Betriebs-Berater
BeckRS	Beck-Rechtsprechung
Beschl.	Beschluss
BFH	Bundesfinanzhof
BFH/NV	Sammlung der (bis 1997: amtlich nicht veröffentlichten) Entscheidungen des Bundesfinanzhofs
BGB	Bürgerliches Gesetzbuch
BGBl	Bundesgesetzblatt
BGH	Bundesgerichtshof
BGHR	BGH-Rechtsprechung
BGHSt	Entscheidungen des Bundesgerichtshofs in Strafsachen
BGHZ	Entscheidungen des Bundesgerichtshofs in Zivilsachen
BK	Berliner Kommentar
BKA	Bundeskriminalamt
BMJ	Bundesministerium der Justiz
BR-Drs.	Drucksachen des Bundesrates
BT	Besonderer Teil
BT-Drs.	Drucksachen des Deutschen Bundestages
BVerfG	Bundesverfassungsgericht
BVerfGE	Entscheidungen des Bundesverfassungsgerichts
Co.	Compagnie
DJ	Deutsche Justiz
DZWIR	Deutsche Zeitschrift für Wirtschafts- und Insolvenzrecht
EFG	Entscheidungen der Finanzgerichte

EGOWiG	Einführungsgesetz zum Gesetz über Ordnungswidrigkeiten
EGStGB	Einführungsgesetz zum Strafgesetzbuch
EWiR	Entscheidungen zum Wirtschaftsrecht
FamFG	Gesetz über das Verfahren in Familiensachen und in den Angelegenheiten der freiwilligen Gerichtsbarkeit
FG	Finanzgericht; Festgabe
FK	Frankfurter Kommentar
FMStG	Finanzmarktstabilisierungsgesetz
GA	Goltdammer's Archiv für Strafrecht
GG	Grundgesetz
GmbH	Gesellschaft mit beschränkter Haftung
GmbHG	Gesetz betreffend die Gesellschaften mit beschränkter Haftung
GmbHR	GmbH-Rundschau
GVG	Gerichtsverfassungsgesetz
H/B/M/F	Hocke/Berwald/Maurer/Friedrich (Außenwirtschaftsrecht Kommentar)
HGB	Handelsgesetzbuch
h.M.	herrschende Meinung
Hmb-Komm	Hamburger Kommentar
HRRS	Höchstrichterliche Rechtsprechung zum Strafrecht
HWSt	Handbuch Wirtschaftsstrafrecht
InsO	Insolvenzordnung
JR	Juristische Rundschau
jurisPR-StrafR	juris PraxisReport-Strafrecht
JZ	Juristenzeitung
KG	Kommanditgesellschaft
KO	Konkursordnung
LG	Landgericht
LPK	Lehr- und Praxiskommentar (*Kindhäuser*)
MAH	Münchener Anwalts-Handbuch
MDR	Monatsschrift für Deutsches Recht
MiZi	Anordnung über Mitteilungen in Zivilsachen
m.w.N.	mit weiteren Nachweisen
m.W.v.	mit Wirkung vom
n.F.	neue Fassung

NJW	Neue Juristische Wochenschrift
NJW-RR	NJW-Rechtsprechungs-Report Zivilrecht
NStZ	Neue Zeitschrift für Strafrecht
NZG	Neue Zeitschrift für Gesellschaftsrecht
NZI	Neue Zeitschrift für das Recht der Insolvenz und Sanierung
OLG	Oberlandesgericht
OWiG	Gesetz über Ordnungswidrigkeiten
PdK	Praxis der Kommunalverwaltung
PK-HWF	Präsenzkommentar Haarmeyer/Wutzke/Förster
PKS	Polizeiliche Kriminalstatistik
RegE	Regierungsentwurf
RG	Reichsgericht
RGBl	Reichsgesetzblatt
RGSt	Entscheidungen des Reichsgerichts in Strafsachen
RGZ	Entscheidungen des Reichsgerichts in Zivilsachen
RT-Drs.	Drucksachen des Reichstages
SSW	Satzger/Schmitt/Widmaier (StGB Kommentar)
StGB	Strafgesetzbuch
StPO	Strafprozessordnung
StraFo	Strafverteidiger Forum
StV	Strafverteidiger
Urt.	Urteil
UStG	Umsatzsteuergesetz
WiB	Wirtschaftsrechtliche Beratung
wistra	Zeitschrift für Wirtschafts- und Steuerstrafrecht
WM	Wertpapier-Mitteilungen, Teil 4: Zeitschrift für Wirtschafts- und Bankrecht
WpHG	Wertpapierhandelsgesetz
ZAP-Ost	Zeitschrift für die Anwaltspraxis/Ausgabe Ost
ZInsO	Zeitschrift für das gesamte Insolvenzrecht
ZIP	Zeitschrift für Wirtschaftsrecht
ZPO	Zivilprozessordnung
ZStW	Zeitschrift für die gesamte Strafrechtswissenschaft

A. Einleitung

Das Problem der strafrechtlichen „Doppelhaftung“ wegen Untreue (§ 266 StGB) und Bankrott (§ 283 StGB) ist seit langem ein Streitthema zwischen der höchstrichterlichen Rechtsprechung und dem Schrifttum.[1] Im Jahre 2009 hat es sich durch einschlägige Stellungnahmen des ersten und dritten Strafsenats des Bundesgerichtshofs[2] zugespitzt. Im Wesentlichen geht es um Folgendes: Der Geschäftsführer einer GmbH hat eine besondere Pflichtenstellung inne. Als vertretungsberechtigtes Organ der GmbH ist er berechtigt, die Gesellschaft durch Rechtsgeschäfte zu verpflichten und über das Gesellschaftsvermögen zu verfügen. Ferner obliegt ihm eine Vermögensbetreuungspflicht gegenüber der GmbH. In einer wirtschaftlichen Krise hat er darüber hinaus dafür Sorge zu tragen, dass sich der gegebenenfalls zur Insolvenzmasse gehörende Vermögensbestand der GmbH nicht zum Nachteil der Gläubiger in einer den Anforderungen einer ordnungsgemäßen Wirtschaft widersprechenden Weise verringert.[3] Missbraucht der Geschäftsführer seine Pflichtenstellung und verursacht er dadurch einen Schaden, der zur Überschuldung oder Zahlungsunfähigkeit der GmbH führt oder – sofern eine wirtschaftliche Krise bereits besteht – die künftige Insolvenzmasse zumindest schmälert, kommt eine Strafbarkeit wegen Untreue und Bankrott in Betracht.

Die Bankrotttatbestände sind gem. § 14 Abs. 1 Nr. 1, 1. Alt. StGB jedoch nur dann auf den Geschäftsführer einer GmbH anwendbar, wenn die strafbarkeitsbegründenden besonderen persönlichen Merkmale (die Schuldnereigenschaft; die Überschuldung, drohende oder eingetretene Zahlungsunfähigkeit sowie die Zahlungseinstellung, Eröffnung des Insolvenzverfahrens oder Abweisung des Eröffnungsantrags mangels Masse) bei der GmbH vorliegen und der Geschäftsführer „als vertretungsberechtigtes Organ“ der GmbH handelt. Der Bundesgerichtshof[4] hat diesen Vertretungsbezug dahin interpretiert, dass der Geschäftsführer wegen Bankrott (§ 283 StGB) strafrechtlich belangt werden kann, wenn er Handlungen für die Gesellschaft und wenigstens auch in deren Interesse vorgenommen hat, während bei ausschließlich eigennützigen Handlungen zum Nachteil der Gesellschaft die allgemeinen Strafvorschriften (hier

1 Vgl. nur Pelz, Strafrecht in Krise und Insolvenz, S. 131 m.w.N.

2 Beschl. v. 01.09.2009 – 1 StR 301/09 sowie v. 10.02.2009 – 3 StR 372/08, ausführlich erörtert unter E.II.4.p),q) (S. 140 ff.).

3 Sog. Masseerhaltungspflicht; ausführlich dazu Götker, S. 138 ff. Zum Sinn und Zweck der in den §§ 130a Abs. 1 HGB, 64 GmbHG zum Ausdruck kommenden Zahlungsverbote vgl. auch BGH DZWIR 2007, 420 m.w.N.

4 Grundlegend BGHSt 28, 371; 30, 127.

insbesondere § 266 StGB) zur Anwendung kommen sollen (Abgrenzung nach der sog. „Interessenformel“[5]). Tateinheit zwischen Untreue und Bankrott soll möglich sein, wenn der Geschäftsführer durch eine und dieselbe Handlung sowohl im Interesse der GmbH als auch zu deren Nachteil tätig wird, wie etwa dann, wenn er einen Geldbetrag im Wege der Überweisung vom Konto der GmbH in der Absicht beiseite schafft, ihn teils für die Gesellschaft und teils unrechtmäßigerweise für sich zu verwenden.[6] Diese Rechtsprechung führt dazu, dass der Tatbestand des Bankrotts in der ganz überwiegenden Zahl[7] der in der Praxis vorkommenden Fälle nicht zur Anwendung gelangt, weil vermögensschädigende Handlungen selten im Interesse der geschädigten Gesellschaft liegen. Dies gibt Anlass, die Rechtsprechung des Bundesgerichtshofs zu überdenken, schließlich stellt der Bankrott (§ 283 StGB) die *Kernvorschrift des Insolvenzstrafrechts*[8] dar.

Es soll die Aufgabe dieser Abhandlung sein, die Interessenformel einer dogmatisch-kritischen Prüfung zu unterziehen und auch das Schrifttum, das gegenüber dem subjektiven Ansatz der Rechtsprechung einem objektiv-funktionalen Zusammenhang[9] zwischen der Handlung und der Organ- bzw. Vertreterstellung den Vorzug gibt, zu hinterfragen. In die Erörterung sollen ebenfalls Aspekte der praktischen Rechtsanwendung[10] Eingang finden.

Die Arbeit ist auf die Strafbarkeit des Geschäftsführers einer GmbH beschränkt. Dafür waren folgende Überlegungen maßgebend: § 283 Abs. 6 StGB enthält die objektive Strafbarkeitsbedingung, dass der Täter entweder seine Zahlungen eingestellt hat oder über sein Vermögen das Insolvenzverfahren eröffnet oder der Eröffnungsantrag mangels Masse abgewiesen worden ist. Die letzten beiden Varianten setzen die Insolvenzfähigkeit des Täters voraus. § 283 Abs. 6 StGB spricht vom „Täter“, gemeint ist jedoch der sich in der Krise befindliche Schuldner[11]. Da juristische Personen des öffentlichen Rechts nur in begrenztem Umfang insolvenzfähig sind (vgl. § 12 InsO), wird eine Strafbarkeit ihrer vertretungsberechtigten Organe nur sehr selten praktisch relevant. Anders verhält es sich bei den juristischen Personen des Privatrechts: Neben dem eingetragenen Verein, Stiftungen, Aktiengesellschaften, Kommanditgesellschaften auf Aktien,

---

5 BGHSt 30, 127 (129 f.); Bittmann, Insolvenzstrafrecht, § 12 Rn. 44.

6 Vgl. BGHSt 30, 127 (130).

7 Wabnitz/Janovsky/Köhler, Handbuch des Wirtschafts- und Steuerstrafrechts, 7/154.

8 Achenbach/Ransiek/Wegner, HWSt, VII 1/1.

9 Vgl. nur SSW-StGB/Bosch § 14 Rn. 10.

10 Vgl. dazu das bemerkenswerte Urteil des AG Halle-Saalkreis v. 02.04.2001 – 320 Ds 1203 Js 35156/97 = NJW 2002, 77.

11 H.M., vgl. S/S/Heine § 283 Rn. 59a m.w.N.; ausführlicher: Hager, S. 135 ff. und Auer, S. 24 ff.

eingetragenen Genossenschaften und Versicherungsvereinen auf Gegenseitigkeit ist vor allem die in der Praxis weit verbreitete Gesellschaft mit beschränkter Haftung von herausragender Bedeutung: Im Jahre 2009 waren insgesamt 14.642 juristische Personen von Insolvenzen betroffen, in 90% der Fälle handelte es sich um eine GmbH.[12] Die polizeilichen Kriminalstatistiken belegen, dass die Zahl der Unternehmensinsolvenzen mit der Zahl der Insolvenzstraftaten korrespondiert.[13] Dies ist darauf zurückzuführen, dass die Insolvenzgerichte nach der Anordnung über Mitteilungen in Zivilsachen (MiZi)[14] die Eröffnung des Insolvenzverfahrens und die Abweisung des Antrags auf Eröffnung des Insolvenzverfahrens mangels Masse der Staatsanwaltschaft mitteilen müssen, damit diese überprüfen kann, ob konkrete Anhaltspunkte für Straftaten vorliegen. Das Statistische Bundesamt[15] hat im Jahre 2009 insgesamt 32.687 Unternehmensinsolvenzverfahren registriert. Im gleichen Zeitraum wurden in der polizeilichen Kriminalstatistik 5.152 Insolvenzstraftaten (§§ 283, 283a-d StGB) erfasst[16]. Also ging etwa mit jeder sechsten Unternehmensinsolvenz der Verdacht einer Insolvenzstraftat einher. Die Ermittlungen richten sich in der Regel[17] gegen den Geschäftsführer der insolventen Firma. Somit verwundert es nicht, dass sich die Rechtsprechung und das Schrifttum im Rahmen der §§ 283, 266 StGB fast ausschließlich mit der Frage der Strafbarkeit des Geschäftsführers einer GmbH befasst haben.

Die strafrechtliche „Doppelhaftung“ des Geschäftsführers setzt voraus, dass sich die Gesellschaft in einer wirtschaftlichen Krise befindet. Zur Einführung in den Problemkreis wird daher zunächst die Unternehmenskrise definiert (B.). Anschließend wird die Strafbarkeit des Geschäftsführers wegen Untreue zum Nachteil der GmbH untersucht (C.). Hier wird vor allem der Frage nachgegangen, inwieweit der Geschäftsführer im Insolvenz(eröffnungs-)verfahren seine Täterqualifikation verliert. Nachfolgend wird die Strafbarkeit des Geschäftsführers wegen Bankrott betrachtet (D.). Es wird insbesondere dargelegt, unter welchen Voraussetzungen die Krisenmerkmale der Überschuldung, Zahlungsunfähigkeit und drohenden Zahlungsunfähigkeit vorliegen, welche Bankrotthandlungen für eine strafrechtliche „Doppelhaftung“ relevant sind und in wel-

---

12 Siehe dazu: Statistisches Bundesamt, Statistisches Jahrbuch 2010, S. 501.

13 Vgl. dazu auch BKA, Bundeslagebild Wirtschaftskriminalität 2007 – Pressefreie Kurzfassung, S. 14.

14 Anordnung über Mitteilungen in Zivilsachen in der Fassung der Bekanntmachung vom 29.04.1998, BAnz. S. 10705 i.V.m. Beilage Nr. 138a, zuletzt geändert durch AV des BMJ v. 28.07.2010, BAnz. S. 2893.

15 Statistisches Bundesamt, Statistisches Jahrbuch 2010, S. 501.

16 PKS 2009, Tabelle 01, S. 7.

17 BKA, Bundeslagebild Wirtschaftskriminalität 2004, S. 81.

chen Fällen der Geschäftsführer im Insolvenz(eröffnungs-)verfahren seine Täterqualifikation verliert. Den Schwerpunkt der Arbeit (E.) bildet die Untersuchung des Handelns „als“ Geschäftsführer im Sinne des § 14 Abs. 1 Nr. 1, 1. Alt. StGB. Der sog. „Interessenformel“ der Rechtsprechung wird die objektiv-funktionale Betrachtungsweise des Schrifttums gegenübergestellt und analysiert. Im Anschluss daran wird der maßgebliche Bedeutungsgehalt des Handelns „als vertretungsberechtigtes Organ“ durch die klassischen Auslegungsmethoden ermittelt. Die dabei gewonnenen Erkenntnisse fließen in einen eigenen Ansatz zur Bestimmung des Vertretungsbezugs ein. Es folgt eine Schlussbetrachtung (F.) zur strafrechtlichen „Doppelhaftung“ des Geschäftsführers in der Insolvenz, bevor die Arbeit mit einer Zusammenfassung in Thesen (G.) schließt.

B. Ausgangspunkt der Untersuchung: Die Unternehmenskrise

Die Unternehmenskrise wird aus betriebswirtschaftlicher Sicht als Zustand beschrieben, in dem eine akute Gefahr für das Unternehmen vorliegt, die dessen Fortbestand gefährdet oder sogar unmöglich macht.[18] Von der betriebswirtschaftlichen Definition des Krisenbegriffs sind die insolvenzrechtlichen Begriffe der Überschuldung, Zahlungsunfähigkeit und drohenden Zahlungsunfähigkeit zu unterscheiden. Ein Unternehmen, das sich in einer Krise befindet, muss nicht zwangsläufig überschuldet oder zahlungsunfähig sein. Die Überschuldung oder Zahlungsunfähigkeit kennzeichnen vielmehr das letzte Stadium einer Unternehmenskrise, in welcher die Existenz des Unternehmens akut bedroht ist. Zu Beginn – wenn die in der Regel langfristig wirkenden Erfolgsfaktoren gestört sind – wird von einer strategischen Krise gesprochen.[19] Sie liegt vor, wenn beispielsweise versäumt wurde, rechtzeitig Nachfolgeprodukte für absterbende Umsatz- oder Ertragsprodukte zu beschaffen, oder der falsche Standort gewählt wurde.[20] An die strategische Krise schließt sich in der Regel eine Erfolgskrise an, d.h. das Unternehmen erleidet Verluste, z.B. durch Umsatzrückgang, Kostensteigerung oder Preisverfall, die das Eigenkapital aufzehren.[21] Die darauf folgende Liquiditätskrise[22] birgt die konkrete und akute Gefahr der Zahlungsunfähigkeit in sich. Im letzten Stadium, der Existenzkrise, ist bereits Zahlungsunfähigkeit oder Überschuldung eingetreten.[23] Diese beiden Stadien der Unternehmenskrise stellen den Ausgangspunkt der nachfolgenden Überlegungen dar.

---

18 Schulz/Bert/Lessing, Handbuch Insolvenz, S. 25.

19 Häger, S. 2.

20 Häger, a.a.O.

21 Vgl. Häger, ebenda.

22 Häger, ebendort.

23 Häger, S. 3.

C. Untreue zum Nachteil der GmbH

Wegen Untreue wird gem. § 266 Abs. 1 StGB mit Freiheitsstrafe bis zu fünf Jahren oder mit Geldstrafe bestraft, wer die ihm durch Gesetz, behördlichen Auftrag oder Rechtsgeschäft eingeräumte Befugnis, über fremdes Vermögen zu verfügen oder einen anderen zu verpflichten, missbraucht[24] oder die ihm kraft Gesetzes, behördlichen Auftrags, Rechtsgeschäfts oder eines Treueverhältnisses obliegende Pflicht, fremde Vermögensinteressen wahrzunehmen, verletzt[25] und dadurch dem, dessen Vermögensinteressen er zu betreuen hat, einen Nachteil zufügt. In § 266 Abs. 2 StGB wird auf die Regelbeispiele des 263 Abs. 3 StGB, den Ausschluss eines besonders schweren Falles gem. § 243 Abs. 2 StGB und das Strafantragserfordernis der §§ 247, 248a StGB verwiesen.

I. Der Schutzzweck des § 266 StGB

Die Vorschrift des § 266 StGB bezweckt allein den Schutz des Vermögens, das der Pflichtige zu betreuen hat.[26] Die GmbH ist eine juristische Person und als solche eigenständiges Zurechnungssubjekt von Rechten und Pflichten[27], vgl. § 13 Abs. 1 GmbHG. Sie verfügt über ein eigenes, vom Privatvermögen der Gesellschafter strikt zu trennendes Gesellschaftsvermögen, das den Gläubigern der Gesellschaft für Verbindlichkeiten haftet (§ 13 Abs. 2 GmbHG). Insbesondere im Fall der Krise und Insolvenz juristischer Personen schützt die Vorschrift des § 266 StGB das Gesellschaftsvermögen gegen Minderung „von innen"[28], durch den Geschäftsführer.

§ 266 StGB wirkt sich in der praktischen Anwendung aber auch zugunsten der Gläubiger[29] aus: Sie vermögen ihre Forderungen gegen die GmbH nur durchzusetzen, wenn deren Vermögen nicht ausgehöhlt wurde. Die bestehende Treuepflicht des Insolvenzverwalters gegenüber den Insolvenzgläubigern (§ 38 InsO), den Massegläubigern (§ 53 InsO) sowie den sonstigen Berechtigten (z.B.

---

24 Sog. „Missbrauchstatbestand".

25 Sog. „Treubruchstatbestand".

26 BGH NJW 2000, 154 (155); LK/Schünemann § 266 Rn. 28; MüKo/Dierlamm § 266 Rn. 1.

27 BGHSt 3, 32 (40): „eigene Rechtspersönlichkeit".

28 Hmb-Komm/Borchardt § 266 StGB Rn. 1; Hachenburg/Kohlmann GmbHG Vor § 82 Rn. 60: „Vermögenserhalt innerhalb der GmbH".

29 Bittmann, Insolvenzstrafrecht, § 16 Rn. 4.

Absonderungsberechtigten, §§ 49 ff. InsO) erfüllt ebenfalls eine Schutzfunktion zugunsten der Gläubiger[30].

II. Die insolvenzrechtliche Relevanz des Untreuetatbestandes

Insolvenzrechtliche Bedeutung erlangt § 266 StGB durch die sog. „Interessenformel" des BGH, wonach Untreue vorliegen kann, wenn Bankrott (§ 283 StGB) ausscheidet[31]. Darüber hinaus ist der Untreuetatbestand für den (vorläufigen) Insolvenzverwalter von Bedeutung, wenn dieser seine gesetzliche Treuepflicht verletzt.

Gegenstand dieser Arbeit ist die strafrechtliche Untersuchung der „Doppelhaftung" des Geschäftsführers in der Insolvenz. Da eine Überschneidung zwischen Untreue und Bankrott nur in Betracht kommt, wenn eine wirtschaftliche Krise vorliegt und die GmbH ihre Zahlungen eingestellt hat oder über ihr Vermögen das Insolvenzverfahren eröffnet oder der Eröffnungsantrag mangels Masse abgewiesen worden ist, beschränken sich die nachfolgenden Ausführungen zu § 266 StGB auf den Geschäftsführer der GmbH und den Zeitraum vom Beginn der wirtschaftlichen Krise bis zur Beendigung der GmbH.

III. Die Untreue – ein Sonderdelikt

Die Untreue ist ein Sonderdelikt[32], Täter i.S.d. § 266 StGB kann nur der zur Tatzeit Vermögensbetreuungspflichtige sein.

Der ordnungsgemäß bestellte und im Handelsregister eingetragene Geschäftsführer einer GmbH ist tauglicher Täter[33] einer Untreue zum Nachteil der

---

30 Hmb-Komm/Borchardt § 266 StGB Rn. 1 m.w.N.

31 Vgl. z.B. BGH StraFo 2007, 518: „nicht [...] wegen Bankrotts (§ 283 Abs. 1 Nr. 1 StGB), sondern wegen Untreue (§ 266 Abs. 1 StGB) strafbar"; BGH wistra 1987, 216 (218): „Die Revision der Staatsanwaltschaft bleibt erfolglos, soweit sie bemängelt, dass der Tatrichter neben dem Tatbestand der Untreue nicht auch den Bankrotttatbestand des § 283 Abs. 1 Nr. 1 StGB angewandt hat."; BGH wistra 1986, 262: „Er handelte somit ausschließlich zum eigenen Nutzen und nicht – auch nicht teilweise – im Interesse der W-GmbH. Das schließt nach ständiger Rechtsprechung des Bundesgerichtshofs eine Verurteilung wegen Bankrotts aus; insoweit kommt nur eine Verurteilung des Angeklagten als Geschäftsführer der GmbH wegen Untreue in Betracht."

32 Fischer § 266 Rn. 185.

33 BGH NStZ 2006, 401 m.w.N.; Kallmeyer, in: GmbH-Handbuch I Rn. 2490.

Gesellschaft. Die im Missbrauchstatbestand vorausgesetzte Verfügungs- und Verpflichtungsbefugnis sowie die im Missbrauchs- und Treubruchstatbestand vorausgesetzte Vermögensbetreuungspflicht[34] ergeben sich für den GmbH-Geschäftsführer aus seiner rechtlichen und tatsächlichen Stellung innerhalb der GmbH[35].

Seine Verfügungs- und Verpflichtungsbefugnis beruht auf der rechtsgeschäftlichen Bestellung durch die Gesellschafter gem. §§ 6, 35 ff., 46 Nr. 5 GmbHG, wobei die Rahmenbedingungen gesetzlich geregelt sind.[36] Gemäß § 35 Abs. 1 GmbHG wird die Gesellschaft durch die Geschäftsführer gerichtlich und außergerichtlich vertreten, gem. § 164 Abs. 1 BGB wird die Gesellschaft durch die in ihrem Namen von den Geschäftsführern vorgenommenen Rechtsgeschäfte berechtigt und verpflichtet. Während gegenüber Dritten eine Beschränkung der Geschäftsführungsbefugnisse keine Wirkung entfaltet (§ 37 Abs. 2 GmbHG), bestimmen sich die internen Befugnisse des Geschäftsführers aus den Vorschriften des GmbH-Gesetzes, dem in der Satzung festgelegten Unternehmensgegenstand, dem Anstellungsvertrag des Geschäftsführers, den durch Gesellschafterbeschluss erteilten rechtsverbindlichen Weisungen, den rechtswirksamen Einverständniserklärungen seitens der Gesellschafter sowie dem allgemeinen Gebot, die GmbH nicht zu schädigen.[37] Umfang und Reichweite des Schädigungsverbots ergeben sich unmittelbar aus den tragenden Strukturprinzipien der GmbH – der Erhaltung des Stammkapitals im Sinne der §§ 30 f. GmbHG, für welche der Geschäftsführer im Rahmen des § 43 Abs. 3 GmbHG haftet, und der Gewährleistung des Bestandsschutzes der GmbH.[38]

Die rechtswirksame Geschäftsführerbestellung – das für den Missbrauchstatbestand erforderliche Grundverhältnis – erlischt mit der Abberufung des Geschäftsführers und der entsprechenden Löschung im Handelsregister[39].

Die vermögensbezogene Treuepflicht des Geschäftsführers gegenüber der GmbH ergibt sich ebenfalls aus den Vorschriften des GmbHG in Verbindung mit dem Bestellungsakt; sie kann ihre Grundlage ferner in tatsächlichen Treueverhältnissen finden.[40] Dabei handelt es sich um zivilrechtlich unwirksame Betreuungsverhältnisse, bei denen ungeachtet der zivilrechtlichen Wirksamkeitsmängel ein tatsächliches Herrschaftsverhältnis über fremdes Vermögen ent-

---

34 BGHSt 50, 331 (341 f.); Wessels/Hillenkamp, BT/2, Rn. 750 m.w.N.

35 Kohlmann, Die strafrechtliche Verantwortlichkeit des GmbH-Geschäftsführers, Rn. 172.

36 Vgl. LK/Schünemann § 266 Rn. 49.

37 Kohlmann, a.a.O., Rn. 202.

38 Vgl. BGHZ 149, 10 (16); Keßler, GmbHR 2001, 1095 (1097 ff.).

39 Hachenburg/Kohlmann GmbHG Vor § 82 Rn. 81.

40 Hachenburg/Kohlmann, a.a.O., Rn. 138 f.

standen ist, z.B. in Fällen der faktischen Geschäftsführung. Ausnahmsweise können aber auch rechtlich beendete Betreuungsverhältnisse eine nachwirkende Treuepflicht[41] begründen, wenn die fremdnützige Herrschaftsbeziehung über das fremde Vermögen tatsächlich noch fortbesteht.[42]

Mit der Vermögensbetreuungspflicht setzen sowohl der Missbrauchs- als auch der Treubruchstatbestand des § 266 StGB Rechtsbeziehungen voraus, bei denen der Täter innerhalb eines nicht unbedeutenden Pflichtenkreises bei Einräumung von Ermessensspielraum, Selbstständigkeit und Bewegungsfreiheit zur fremdnützigen Vermögensfürsorge verpflichtet[43] ist. Die Wahrnehmung fremder Vermögensinteressen muss dabei den wesentlichen Inhalt des Vertragsverhältnisses ausmachen und damit zu den Hauptpflichten aus dem Vertrag gehören.[44] Die dem Geschäftsführer obliegende Geschäftsführung und Vertretung der GmbH beinhaltet die Wahrnehmung ihrer Vermögensinteressen; gem. § 43 Abs. 1 GmbHG hat er in den Angelegenheiten der Gesellschaft die Sorgfalt eines ordentlichen Geschäftsmannes anzuwenden. Zur Pflicht eines ordentlichen und gewissenhaften Geschäftsführers gehört es, die Gesellschaft unter Berücksichtigung gesicherter und praktisch bewährter betriebswirtschaftlicher Erkenntnisse und unter Beachtung aller maßgeblichen Rechtsvorschriften zu leiten und sich insbesondere über alle unternehmenspolitisch relevanten wirtschaftlichen Umstände und Entwicklungen zu orientieren und sich stets ein genaues Bild von der Marktsituation zu machen.[45] Dies gilt insbesondere hinsichtlich der Unternehmensrentabilität und Liquidität und dem zu erwartenden Geschäftsgang. Bei der Wahrnehmung dieser Aufgaben hat der Geschäftsführer einen weiten Ermessensspielraum[46]. Ihn trifft eine qualifizierte[47] Vermögensfürsorgepflicht.

Gleiches gilt gem. § 44 GmbHG für den stellvertretenden Geschäftsführer.[48] Der sog. faktische Geschäftsführer ist zwar auch vermögensbetreuungspflichtig[49], kann sich allerdings nur des Treubruchs schuldig machen, da der Missbrauchstatbestand ein für die GmbH rechtswirksames[50] Verhalten des Täters voraussetzt.

---

41 BGH MDR 1977, 292 zur nachwirkenden Treuepflicht eines ausgeschiedenen Geschäftsführers einer GmbH.
42 MüKo/Dierlamm § 266 Rn. 144 f.
43 OLG Düsseldorf StV 2000, 30.
44 BGHSt 33, 244 (250) m.w.N.; LPK-StGB § 266 Rn. 22.
45 Hachenburg/Kohlmann Vor § 82 Rn. 92 m.w.N.
46 Scholz/Schneider GmbHG § 43 Rn. 53.
47 LK/Schünemann § 266 Rn. 125.
48 Vgl. LK/Schünemann, a.a.O.
49 Vgl. BGH wistra 1990, 97.
50 Kühl § 266 Rn. 6 m.w.N.

Als Täter einer Untreue kommt auch der Geschäftsführer in Betracht, in dessen Händen sich alle Gesellschaftsanteile befinden (Ein-Mann-GmbH), da das Vermögen juristischer Personen nicht nur für deren Organe, sondern auch für deren Anteilseigner fremd ist, selbst wenn alle Anteile in einer Hand vereinigt sind.[51]

1. Die Täterqualifikation im Insolvenz(eröffnungs-)verfahren

Die täterschaftsbegründende Organ- bzw. Vertreterstellung muss zum Zeitpunkt der Tathandlung vorliegen. Ist die GmbH zu diesem Zeitpunkt insolvent und befindet sich infolgedessen im Insolvenz(eröffnungs-)verfahren, stellt sich die Frage, ob der Geschäftsführer weiterhin tauglicher Täter einer Untreue zum Nachteil der GmbH ist.

Wie im Folgenden zu zeigen sein wird, geht die Verwaltungs- und Verfügungsbefugnis des Geschäftsführers im Insolvenz(eröffnungs-)verfahren unter bestimmten Voraussetzungen auf den (vorläufigen) Insolvenzverwalter über. Sind diese Voraussetzungen erfüllt, ist dem Geschäftsführer die Rechtsmacht entzogen, die er benötigt, um über die zur Insolvenzmasse gehörenden Gegenstände des Gesellschaftsvermögens wirksam verfügen zu können. Dem Geschäftsführer fehlt somit die im Missbrauchstatbestand (§ 266 Abs. 1, 1. Alt. StGB) vorausgesetzte Verfügungsbefugnis. Das heißt, der Geschäftsführer verliert in dem Umfang, in welchem die Verfügungsbefugnis auf den (vorläufigen) Insolvenzverwalter übergeht, die Täterqualifikation. Das Problem einer strafrechtlichen „Doppelhaftung" des Geschäftsführers wegen (Missbrauchs-)Untreue und Bankrott entfällt.

Ob in diesen Fällen eine Vermögensbetreuungspflicht besteht, so dass noch eine Strafbarkeit wegen Treubruchsuntreue in Betracht zu ziehen ist, somit eine strafrechtliche „Doppelhaftung" wegen (Treubruchs-)Untreue und Bankrott in Frage kommt, wird anschließend erörtert.

Zunächst soll jedoch ein kurzer Überblick über den typischen Ablauf eines Regelinsolvenzverfahrens[52] gegeben werden (a), damit die im folgenden erörterten Anordnungen des Insolvenzgerichts (b) und deren Auswirkungen auf die Täterqualifikation des Geschäftsführers dem entsprechenden Verfahrensstadium zugeordnet werden können.

---

51 BGHSt 34, 379 (384); Kühl § 266 Rn. 3.

52 Das sog. Regelinsolvenzverfahren ist das nach der Systematik der InsO vorgesehene Standardverfahren.

a) Der typische Ablauf eines Regelinsolvenzverfahrens

Das Insolvenzverfahren beginnt auf schriftlichen Antrag des Schuldners oder eines Gläubigers und leitet damit das Eröffnungsverfahren ein. Allgemeiner Eröffnungsgrund ist die Zahlungsunfähigkeit. Der Schuldner kann auch für den Fall einer nur drohenden Zahlungsunfähigkeit die Eröffnung des Insolvenzverfahrens beantragen. Bei einer juristischen Person ist darüber hinaus die Überschuldung Eröffnungsgrund. Nach Eingang des Antrags prüft das zuständige Insolvenzgericht die Eröffnungsvoraussetzungen dahin, ob ein zulässiger Antrag vorliegt und ein Eröffnungsgrund gegeben ist, der Antrag also auch begründet ist. Ferner wird geprüft, ob genügend Masse vorhanden ist, um zumindest die Verfahrenskosten zu decken. Hierzu wird ein Sachverständigengutachten eingeholt. Das Insolvenzgericht hat darüber hinaus gem. § 21 Abs. 1 S. 1 InsO alle Maßnahmen zu treffen, die erforderlich erscheinen, um bis zur Entscheidung über den Antrag auf Eröffnung des Insolvenzverfahrens eine den Gläubigern nachteilige Veränderung in der Vermögenslage des Schuldners zu verhindern. Die in der Praxis wichtigste[53] Sicherungsmaßnahme ist die Einsetzung eines vorläufigen Insolvenzverwalters gem. § 21 Abs. 2 S. 1 Nr. 1 InsO. Sind die Eröffnungsvoraussetzungen nicht erfüllt, wird der Antrag auf Eröffnung des Insolvenzverfahrens abgewiesen. Liegen die Eröffnungsvoraussetzungen vor und sind zumindest die Kosten des Verfahrens gedeckt, wird das Insolvenzverfahren durch einen Eröffnungsbeschluss eingeleitet. Das Insolvenzgericht ernennt einen Insolvenzverwalter und bestimmt einen Berichtstermin und einen Prüfungstermin für die angemeldeten Forderungen. Über die Frage, ob das Verfahren im Wege einer Liquidation oder als Planverfahren mit dem Ziel der Sanierung fortgeführt werden soll, entscheidet die Gläubigerversammlung.

Im Folgenden werden die unterschiedlichen Anordnungen des Insolvenzgerichts im Hinblick auf deren Auswirkungen auf die Täterqualifikation des Geschäftsführers im Insolvenz(eröffnungs-)verfahren untersucht.

b) Die Verfügungsbefugnis im Insolvenzeröffnungsverfahren

Das Insolvenzgericht kann dem Schuldner ein *allgemeines Verfügungsverbot* (§ 21 Abs. 2 S. 1 Nr. 2, 1. Alt. InsO) auferlegen.

aa) Begriffsbestimmung

Der Begriff der Verfügung in § 21 Abs. 2 S. 1 Nr. 2 InsO entspricht dem des allgemeinen Zivilrechts, wie er auch in § 81 InsO (Verfügungen des Schuldners)

53 Bork, Einführung in das Insolvenzrecht, Rn. 103.

verwendet wird.[54] Unter Verfügung ist jedes Rechtsgeschäft zu verstehen, durch das der Verfügende auf ein Recht unmittelbar einwirkt, indem er es auf einen Dritten überträgt oder das Recht aufhebt oder es mit einem Recht belastet oder es in seinem Inhalt verändert.[55] Hierunter fallen insbesondere die Übereignung beweglicher und unbeweglicher Sachen, die Forderungsabtretung sowie der Erlass einer Forderung, die Übertragung immaterieller Rechte, die Bestellung von Pfandrechten und Dienstbarkeiten sowie der Verzicht hierauf, ferner Gestaltungsrechte wie z.B. Anfechtung, Rücktritt und Aufrechnung[56]. Mit dem allgemeinen Verfügungsverbot wird dem Schuldner somit jedes Rechtsgeschäft verboten, das unmittelbar darauf gerichtet ist, auf ein bestehendes Recht einzuwirken.

Das Schrifttum will zum Teil[57] Verpflichtungsgeschäfte einbeziehen, mit dem Argument, dass ansonsten die Insolvenzmasse ausgehöhlt werden könnte. Hiergegen spricht jedoch der eindeutige Gesetzeswortlaut: § 21 Abs. 2 S. 1 Nr. 2, 1. Alt. InsO räumt dem Insolvenzgericht die Möglichkeit ein, dem Schuldner ein allgemeines *Verfügungs*verbot aufzuerlegen; § 22 Abs. 1 S. 1 InsO bestimmt, dass die Verwaltungs- und *Verfügungs*befugnis über das Vermögen des Schuldners auf den vorläufigen Insolvenzverwalter übergeht; gem. §§ 24 Abs. 1, 81 Abs. 1 InsO sind *Verfügungen* des Schuldners unwirksam.

Für die Auffassung, dass nur Verfügungen im Rechtssinne, nicht aber sonstiger Rechtserwerb an Massegegenständen oder Verpflichtungsgeschäfte erfasst werden[58], spricht indes mehr als nur der Gesetzeswortlaut: Unter Geltung der Konkursordnung (§ 7 Abs. 1, 1. Hs. KO) waren „Rechtshandlungen“, welche der Gemeinschuldner nach der Eröffnung des Verfahrens vorgenommen hatte, den Konkursgläubigern gegenüber unwirksam. Der Begriff „Rechtshandlungen“ wurde in einem sehr weiten Sinne verstanden und umfasste Rechtsgeschäfte (dingliche und schuldrechtliche) sowie auch nicht-rechtsgeschäftliche Rechtshandlungen, also Handlungen und Unterlassungen, welche Rechtsfolgen auslösen, ohne dass der Wille des Handelnden auf diesen Erfolg gerichtet ist.[59] Gleichwohl kam § 7 KO in der Praxis nur bei Verfügungen zur Anwendung. Das Schrifttum reflektiert dies wie folgt:

> „Jedoch sind nur solche Handlungen des Gemeinschuldners gemeint, wodurch über ein Vermögensstück *verfügt* wird, das dem Gemeinschuldner schon zur Zeit der Er-

54 Vgl. Hmb-Komm/Schröder § 21 Rn. 46.

55 BGHZ 101, 24 (26); FK-InsO/Schmerbach § 24 Rn. 5; Arzt/Weber, BT, § 22 Rn. 12 m.w.N.

56 MüKo-InsO/Ott/Vuia § 81 Rn. 4 m.w.N.

57 BK-InsO/Blersch/v. Olshausen § 24 Rn. 4, § 81 Rn. 3 f.

58 MüKo-InsO/Haarmeyer § 24 Rn. 12 f.

59 Vgl. nur RGZ 59, 53 (57); Kilger/Karsten Schmidt § 7 KO Anm. 1a.

öffnung des Verfahrens gehört hat."[60]; „Bei § 7 KO geht es meistens um *Verfügungen.*"[61]; „Hauptanwendungsfälle des § 7 KO sind rechtsgeschäftliche Willenserklärungen des Schuldners wie *Rechtsübertragungen* in Form von Übereignung und Zession (*Jaeger/Henckel KO, § 7 Rz. 3)*, Belastungen und Verzichtserklärungen."[62]; „Das allgemeine Veräußerungsverbot [...] ist ein gerichtliches *Verfügungs*verbot i.S.d. §§ 136, 135 BGB [...] und betrifft *Verfügungen* [...]"[63]. [Hervorhebungen nicht im Original]

Verständlich wird dies, wenn man sich vor Augen führt, dass das Konkursverfahren das gesamte, der Zwangsvollstreckung unterliegende Vermögen des Gemeinschuldners umfasste, welches ihm zur Zeit der Eröffnung des Verfahrens gehörte (§ 1 Abs. 1 KO). Diese sog. „Konkursmasse" diente der gemeinschaftlichen Befriedigung aller persönlichen Gläubiger, welche einen zur Zeit der Eröffnung des Verfahrens begründeten Vermögensanspruch an den Gemeinschuldner hatten (§ 3 Abs. 1 KO). Gemäß § 7 KO waren „Rechtshandlungen", welche der Gemeinschuldner nach der Eröffnung des Verfahrens vorgenommen hatte, den Konkursgläubigern gegenüber unwirksam. Unter § 7 KO fielen also nur solche Rechtshandlungen, welche die Konkursmasse oder Ansprüche der Konkursgläubiger berührten[64], sprich Verfügungen. Verfügungen des Gemeinschuldners über sein konkursfreies Vermögen waren ebenso wirksam wie Verbindlichkeiten[65], die er in Bezug auf dieses Vermögen einging. § 7 KO erfasste somit *Verfügungen* über Gegenstände der Konkursmasse.

Der Gesetzgeber hat die neue Vorschrift des § 81 InsO nunmehr auf Verfügungen beschränkt[66] und den Begriff „allgemeines Veräußerungsverbot" durch den Begriff „allgemeines Verfügungsverbot" ersetzt. Begründet der Schuldner nach Insolvenzeröffnung eine Verpflichtung über einen massezugehörigen Gegenstand, ist diese zwar wirksam, jedoch wegen § 80 InsO unerfüllbar. Ein durchsetzbarer Anspruch gegen die Insolvenzmasse besteht nicht (vgl. § 38 InsO). Der Schuldner haftet gegenüber seinem Vertragspartner mit seinem insolvenzfreien Vermögen gem. §§ 275, 280 ff. BGB.[67]

Ein Bedürfnis, mit dem allgemeinen Verfügungsverbot auch Verpflichtungsgeschäfte zu erfassen, besteht nach alldem nicht.

---

60 Sydow/Busch/Krieg KO § 7 Anm. 1.

61 Kuhn/Uhlenbruck KO § 7 Rn. 2.

62 Hess KO § 7 Rn. 3.

63 Vgl. nur Hess KO § 106 Rn. 4 m.w.N.

64 Kilger/Karsten Schmidt KO § 7 Anm. 1b; Kuhn/Uhlenbruck KO § 7 Rn. 3.

65 Vgl. BGH NJW 2002, 213 (214).

66 BT-Drs. 12/2443, S. 135 (RegE zu § 92).

67 Hmb-Komm/Kuleisa § 81 Rn. 5.

Das allgemeine Verfügungsverbot untersagt dem Schuldner jedes Rechtsgeschäft, das unmittelbar darauf gerichtet ist, auf ein bestehendes Recht einzuwirken und erfasst alle Vermögensgegenstände, die im Falle der Verfahrenseröffnung zur Masse gehören, aber auch das Vermögen, das der Schuldner nach der Anordnung der Sicherungsmaßnahme erwirbt[68]. Jede verbotswidrig vorgenommene Verfügung ist absolut unwirksam, §§ 24 Abs. 1, 81 Abs. 1 S. 1 InsO.

Die Anordnung eines allgemeinen Verfügungsverbots lautet beispielsweise[69] wie folgt:

> „Zum vorläufigen Insolvenzverwalter wird Rechtsanwalt [...] bestellt. Der Schuldnerin wird ein allgemeines Verfügungsverbot auferlegt (§ 21 Abs. 2 Nr. 2 InsO); die Verwaltungs- und Verfügungsbefugnis über das Vermögen der Schuldnerin einschließlich des Rechts zum Einzug von Bankguthaben und anderen Forderungen geht damit auf den vorläufigen Insolvenzverwalter über. Die Schuldner der Schuldnerin werden aufgefordert, nur noch unter Beachtung dieser Anordnung zu leisten (§ 23 Abs. 1 S. 3 InsO)."

bb) Der Übergang der Verwaltungs- und Verfügungsbefugnis auf den sog. „starken" vorläufigen Insolvenzverwalter

Wird ein vorläufiger Insolvenzverwalter bestellt und dem Schuldner ein allgemeines Verfügungsverbot auferlegt, so geht die Verwaltungs- und Verfügungsbefugnis über das Vermögen des Schuldners auf den vorläufigen Insolvenzverwalter über (§ 22 Abs. 1 S. 1 InsO). Die rechtlichen Befugnisse dieses sog. „starken"[70] vorläufigen Insolvenzverwalters entsprechen[71] denen des endgültigen Insolvenzverwalters. Allerdings darf der vorläufige Insolvenzverwalter seine Befugnisse nur insoweit ausüben, als es der Zweck der Vermögenssicherung bis zur Entscheidung über die Verfahrenseröffnung erfordert, vgl. § 22 Abs. 1 S. 2 Nr. 1 InsO. Der vorläufige Insolvenzverwalter hat primär für die Sicherung und Erhaltung der Masse zu sorgen; zu einer Verwertung und Verteilung des Schuldnervermögens ist er nicht berechtigt[72]. Das schließt jedoch nicht aus, dass er über Vermögensgegenstände des Schuldners verfügen darf, wenn es die Vermögenssicherung erfordert, etwa im Falle des Notverkaufs verderblicher Wa-

---

68 BT-Drs. 12/2443, S. 116; Ernestus, in: Mohrbutter/Ringstmeier, Insolvenzverwaltung, § 4 Rn. 35.

69 AG Düsseldorf, Beschl. v. 23.10.2007 – 501 IN 215/07.

70 Müller-Gugenberger/Bieneck, Wirtschaftsstrafrecht, § 31 Rn. 127.

71 BGH ZInsO 2007, 267; HK-InsO/Kirchhof § 22 Rn. 37; Haarmeyer/Wutzke/Förster, Handbuch zur Insolvenzordnung, 3/324.

72 Braun/Uhlenbruck, Unternehmensinsolvenz, S. 236; Pelka/Niemann, Praxis der Rechnungslegung im Insolvenzverfahren, Rn. 234.

ren[73]. Bei einem vom Schuldner betriebenen Unternehmen obliegt dem vorläufigen Insolvenzverwalter zudem die Fortführung des Unternehmens bis zur Entscheidung über die Eröffnung des Insolvenzverfahrens, soweit nicht das Insolvenzgericht einer Stilllegung zustimmt, um eine erhebliche Verminderung des Vermögens zu vermeiden, § 22 Abs. 1 S. 2 Nr. 2 InsO.

Ungeachtet der unterschiedlichen Zielrichtungen von vorläufigen Sicherungsmaßnahmen und den Kompetenzzuweisungen im eröffneten Verfahren (Verwertung und Verteilung des Vermögens) ordnet § 22 Abs. 1 S. 1 InsO dieselben verfügungsrechtlichen Wirkungen an, die auch die Verfahrenseröffnung gem. § 80 Abs. 1 S. 1 InsO auslöst, so dass die danach vorgesehene Rechtsfolge kraft gesetzlicher Anordnung bereits im Eröffnungsverfahren eintritt[74]. Mit der vom Gesetzgeber in der Begründung zu § 22 InsO (§ 26 RegE) ausdrücklich erklärten Übertragung der „vollen Verwaltungs- und Verfügungsbefugnis“[75] über das Vermögen des Schuldners geht die Rechtsstellung des so bestellten vorläufigen Insolvenzverwalters über die des Sequesters nach der Konkursordnung hinaus[76]. Unter Geltung der Konkursordnung ging die Verwaltungs- und Verfügungsbefugnis des Schuldners „nicht umfassend“ auf den Sequester über, sondern nur in dem Umfang, wie es der Sequestrationszweck (Erhaltung, Bewahrung und ordnungsgemäße Verwaltung des Schuldnervermögens) erforderte.[77] Die umfassenden Verwaltungs- und Verfügungsbefugnisse des Konkursverwalters standen dem Sequester nicht zu, weshalb er nach früherem Verständnis – auch wenn er in der Regel bei der Eröffnung des Verfahrens zum Konkursverwalter ernannt wurde – kein „Vorkonkursverwalter“ war.[78] Der „starke“ vorläufige Insolvenzverwalter erlangt demgegenüber dieselbe verfügungsrechtliche Stellung wie der Insolvenzverwalter im eröffneten Verfahren[79].

Im Ergebnis verliert der Geschäftsführer einer GmbH seine Verwaltungs- und Verfügungsbefugnis über das im Falle der Eröffnung des Insolvenzverfahrens zur Insolvenzmasse gehörende Vermögen der Gesellschaft, wenn ein vorläufiger Insolvenzverwalter bestellt und der GmbH ein allgemeines Verfügungsverbot auferlegt wird. Die Verwaltungs- und Verfügungsbefugnis geht auf den sog. „starken“ vorläufigen Insolvenzverwalter über.

---

73 Balz/Landfermann, Die neuen Insolvenzgesetze, S. 98; BT-Drs. 12/2443, S. 116 f.

74 Haarmeyer/Wutzke/Förster, Handbuch zur Insolvenzordnung, 3/324.

75 BT-Drs. 12/2443, S. 116 f.

76 MüKo-InsO/Haarmeyer § 22 Rn. 23.

77 Vgl. nur BGHZ 118, 374 m.w.N.

78 BGHZ 97, 87; 86, 190; FK-InsO/Schmerbach (4. Aufl.) § 22 Rn. 1; Kuhn/Uhlenbruck § 106 Rn. 7.

79 MüKo-InsO/Haarmeyer, a.a.O.

In der Praxis wird nur sehr selten ein sog. „starker" vorläufiger Insolvenzverwalter bestellt, der sog. „schwache" vorläufige Insolvenzverwalter ist die Regel. Dies ergab eine von der Verfasserin durchgeführte telefonische Befragung von Insolvenzrichtern verschiedener Bundesländer, die das im Schrifttum[80] vertretene Ergebnis bestätigt. Die Gründe liegen einerseits im Haftungsrisiko des vorläufigen Insolvenzverwalters, der sich gem. § 61 InsO schadensersatzpflichtig macht, wenn eine Masseverbindlichkeit, die durch seine Rechtshandlung begründet worden ist, aus der Insolvenzmasse nicht voll erfüllt werden kann; andererseits aber auch in der Kooperationsbereitschaft der Schuldner. Nur im Ausnahmefall, wenn Anhaltspunkte dafür vorliegen, dass sich der Schuldner dem Verfahren vollständig entzieht – der Geschäftsführer einer GmbH beispielsweise nicht erreichbar ist, Auskünfte, die zur Sicherung der künftigen Insolvenzmasse und zur Aufklärung der Vermögensverhältnisse der GmbH erforderlich sind, nicht erteilt, keine Einsicht in die Geschäftsunterlagen gewährt –, erlassen die Insolvenzgerichte ein allgemeines Verfügungsverbot. Ebenso, wenn vermutet wird, dass der vorläufige Insolvenzverwalter trotz angeordneter vorläufiger Insolvenzverwaltung hintergangen wird, etwa wenn der Geschäftsführer Vermögen der Gesellschaft verschleudert. Aber auch zum Schutz des Schuldners kann die Bestellung eines sog. „starken" vorläufigen Insolvenzverwalters geboten sein, z.B. wenn aus einem laufenden Zivilprozess erhebliche Forderungen drohen. Das Verfahren wird dann gem. § 240 ZPO unterbrochen.

cc) Der Übergang der Verwaltungs- und Verfügungsbefugnis auf den sog. „schwachen" vorläufigen Insolvenzverwalter

Wird ein vorläufiger Insolvenzverwalter bestellt, ohne dass dem Schuldner zugleich ein allgemeines Verfügungsverbot auferlegt wird, bestimmt das Insolvenzgericht gem. § 22 Abs. 2 S. 1 InsO die Pflichten des sog. „schwachen"[81] vorläufigen Insolvenzverwalters. Diese dürfen nicht über die Pflichten eines vorläufigen Insolvenzverwalters mit Verwaltungs- und Verfügungsbefugnis hinausgehen, § 22 Abs. 2 S. 2 InsO. Zudem dürfen die Rechte und Pflichten nicht so pauschal bestimmt sein, dass der vorläufige Insolvenzverwalter seine Stellung praktisch selbst definiert.[82] Aus Gründen der Rechtsklarheit und des gebotenen Schutzes von Vertragspartnern muss aus der gerichtlichen Anordnung selbst unmissverständlich zu erkennen sein, mit welchen Einzelbefugnissen – nach Art und Umfang – der vorläufige Insolvenzverwalter ausgestattet ist.[83] In jedem Fall

80 Statt vieler: FK-InsO/Schmerbach § 21 Rn. 61, 63.

81 Müller-Gugenberger/Bieneck, Wirtschaftsstrafrecht, § 31 Rn. 128.

82 Kübler/Prütting/Pape § 22 Rn. 53 m.w.N.

83 BGHZ 151, 353 (367).

unterliegt die Anordnung von Sicherungsmaßnahmen dem Verhältnismäßigkeitsgrundsatz[84].

(1) Die Anordnungen des Insolvenzgerichts

Das Insolvenzgericht hat folgende Gestaltungsmöglichkeiten: Es kann ohne jede weitere Sicherungsmaßnahme einen vorläufigen Insolvenzverwalter bestellen, die Bestellung des vorläufigen Insolvenzverwalters gem. § 21 Abs. 2 S. 1 Nr. 2, 2. Alt. InsO mit einem allgemeinen Zustimmungsvorbehalt verbinden (Verfügungen des Schuldners sind nur noch mit Zustimmung des vorläufigen Insolvenzverwalters wirksam)[85] oder gem. § 21 Abs. 1 InsO besondere Verfügungsverbote (beschränkt auf bestimmte Vermögensgegenstände)[86] oder besondere Zustimmungsvorbehalte (bezogen auf einzelne oder bestimmte Arten von Rechtsgeschäften)[87] anordnen.

(2) Die Auswirkungen der Anordnungen des Insolvenzgerichts

Welche Auswirkungen die unterschiedlichen Anordnungen auf die Verwaltungs- und Verfügungsbefugnis des Schuldners haben, soll im Folgenden dargelegt werden.

Dazu vertritt *Pape*[88] die Auffassung, dass der Schuldner in allen Fällen des Verzichts auf ein allgemeines Verfügungsverbot verwaltungs- und verfügungsbefugt bleibt. Der vorläufige Insolvenzverwalter sei rechtlich nicht in der Lage, gegen den Willen des Schuldners zu handeln. *Pape* stützt sich dabei auf eine Entscheidung des BGH[89], in welcher die Frage, ob § 55 Abs. 2 S. 2 InsO ausschließlich auf Rechtshandlungen eines vorläufigen Insolvenzverwalters anwendbar ist, auf den die Verfügungsbefugnis über das Vermögen des Schuldners übergegangen ist, mit der Begründung bejaht wurde, nur aufgrund des Erlasses eines allgemeinen Verfügungsverbots könne der vorläufige Insolvenzverwalter gem. § 22 Abs. 1 S. 1 InsO umfassend für den Schuldner handeln. Nach Auffassung des BGH bewirkt der Zustimmungsvorbehalt (§ 21 Abs. 2 Nr. 2, 2. Alt. InsO) nur, dass der vorläufige Insolvenzverwalter wirksame rechtsgeschäftliche

84 Rechtsstaatsprinzip, Art. 20 Abs. 3 GG; vgl. dazu auch Hmb-Komm/Schröder § 21 Rn. 22.

85 MüKo-InsO/Haarmeyer § 21 Rn. 65, Zustimmung bedeutet dabei sowohl vorherige Einwilligung als auch nachträgliche Genehmigung.

86 Nerlich/Römermann/Mönning § 21 Rn. 116.

87 FK-InsO/Schmerbach (4. Aufl.) § 22 Rn. 58.

88 Kübler/Prütting/Pape § 22 Rn. 35.

89 BGHZ 151, 353.

Verfügungen des Schuldners zu verhindern vermag. Allein aufgrund eines erlassenen Zustimmungsvorbehalts – also ohne ergänzende gerichtliche Anordnungen – sei der vorläufige Insolvenzverwalter rechtlich nicht in der Lage, den Schuldner gegen dessen Willen zu Handlungen anzuhalten. In Anlehnung an diese Rechtsprechung vertritt *Pape* die Auffassung, das Gericht könne zwar auch dem vorläufigen Verwalter in Bezug auf bestimmte Gegenstände die Befugnis einräumen, mit verpflichtender Wirkung zu handeln. Dies setze aber konkrete Einzelermächtigungen voraus, die nicht mehr durch die bloße Anordnung von besonderen Verfügungsverboten oder Zustimmungsvorbehalten entstünden. Grundsätzlich sei bei den vorläufigen Insolvenzverwaltungen, die nicht mit einem allgemeinen Verfügungsverbot gekoppelt seien, der Schuldner weiter der Handelnde.

Bei der Bestellung eines vorläufigen Insolvenzverwalters ohne Verwaltungs- und Verfügungsbefugnis sieht *Uhlenbruck*[90] sogar einen Nachteil darin, dass der Schuldner bzw. das Schuldnerunternehmen weiterhin verwaltungs- und verfügungsbefugt bleibe: Der vorläufige Insolvenzverwalter habe deshalb permanent zu prüfen, welche Maßnahmen im Einzelfall erforderlich seien, um eine gläubigernachteilige Verminderung der Haftungsmasse zu verhindern. Ohne nähere gerichtliche Anordnung sei der vorläufige Insolvenzverwalter lediglich „Berater" des Schuldners ohne eigene Verfügungsmacht über das Schuldnervermögen und mit nur denjenigen Pflichten, die das Insolvenzgericht ausdrücklich bestimme (§ 22 Abs. 2 InsO).[91] Die Anordnung eines Zustimmungsvorbehalts nach § 21 Abs. 2 Nr. 2, 2. Alt. InsO beseitige nicht etwa das Verfügungsrecht des Schuldners, sie schränke ihn hinsichtlich seiner Verfügungsbefugnis lediglich insoweit ein, als er entweder generell oder zu bestimmten Verfügungen die Zustimmung des vorläufigen Insolvenzverwalters einzuholen habe.[92] Mit anderen Worten – so *Uhlenbruck* – trete der zustimmungsbefugte Verwalter nicht an die Stelle des Schuldners, sondern lediglich an seine Seite[93].

In diesem Sinne führt auch der Bundesfinanzhof[94] in einer Entscheidung aus dem Jahre 2004 zum allgemeinen Zustimmungsvorbehalt aus:

> „In diesem Fall sind zwar Verfügungen des Schuldners ohne die Zustimmung des vorläufigen Insolvenzverwalters grundsätzlich unwirksam (vgl. § 24 Abs. 1, § 81 InsO); andererseits kann aber auch der vorläufige Insolvenzverwalter grundsätzlich nicht (allein) über das Vermögen des Schuldners verfügen; Schuldner und vorläufi-

---

90 Braun/Uhlenbruck, Unternehmensinsolvenz, S. 234 ff.

91 So auch Bork, Einführung in das Insolvenzrecht, Rn. 103 und Braun/Kind § 22 Rn. 6.

92 Gottwald/Uhlenbruck/Vuia, Insolvenzrechts-Handbuch, § 14 Rn. 63.

93 So auch Fritsche, DZWIR 2005, 265.

94 BFH ZIP 2004, 1269 (1270).

ger Insolvenzverwalter haben eine vergleichbar starke Stellung; gleichwohl ist der vorläufige Insolvenzverwalter als „Berater“ des Schuldners anzusehen.“

Nach Auffassung des BFH kann der „schwache“ vorläufige Insolvenzverwalter nicht über das Vermögen des Schuldners verfügen; er ist lediglich als Berater des Schuldners anzusehen. Der BFH hatte die Frage zu entscheiden, ob die Bestellung eines vorläufigen Insolvenzverwalters die umsatzsteuerliche Organschaft (§ 2 Abs. 2 Nr. 2 UStG) beendet. Er hat diese Frage verneint; die Organschaft bleibe regelmäßig bis zur Eröffnung des Insolvenzverfahrens erhalten.[95]

In der finanzgerichtlichen Rechtsprechung[96] wird ferner der Verbleib der steuerlichen Verantwortlichkeit beim Insolvenzschuldner damit begründet, dass im Falle der Bestellung eines vorläufigen Insolvenzverwalters ohne Anordnung eines allgemeinen Verfügungsverbots die Verwaltungs- und Verfügungsbefugnis beim Schuldner verbleibe, woran auch ein Zustimmungsvorbehalt nichts zu ändern vermag.

Pelka/Niemann[97] setzen sich mit der Frage, welche Auswirkungen die unterschiedlichen Anordnungen des Insolvenzgerichts auf die Verfügungsbefugnis des Schuldners haben, wie folgt auseinander: Die Verfügungsbefugnis verbleibe beim Schuldner, wenn ein vorläufiger Insolvenzverwalter bestellt wird, ohne dass dem Schuldner ein allgemeines Veräußerungsverbot auferlegt wird. Mache das Insolvenzgericht von der Regelung des § 21 Abs. 2 Nr. 2, 2. Alt. InsO Gebrauch und eröffne es dem Schuldner die Möglichkeit, nur mit Zustimmung des vorläufigen Insolvenzverwalters Verfügungen zu treffen, so bleibe es auch insoweit bei der Verfügungsberechtigung des Schuldners. Etwas anderes gelte nur, wenn das Insolvenzgericht im Rahmen seines Gestaltungsspielraumes so weitreichende Pflichten des Insolvenzverwalters anordne, dass seine Stellung der eines „starken“ vorläufigen Insolvenzverwalters vergleichbar sei.

Schmerbach[98] vertritt ebenfalls die Auffassung, dass die Verwaltungs- und Verfügungsbefugnis über das Vermögen des Schuldners nicht auf den vorläufigen Insolvenzverwalter übergeht, wenn ein vorläufiger Insolvenzverwalter bestellt wird, ohne dass dem Schuldner ein allgemeines Verfügungsverbot auferlegt wird.

---

95 Ausdrücklich bestätigt durch BFH, Beschl. v. 13.06.2007 – V B 47/06 = BFH/NV 2007, 1936; sich anschließend: Hess. FG, Beschl. v. 10.04.2007 – 6 V 3216/06 (juris); Urt. v. 30.08.2006 – 6 K 3783/05 (juris).

96 Für den Geschäftsführer einer GmbH: Schl.-Holst. FG, Urt. v. 03.08.2006 – 5 K 198/05 (juris); Sächs. FG, Urt. v. 13.07.2006 – 2 K 2212/05 (juris); Schl.-Holst. FG, Urt. v. 01.08.2005 – 1 K 284/02 (juris); für den Vorstand einer AG: BFH, Beschl. v. 30.12.2004 – VII B 145/04 = BFH/NV 2005, 665.

97 Pelka/Niemann, Praxis der Rechnungslegung in Insolvenzverfahren, Rn. 235.

98 FK-InsO/Schmerbach § 22 Rn. 4.

Schramm[99] differenziert wie folgt: Verleiht das Insolvenzgericht dem vorläufigen Insolvenzverwalter keine Verwaltungs- und Verfügungsbefugnisse, verbleibe die Verwaltungs- und Verfügungsbefugnis gänzlich beim Schuldner. Im Falle eines allgemeinen Zustimmungsvorbehalts werde zwar die Verfügungsmacht des Schuldners insoweit eingeschränkt, als den von ihm vorgenommenen Verfügungen nur durch eine (konkludente) Zustimmung oder Genehmigung des Insolvenzverwalters rechtliche Wirksamkeit verliehen werde; doch bleibe die Verpflichtungsmacht uneingeschränkt und die Verfügungsmacht zumindest auch in den Händen des Schuldners; der vorläufige Insolvenzverwalter habe weder an sich die Aufgabe, noch die Macht, Verpflichtungen einzugehen oder selbstständig zu verfügen. Die fortbestehende vermögensrechtliche Bestimmungsmacht des Schuldners sei somit nur durch das bloße Mitwirkungsrecht des vorläufigen Verwalters bei Verfügungen eingeschränkt. Ordne das Gericht ein nur auf einzelne Vermögensgegenstände bezogenes, sog. besonderes Verfügungsverbot an, unter Umständen ergänzt durch einen besonderen Zustimmungsvorbehalt, könne der Schuldner – da eine solche Maßnahme im Unterschied zu einer Anordnung nach § 21 Abs. 2 Nr. 2 Hs. 2 InsO nur die Wirkung eines relativen Veräußerungsverbots i.S.d. §§ 135, 136 BGB habe – nicht nur selbstständig schuldrechtliche Verpflichtungen begründen, er könne, da das Verfügungsverbot nur relativ wirke, Dritten gutgläubig das Eigentum an Massegegenständen auch dann verschaffen, wenn der Insolvenzverwalter dem Verfügungsgeschäft nicht zustimme. Der Schuldner behalte die maßgebliche „Machtposition" über sein Vermögen, seine wirtschaftliche Dispositionsfreiheit und rechtliche Handlungsfähigkeit werde kaum eingeschränkt. Dieser Insolvenzverwalter könne weder Verbindlichkeiten begründen, noch Verfügungsgeschäfte vornehmen.

Anders hingegen *Haarmeyer*[100] hinsichtlich besonderer Verfügungsverbote: Überträgt das Insolvenzgericht im Rahmen der Pflichtenzuweisung nach § 22 Abs. 2 InsO dem vorläufigen Insolvenzverwalter an Stelle einer allgemeinen Verwaltungs- und Verfügungsbefugnis eine besondere, auf einzelne Vermögensgegenstände (z.B. Bankguthaben, Grundstücke etc.) beschränkte besondere Verfügungsbefugnis, so gehe hinsichtlich dieser Vermögenswerte die Verwaltungs- und Verfügungsbefugnis auf den vorläufigen Insolvenzverwalter über, der insoweit gegenstandsbezogen die Rechtsstellung des vorläufigen Verwalters nach § 22 Abs. 1 InsO erlange. Stets sei aber erforderlich, dass der vorläufige Insolvenzverwalter mit klar abgrenzbaren und für den Rechtsverkehr unterscheidbaren Einzelkompetenzen versehen werde. Dem vorläufigen Insolvenzverwalter

99 Schramm, NStZ 2000, 398 (400 f.).

100 MüKo-InsO/Haarmeyer § 22 Rn. 31.

stehe für den Fall besonderer Verfügungsbeschränkungen des Schuldners und der Übertragung dieser gegenständlichen Verfügungsmacht auf den vorläufigen Insolvenzverwalter eine eigene Rechtsmacht und Rechtsstellung in Bezug auf die Insolvenzmasse zu.

So auch *Mönning*[101] mit der knappen Aussage, ein Verfügungsverbot, das sich auf einen bestimmten Gegenstand oder auch mehrere Gegenstände erstrecke, führe dazu, dass der Schuldner seine Verfügungsbefugnis über diese Gegenstände verliere.

Voß[102] vertritt ebenfalls die Auffassung, dass der Schuldner im Falle einer „schwachen" vorläufigen Insolvenzverwaltung selbst weiter verfügen kann, es sei denn, dies wird ihm durch ein spezielles Verfügungsverbot vom Gericht untersagt. Lediglich für konkret auf den vorläufigen Insolvenzverwalter übertragene Einzelbefugnisse habe dieser ein auf diese Vermögensbestandteile beschränktes Verfügungs- und Verwaltungsrecht.

Mit Blick auf die Praxis vertritt *Ernestus*[103] die Auffassung, wenn ein erhöhtes Sicherungsbedürfnis bestehe, könne das Insolvenzgericht den „schwachen" vorläufigen Insolvenzverwalter ermächtigen, über bestimmte Gegenstände des Schuldnervermögens zu verfügen. Dies erfolge in der Weise, dass dem Schuldner hinsichtlich dieser Gegenstände seines Vermögens ein Verfügungsverbot auferlegt und gleichzeitig eine Ermächtigung zur Verfügung über diesen Gegenstand zu Gunsten des vorläufigen Insolvenzverwalters ausgesprochen werde.

Leithaus[104] unterstreicht dies: durch eine umfassende und ins Einzelne gehende Ausformulierung der Pflichten des „schwachen" vorläufigen Insolvenzverwalters könne dieser faktisch einem „starken" vorläufigen Insolvenzverwalter weitgehend angenähert werden.

Kirchhof[105] befasst sich ebenfalls mit der aufgeworfenen Frage. Seiner Auffassung zufolge ist der vorläufige Insolvenzverwalter ohne begleitendes allgemeines Verfügungsverbot – trotz Zustimmungsvorbehalts – zu Verfügungen über das Vermögen des Schuldners und zum Abschluss von Verpflichtungsgeschäften eigenständig nur berechtigt, soweit das Insolvenzgericht dies ausdrücklich festlegt oder sich eine solche Befugnis zweifelsfrei aus dem Zweck seiner Bestellung ergibt.

Der dargestellte Meinungsstand zeigt, dass nur bei den *besonderen* Verfügungsverboten streitig ist, ob die Verwaltungs- und Verfügungsbefugnis beim

---

101 Nerlich/Römermann/Mönning § 21 Rn. 117; § 22 Rn. 212.

102 Graf-Schlicker/Voß § 22 Rn. 21.

103 Ernestus, in: Mohrbutter/Ringstmeier, Insolvenzverwaltung, § 4 Rn. 159.

104 Leithaus/Andres § 22 Rn. 5.

105 HK-InsO/Kirchhof § 22 Rn. 52.

Schuldner verbleibt oder auf den sog. „schwachen“ vorläufigen Insolvenzverwalter übergeht. Im Übrigen besteht Einigkeit darin, dass der Schuldner verwaltungs- und verfügungsbefugt bleibt.

Der Gesetzgeber hat nur für den Fall, dass ein vorläufiger Insolvenzverwalter bestellt und dem Schuldner ein *allgemeines* Verfügungsverbot auferlegt wird, angeordnet, dass die Verwaltungs- und Verfügungsbefugnis über das Vermögen des Schuldners auf den vorläufigen Insolvenzverwalter übergeht (§ 22 Abs. 1 S. 1 InsO). Daraus folgt zunächst im Umkehrschluss, dass der Schuldner verwaltungs- und verfügungsbefugt bleibt, wenn ihm kein allgemeines Verfügungsverbot auferlegt wird, wofür auch die Begründung zu § 22 InsO (§ 26 RegE)[106] spricht:

> „Bei der Regelung der Rechte und Pflichten des vorläufigen Insolvenzverwalters unterscheidet die Vorschrift danach, ob dem Schuldner ein allgemeines Verfügungsverbot auferlegt worden ist (Absatz 1) oder ob dies nicht der Fall ist (Absatz 2). […] Ist dem Schuldner ein allgemeines Verfügungsverbot auferlegt, so erhält bereits der vorläufige Insolvenzverwalter die volle Verwaltungs- und Verfügungsbefugnis über das Vermögen des Schuldners. […] Bleibt der Schuldner verwaltungs- und verfügungsbefugt, so legt das Insolvenzgericht die Pflichten des vorläufigen Insolvenzverwalters fest; dabei ist der durch Absatz 1 vorgegebene Rahmen zu beachten (Absatz 2).“

(a) Das besondere Verfügungsverbot

Es sind jedoch Fälle denkbar, in denen das Vermögen des Schuldners bis auf einzelne Vermögensgegenstände oder gar einen einzigen Vermögensgegenstand wertlos ist. Da das Insolvenzgericht bei der Anordnung von Sicherungsmaßnahmen den Verhältnismäßigkeitsgrundsatz zu beachten hat (vgl. § 21 Abs. 1 S. 1 InsO: „... Maßnahmen zu treffen, die *erforderlich* erscheinen...“), ist es gehalten, nur die werthaltigen Vermögensgegenstände zu sichern. Ein allgemeines Verfügungsverbot ist in diesen Fällen zum Masseerhalt nicht erforderlich. Vielmehr bedarf es eines besonderen Verfügungsverbots, das auf die werthaltigen Vermögensgegenstände beschränkt ist.

Insbesondere im Falle der Eröffnung des Insolvenzverfahrens über das Vermögen großer Konzerne, die auf einer Vielzahl von Geschäftsfeldern tätig sind, ergibt die Prüfung der Konzerngesellschaften durch den vorläufigen Insolvenzverwalter oftmals den Befund, dass einzelne Geschäftsbereiche durchaus (noch) ertragreich arbeiten.[107] Um zu vermeiden, dass solche profitablen Bereiche in den Strudel der Insolvenz des übrigen Unternehmens hineingezogen wer-

106 BT-Drs. 12/2443, S. 116 f.

107 Vgl. Louven/Böckmann, NZI 2004, 128.

den und nicht durch die bis zur Entscheidung über die Eröffnung des Insolvenzverfahrens verstreichende Zeit an Wert verlieren, bietet es sich an, diese Unternehmensteile zügig zu veräußern.[108] Der Zweck des § 21 Abs. 1 InsO besteht darin, neben der körperlichen Sicherung der künftigen Insolvenzmasse (Bestanderhaltungsfunktion) auch deren wirtschaftlichen Wert zu erhalten (Werterhaltungsfunktion).[109] Das Insolvenzgericht kann dem Schuldner daher auch ein besonderes, auf einzelne Vermögensgegenstände oder Teilbereiche seines Vermögens beschränktes Verfügungsverbot auferlegen und die Verfügungsbefugnis auf den vorläufigen Insolvenzverwalter übertragen.[110]

Die Anordnung besonderer Verfügungsverbote ist in der Insolvenzordnung zwar nicht ausdrücklich vorgesehen, das Insolvenzgericht kann jedoch im Rahmen der Generalklausel des § 21 Abs. 1 InsO ein gegenständlich beschränktes Verfügungsverbot[111] erlassen. Ferner kann es den vorläufigen Insolvenzverwalter – jedenfalls in Verbindung mit dem Erlass eines besonderen Verfügungsverbots – ermächtigen, einzelne[112], im Voraus genau festgelegte Verpflichtungen zu Lasten der späteren Insolvenzmasse einzugehen.[113] Verfügungs- und Verpflichtungsermächtigungen dürfen allerdings nicht pauschal in das Ermessen des dann sog. „halbstarken“[114] vorläufigen Insolvenzverwalters gestellt werden; das Insolvenzgericht hat im Rahmen des § 22 Abs. 2 InsO in jedem Falle selbst die einzelnen Maßnahmen bestimmt zu bezeichnen, zu denen der vorläufige Verwalter verpflichtet und berechtigt sein soll[115]. Dem vorläufigen Insolvenzverwalter kann somit für einen Teilbereich[116] die Verfügungsbefugnis übertragen werden.

---

108 So beispielsweise bei der Veräußerung des Kühlturmgeschäfts des Babcock-Borsig-Konzerns, vgl. AG Duisburg NJW-RR 2002, 1575.

109 AG Duisburg NJW-RR 2002, 1575; Louven/Böckmann, NZI 2004, 128 (129).

110 AG Duisburg, a.a.O.

111 Jaeger/Gerhardt § 21 Rn. 8 m.w.N.; Graf-Schlicker/Voß § 21 Rn. 27; Haarmeyer, S. 121.

112 Einzelermächtigungen können auch für bestimmte, abgrenzbare Arten von Maßnahmen erteilt werden, in Form von Gruppenermächtigungen (Bsp.: „alle Energielieferungen an die Schuldnerin“), u.a. auch in Form einer sog. Projektermächtigung (Bsp.: „alle Lieferungen und Leistungen für das Bauvorhaben ...“), vgl. Hmb-Komm/Schröder § 22 Rn. 93; Hamburger Leitlinien zum Insolvenzeröffnungsverfahren ZInsO 2004, 24 (25).

113 BGHZ 151, 353 (354, 365 f. m.w.N.); AG Duisburg NJW-RR 2002, 1575.

114 Ernestus, in: Mohrbutter/Ringstmeier, Insolvenzverwaltung, § 4 Rn. 83.

115 BGHZ 151, 353 (366).

116 AG Hof NZI 2000, 37 (38); AG Coburg ZInsO 2002, 383; AG Duisburg NJW-RR 2002, 1575; AG Bonn ZIP 2007, 832 zur Sicherung von Lieferanten, Dienstleistern oder Versorgern: „Im Stadium der (schwachen) vorläufigen Insolvenzverwaltung können Lieferanten, Dienstleister und Versorger dergestalt gesichert werden, dass dem Schuld-

Die Wirkung besonderer Verfügungsverbote ist ebenfalls nicht ausdrücklich gesetzlich geregelt. Gemäß § 81 Abs. 1 S. 1 InsO sind Verfügungen des Schuldners nach der Eröffnung des Insolvenzverfahrens über einen Gegenstand der Insolvenzmasse unwirksam. Im Unterschied zum Konkursrecht wird keine relative Unwirksamkeit – „den Konkursgläubigern gegenüber“ – angeordnet, sondern die absolute Unwirksamkeit der erfassten Verfügungen.[117] Absolute Verfügungsverbote bezwecken nicht den Schutz bestimmter Personen, sie dienen dem Schutz der Allgemeinheit; ihre Verletzung macht die Verfügung mit Wirkung gegenüber jedermann unwirksam.[118] Für das Insolvenzeröffnungsverfahren bestimmt § 24 Abs. 1 InsO, der auf die §§ 81, 82 InsO verweist, dass Verfügungen des Schuldners, die gegen ein nach § 21 Abs. 2 Nr. 2 InsO angeordnetes allgemeines Verfügungsverbot oder einen allgemeinen Zustimmungsvorbehalt verstoßen, absolut[119] unwirksam sind. Ob besondere Verfügungsverbote ebenfalls unter die Rechtsfolgenregelung des § 24 Abs. 1 InsO fallen und damit absolut wirken, ist streitig.

Während einerseits die Auffassung vertreten wird, dass besondere Verfügungsverbote nur die Wirkung relativer Verfügungsverbote[120] i.S.d. §§ 135, 136 BGB zugunsten der Gläubiger haben, fallen sie nach anderer Auffassung unter § 24 Abs. 1 InsO und lösen damit ein absolutes[121] Verfügungsverbot aus.

Nach dem Wortlaut des § 24 Abs. 1 InsO gelten die §§ 81, 82 InsO entsprechend bei einem Verstoß „gegen eine der in § 21 Abs. 2 Nr. 2 vorgesehenen Verfügungsbeschränkungen“. In der Gesetzesbegründung[122] zu § 24 InsO (§ 28 RegE) ist ausgeführt:

> „In Absatz 1 wird für die Rechtsfolgen eines Verstoßes gegen *allgemeine Verfügungsbeschränkungen* auf die Vorschriften verwiesen, in denen die Wirkungen der Eröffnung des Insolvenzverfahrens auf Verfügungen des Schuldners und auf Leistungen an den Schuldner geregelt sind.“

---

ner die Vornahme konkret bezeichneter Rechtshandlungen verboten und dem schwachen vorläufigen Insolvenzverwalter insoweit die Verfügungsbefugnis übertragen wird.“

117 BT-Drs. 12/2443, S. 136.

118 Palandt/Ellenberger § 136 Rn. 2.

119 H.M., vgl. nur Nerlich/Römermann/Mönning § 24 Rn. 7 m.w.N.

120 Braun/Kind § 24 Rn. 3; Gerhardt, in: Kölner Schrift zur Insolvenzordnung, S. 200 f.; Hmb-Komm/Schröder § 24 Rn. 2; HK-InsO/Kirchhof § 24 Rn. 4; Jaeger/Gerhardt § 21 Rn. 9; Kübler/Prütting/Pape § 24 Rn. 2; Nerlich/Römermann/Mönning § 21 Rn. 116; Schramm, NStZ 2000, 398 (401).

121 MüKo-InsO/Haarmeyer § 21 Rn. 59; MüKo-BGB/Armbrüster § 136 Rn. 2; Palandt/Ellenberger § 136 Rn. 2b; Kießling/Singhoff, DZWIR 2000, 353 (363).

122 BT-Drs. 12/2443, S. 117.

Als eine solche allgemeine Verfügungsbeschränkung nennt § 21 Abs. 2 Nr. 2 InsO die Möglichkeit, dem Schuldner ein allgemeines Verfügungsverbot aufzuerlegen oder anzuordnen, dass Verfügungen des Schuldners nur mit Zustimmung des vorläufigen Insolvenzverwalters wirksam sind. Der Gesetzesbegründung[123] zu § 21 InsO (§ 25 RegE) ist wiederum zu entnehmen, dass in § 21 Abs. 2 InsO nur „die wichtigsten Sicherungsmaßnahmen" aufgezählt werden. Durch das Wort „insbesondere" zu Beginn des Absatzes 2 werde zum Ausdruck gebracht, dass die Aufzählung „nur beispielhaft"[124] sei.

Auffällig ist, dass besondere Zustimmungsvorbehalte erfasst sind, besondere Verfügungsverbote hingegen nicht:

> „Weiter kommt in Betracht, nur *bestimmte*, besonders wichtige Verfügungen des Schuldners an die Zustimmung des vorläufigen Insolvenzverwalters zu binden."[125] [Hervorhebungen nicht im Original]

Da man nicht annehmen kann, dass die Möglichkeit der Anordnung besonderer Verfügungsverbote übersehen worden ist, bleibt nur die Erklärung, dass der Gesetzgeber davon ausgegangen ist, dass sich dies von selbst versteht, da der Sinngehalt und Gesetzeszweck des § 21 InsO darin besteht, Vermögensverluste durch Handlungen des Schuldners zu verhindern:

> „Die Bestellung eines vorläufigen Insolvenzverwalters (Nummer 1) und die Anordnung eines allgemeinen Verfügungsverbots oder allgemeiner Verfügungsbeschränkungen für den Schuldner (Nummer 2) dienen dazu, Vermögensverluste durch Handlungen des Schuldners zu verhindern; sie erfassen auch das Vermögen, das der Schuldner nach der Anordnung der Sicherungsmaßnahmen erwirbt. Die Rechtsfolgen solcher Maßnahmen sind in den §§ 26, 28 des Entwurfs näher geregelt."[126]

Der Gesetzgeber hat sich für einen gegenüber dem Konkursrecht erheblich erweiterten Masseschutz zu Lasten des Rechtsverkehrs entschieden; dieses Ziel lässt sich jedoch nur dann erreichen, wenn einheitlich allen die Masse gegen schädigende Verfügungen sichernden Maßnahmen dieselbe Wirkung zukommt wie einem allgemeinen Verfügungsverbot.[127]

Ein weiteres Argument dafür ergibt sich daraus, dass bei Verfügungen des Schuldners entgegen einem absoluten Verfügungsverbot ein gutgläubiger Erwerb gem. §§ 24 Abs. 1, 81 Abs. 1 S. 2 InsO nur bei Immobilien, Schiffen und Pfandrechten an Luftfahrzeugen bzw. entsprechenden Rechten daran möglich ist, im Übrigen nicht, während bei relativen Verfügungsverboten ein gutgläubi-

123 BT-Drs. 12/2443, S. 116.
124 BT-Drs. a.a.O.
125 BT-Drs. ebenda.
126 BT-Drs. 12/2443, S. 116.
127 So zutreffend MüKo-InsO/Haarmeyer § 21 Rn. 61.

ger Erwerb gem. § 135 Abs. 2 BGB auch an beweglichem Vermögen des Schuldners möglich ist[128]. Im Vergleich zum relativen Verfügungsverbot bietet das absolute Verfügungsverbot also den umfassenderen Schutz.

Der Gesetzgeber begründet den in § 81 InsO (§ 92 RegE) gegenüber § 7 KO geänderten Wortlaut wie folgt:

> „Ein Unterschied zum Wortlaut des geltenden Konkursrechts liegt weiter darin, dass keine relative Unwirksamkeit – „den Konkursgläubigern gegenüber" – angeordnet wird, sondern die absolute Unwirksamkeit der erfassten Verfügungen. Dieses ist folgerichtig, da der Schuldner mit der Eröffnung des Insolvenzverfahrens die Verfügungsbefugnis verliert (§ 91 des Entwurfs). Eine Genehmigung der Verfügung durch den Verwalter wird dadurch nicht ausgeschlossen (§ 185 Abs. 2 BGB analog). Schon das geltende Recht wird überwiegend in diesem Sinn ausgelegt."[129]

Wenn der Schuldner gem. § 80 Abs. 1 InsO mit der Eröffnung des Insolvenzverfahrens die Verfügungsbefugnis verliert und Verfügungen des Schuldners nach der Eröffnung des Insolvenzverfahrens gem. § 81 Abs. 1 InsO *absolut* unwirksam sind, der Schuldner darüber hinaus gem. § 22 Abs. 1 InsO bereits im Insolvenzeröffnungsverfahren die Verfügungsbefugnis verliert, wenn ein vorläufiger Insolvenzverwalter bestellt und dem Schuldner ein allgemeines Verfügungsverbot auferlegt wird, Verfügungen des Schuldners gem. §§ 24 Abs. 1, 81 Abs. 1 InsO *absolut* unwirksam sind, dann muss dies auch für besondere Verfügungsverbote gelten. Denn das allgemeine Verfügungsverbot erfasst *alle* Vermögensgegenstände des Schuldners, das besondere Verfügungsverbot nur *einzelne* dieser Vermögensgegenstände. Verfügt der Schuldner entgegen einem allgemeinen Verfügungsverbot über einen Vermögensgegenstand, ist die Verfügung über *diesen* Vermögensgegenstand absolut unwirksam. Die absolute Wirkung des allgemeinen Verfügungsverbots erfasst also *jeden einzelnen* Vermögensgegenstand. Die absolute Wirkung muss daher auch dann gelten, wenn das Verfügungsverbot von vornherein auf *diesen* einzelnen Vermögensgegenstand beschränkt ist.

Dass der Sicherungszweck die absolute Unwirksamkeit *aller* verbotswidrigen Verfügungen zwingend erfordert, soll folgendes – in Anlehnung an einen im elektronischen Bundesanzeiger[130] veröffentlichten Jahresabschluss gebildetes – Beispiel belegen: Im Jahre 1905 wird ein Bauunternehmen in der Rechtsform einer GmbH & Co. KG gegründet. Gegenstand des Unternehmens ist die Errichtung von Hoch- und Tiefbauten jeder Art, insbesondere der Gleisbau. Im Jahre

128 Vgl. Hmb-Komm/Schröder § 24 Rn. 12 m.w.N.

129 BT-Drs. 12/2443, S. 136; ebenso bereits der Gesetzesentwurf der Bundesregierung v. 03.01.1992, BR-Drs. 1/92, S. 136.

130 https://www.unternehmensregister.de/ureg/docs/pdf-2809689.pdf;jsessionid=3FF0BDBD84D964ACA6B8FEC1792D1243.www03-1 (01.05.2009).

1956 führt dieses Bauunternehmen die erste selbstfahrende Gleisstopfmaschine ein; die Geschäftstätigkeit konzentriert sich fortan auf den Bereich des Gleisbaus (den Neubau von Gleisanlagen sowie die Gleiserhaltung, -reinigung und -sanierung mit Großmaschinen) und damit zusammenhängende Baumaßnahmen. Im Jahre 1998 werden nennenswerte Teile des beweglichen und unbeweglichen Anlagevermögens in eine Besitzgesellschaft ausgelagert; zwischen dem Bauunternehmen und der Besitzgesellschaft wird ein Pachtvertrag geschlossen. Angenommen, im Falle der Insolvenz des Bauunternehmens stellt ein zwischenzeitlich erworbenes, im Eigentum der Gesellschaft stehendes Gemälde eines weltbekannten Malers, das im Büro des Geschäftsführers hängt, den einzig wertvollen Gegenstand des Gesellschaftsvermögens dar. Eine Verfügung des Geschäftsführers über dieses Gemälde wäre gem. §§ 24 Abs. 1, 81 Abs. 1 InsO absolut unwirksam, wenn das Insolvenzgericht im Insolvenzeröffnungsverfahren über das Vermögen der Gesellschaft einen vorläufigen Insolvenzverwalter bestellt und gleichzeitig ein allgemeines Verfügungsverbot anordnet. Würde das Insolvenzgericht hingegen ein besonderes, auf das wertvolle Gemälde beschränktes, Verfügungsverbot anordnen, so wäre die Verfügung unter Zugrundelegung der Auffassung, dass es sich um ein relatives Verfügungsverbot i.S.d. §§ 135, 136 BGB handelt, nur den Insolvenzgläubigern gegenüber unwirksam; ein gutgläubiger Dritter könnte das Gemälde rechtswirksam erwerben (§ 135 Abs. 2 BGB) und damit die Insolvenzmasse ganz erheblich schmälern. Dieses Ergebnis stünde im Widerspruch zum Sinn und Zweck der Sicherungsmaßnahme, die das Gesellschaftsvermögen gerade vor dem Verlust dieses einzig wertvollen Gegenstandes schützen soll. Besondere Verfügungsverbote, die unter Beachtung des Verhältnismäßigkeitsgrundsatzes als im Verhältnis zum allgemeinen Verfügungsverbot *milderes Mittel* angeordnet werden und einzelne, insbesondere wertvolle Vermögensgegenstände schützen sollen, erfordern als „Minus" zum allgemeinen Verfügungsverbot also ebenfalls die *absolute* Unwirksamkeit verbotswidriger Verfügungen.

Aus Sicht der Praxis ergibt sich das Erfordernis eines *absolut* wirkenden besonderen Verfügungsverbots auch noch aus einem anderen Grund: Ist Gefahr im Verzug, steht aber noch nicht fest, ob die Kosten für eine „starke" vorläufige Insolvenzverwaltung gedeckt werden können, kann auch die Anordnung einer konkreten Verfügungsbeschränkung des Schuldners im Hinblick auf einzelne besonders gefährdete Vermögensgegenstände entweder in Form eines konkreten besonderen Verfügungsverbots oder Zustimmungsvorbehalts nach der Generalklausel des § 21 Abs. 1 InsO den gewünschten Erfolg herbeiführen.[131] Die Si-

131 BK-InsO/Blersch § 21 Rn. 24.

cherung der Insolvenzmasse ist allerdings nur dann gewährleistet, wenn dem besonderen Verfügungsverbot *absolute* Wirkung zukommt.

Aus den genannten Gründen ist dem besonderen Verfügungsverbot eine absolute Wirkung beizumessen, d.h. die gegen ein besonderes Verfügungsverbot verstoßende Verfügung des Schuldners ist *absolut* unwirksam.

Dies ist auch für die Frage der Strafbarkeit des Geschäftsführers von Bedeutung. Nach der Dogmatik des allgemeinen Zivilrechts beziehen sich „Verbote" ausschließlich auf das rechtliche „Dürfen" einer Person; „Verfügungsbeschränkungen" im rechtstechnischen Sinn betreffen demgegenüber bereits das rechtliche „Können".[132] Wie bereits ausgeführt, hat der Gesetzgeber die in § 81 Abs. 1 S. 1 InsO geregelte absolute Unwirksamkeit von Verfügungen nach der Eröffnung des Insolvenzverfahrens damit begründet, dass der Schuldner *mit der Eröffnung des Insolvenzverfahrens* die *Verfügungsbefugnis verliert.*[133] Bei einem Verstoß gegen eine der in § 21 Abs. 2 Nr. 2 InsO vorgesehenen *Verfügungsbeschränkungen* – so der Wortlaut des § 24 Abs. 1 InsO – gelten die §§ 81, 82 InsO entsprechend. Bei dem allgemeinen Verfügungsverbot und dem allgemeinen Zustimmungsvorbehalt handelt es sich also um Verfügungsbeschränkungen im rechtstechnischen Sinn. Selbst wenn der Geschäftsführer über einen Gegenstand verfügen wollte, könnte er es schon deshalb nicht, weil ihm die Rechtsmacht dazu fehlt. Nach der zugrunde gelegten Dogmatik handelt es sich auch bei besonderen Verfügungsverboten um Verfügungsbeschränkungen im rechtstechnischen Sinn. Wird dem Geschäftsführer also bereits auf der Ebene des rechtlichen „Könnens" die Rechtsmacht entzogen, die er benötigt, um über die im Falle der Eröffnung des Insolvenzverfahrens zur Insolvenzmasse gehörenden Gegenstände des Gesellschaftsvermögens wirksam verfügen zu können, fehlt ihm folglich die zur Begründung der Täterqualifikation nach § 266 Abs. 1, 1. Alt. StGB erforderliche Verfügungsbefugnis. Der Geschäftsführer kann sich aber ggf. wegen Treubruchsuntreue strafbar machen.

Die Praxis der Insolvenzgerichte zeigt, dass auch besondere Verfügungsverbote sehr selten[134] angeordnet werden. Das Schrifttum[135] bestätigt dies unter Hinweis darauf, dass Verfügungsbeschränkungen, die sich auf einzelne Vermögensgegenstände beziehen oder Zustimmungsvorbehalte, die lediglich bestimmte Rechtshandlungen oder Rechtsgeschäfte betreffen, aufgrund des damit verbundenen Abstimmungsbedarfs zwischen Schuldner und vorläufigem Insol-

132 Von Tuhr, S. 366.

133 Zur Verfügungsbeschränkung gem. § 6 KO: von Tuhr, a.a.O.

134 Dies ergab eine telefonische Umfrage der Verfasserin bei Insolvenzrichtern verschiedener Bundesländer; befragte Insolvenzverwalter bestätigen dies.

135 Vgl. nur Nerlich/Römermann/Mönning § 21 Rn. 122 f.; FK-InsO/Schmerbach (4. Aufl.) § 21 Rn. 92 f.

venzverwalter schwerfällig, wenig transparent, kaum praktikabel und mit einem hohen Risikopotential behaftet sind, da die allgemeine Verfügungsbefugnis beim Schuldner verbleibt und seine wirtschaftliche Dispositionsfreiheit sowie seine rechtliche Handlungsfähigkeit kaum eingeschränkt werden. Besondere Verfügungsbeschränkungen und besondere Zustimmungsvorbehalte kommen daher nur in Betracht, wenn das Insolvenzgericht nach Anhörung des Schuldners zu dem Ergebnis kommt, dass Sicherungsmaßnahmen nicht oder nur auf niedrigstem Niveau erforderlich sind, um nachteilige Veränderungen in der Vermögenslage zu verhüten. Denkbar ist dies bei überschaubaren Vermögensverhältnissen und zur Überzeugung des Insolvenzgerichts feststehender Seriosität und Vertrauenswürdigkeit des Schuldners[136]. Hauptanwendungsfall besonderer Verfügungsverbote sind Grundstücke[137]. Insbesondere wenn das zu sichernde Vermögen des Schuldners ausschließlich in Form einer Immobilie vorhanden ist, ansonsten die Bestellung eines Sachverständigen genügt (beispielsweise wenn kein laufender Geschäftsbetrieb vorhanden ist), kommt die Anordnung eines besonderen Verfügungsverbots über dieses Grundstück in Betracht. Ins Grundbuch eingetragen (§§ 23 Abs. 3, 32 InsO), hindert die Anordnung eines besonderen Verfügungsverbots eine gutgläubige Veräußerung oder Belastung des Grundstücks. Darüber hinaus wird in den Fällen, in denen die Bestellung eines Sachverständigen sowie die Anordnung eines besonderen Verfügungsverbots genügen, um nachteilige Veränderungen in der Vermögenslage des Schuldners zu verhindern, die Vergütung eines vorläufigen Insolvenzverwalters gespart.

Die Anordnung eines besonderen Verfügungsverbots lautet etwa wie folgt:

> „Gemäß § 21 Abs. 1 InsO wird [dem Schuldner] ein Verfügungsverbot auferlegt hinsichtlich folgender, in seinem (Mit-) Eigentum stehender Grundstücke: [...].“[138]

> „I. Dem vorläufigen Insolvenzverwalter [...] wird die alleinige rechtliche Verfügungsbefugnis über folgende Teilbereiche des Vermögens der oben genannten Gesellschaften übertragen: 1. Veräußerung des Konzerngeschäftsbereichs Kühltechnik als Gesamtheit oder in Teilen, 2. Abschluss entsprechender Verträge mit der S-Corporation in C., USA, und mit den mit ihr verbundenen Unternehmen, 3. Vornahme aller sonstigen damit zusammenhängenden Rechtsgeschäfte, insbesondere die Übernahme von Zahlungsverpflichtungen, Gewährleistungen und Garantien sowie der Abschluss von Wettbewerbsvereinbarungen, Treuhandvereinbarungen, Lieferverträgen und Mietverträgen. II. Der vorläufige Insolvenzverwalter wird ermächtigt, in Wahrnehmung dieser Verfügungsbefugnis Verbindlichkeiten mit dem Rang

136 Nerlich/Römermann/Mönning § 21 Rn. 122.

137 Ergebnis einer telefonischen Umfrage der Verfasserin bei Insolvenzrichtern verschiedener Bundesländer; vgl. auch Graf-Schlicker/Voß § 21 Rn. 27.

138 http://www.insolvenzrecht.de/fileadmin/dokumente/arbeitshilfen/in-verfahren/in_p_besonderes_verfuegungsverbot.doc (23.02.2009), sog. „Hausvorlage“ des AG Göttingen.

des § 55 II InsO zu begründen, die nach der Eröffnung des Insolvenzverfahrens als Masseverbindlichkeiten gelten."[139]

(b) Der allgemeine Zustimmungsvorbehalt

Da die künftige Insolvenzmasse möglichst wenig mit Masseverbindlichkeiten aus dem Eröffnungsverfahren belastet und die Haftungsrisiken für den vorläufigen Insolvenzverwalter begrenzt werden sollen, wird im Regelfall[140] ein allgemeiner Zustimmungsvorbehalt angeordnet. Dieser wird auf Antrag des vorläufigen Insolvenzverwalters durch besondere Ermächtigungen ergänzt. Die Ermächtigung des vorläufigen Insolvenzverwalters, Bankguthaben und sonstige Forderungen des Schuldners einzuziehen sowie eingehende Gelder entgegenzunehmen, wird regelmäßig mit dem allgemeinen Zustimmungsvorbehalt verbunden[141].

Die Beschlüsse[142] der Insolvenzgerichte haben bspw. folgenden Wortlaut:

> „Zum vorläufigen Insolvenzverwalter wird Rechtsanwalt [...] bestellt. Verfügungen der Schuldnerin über Gegenstände ihres Vermögens sind nur noch mit Zustimmung des vorläufigen Insolvenzverwalters wirksam (§ 21 Abs. 2 Nr. 2 InsO). Der Schuldnerin wird verboten, über ihre Bankkonten ganz oder teilweise zu verfügen. Hinsichtlich der Bankkonten der Schuldnerin geht die Verwaltungs- und Verfügungsbefugnis auf den vorläufigen Insolvenzverwalter über. Den Schuldnern der Schuldnerin (Drittschuldnern) wird verboten, an die Schuldnerin zu zahlen. Der vorläufige Insolvenzverwalter wird ermächtigt, Bankguthaben und sonstige Forderungen der Schuldnerin einzuziehen sowie eingehende Gelder entgegenzunehmen. Die Drittschuldner werden aufgefordert, nur noch unter Beachtung dieser Anordnung zu leisten (§ 23 Abs. 1 S. 3 InsO)."[143]

Folgender ergänzender Beschluss eines Insolvenzgerichts lag einer Entscheidung des Bundesgerichtshofs[144] zugrunde:

---

139 AG Duisburg NJW-RR 2002, 1575.

140 Hmb-Komm/Schröder § 21 Rn. 45; Ernestus, in: Mohrbutter/Ringstmeier, Insolvenzverwaltung, § 4 Rn. 83; die telefonische Umfrage der Verfasserin bei Insolvenzrichtern verschiedener Bundesländer bestätigte dies.

141 Vgl. z.B. AG Köln, Beschl. v. 23.10.2007 – 71 IN 333/07 (juris); AG Hamburg, Beschl. v. 23.10.2007 – 67g IN 362/07 (juris); AG Dresden, Beschl. v. 23.10.2007 – 531 IN 2776/07 (juris); AG Leipzig, Beschl. v. 23.10.2007 – 405 IN 3506/07 (juris); AG Stuttgart, Beschl. v. 22.10.2007 – 10 IN 940/07 (juris); AG Kiel, Beschl. v. 22.10.2007 – 25 IN 324/07 (juris); Graf-Schlicker/Voß § 22 Rn. 15.

142 Veröffentlichungen abrufbar unter: http://www.insolvenzbekanntmachungen.de.

143 AG Mannheim, Beschl. v. 16.10.2007 – 4 IN 456/07 (juris).

144 BGH ZInsO 2007, 267.

„Es wird angeordnet, a) dass Verfügungen der Schuldnerin nur mit Zustimmung des vorläufigen Insolvenzverwalters wirksam sind; b) dass dem vorläufigen Insolvenzverwalter die Ermächtigung erteilt wird, Forderungen der Schuldnerin gegen Dritte sowie Bankguthaben einzuziehen. Der vorläufige Insolvenzverwalter wird ermächtigt, hinsichtlich sämtlicher Betriebsgelände der Schuldnerin Betretungsverbote auszusprechen."

Thiemann[145] kritisiert in einer Anmerkung zu dieser Entscheidung, dass die insolvenzgerichtlichen Anordnungen zwar die Befugnis an den vorläufigen Insolvenzverwalter enthalten, Forderungen der Schuldnerin gegen Dritte sowie Bankguthaben einzuziehen, gleichwohl fehle es an der expliziten Anordnung, dass insoweit dem Schuldner die Verfügungsbefugnis entzogen werde. Mit dem angeordneten allgemeinen Zustimmungsvorbehalt könne der vorläufige Verwalter Gelder in eigenem Namen für die Schuldnerin nicht einziehen, da nicht er, sondern der Schuldner handle und der vorläufige Verwalter hierzu nur seine Zustimmung erkläre. Ein dahingehendes besonderes Verfügungsverbot ergebe sich auch nicht qua Logik aus der Einzelermächtigung. Ein Zusatz zu den Anordnungen im Beschluss, dass dem Schuldner insoweit die Verfügungsbefugnis entzogen werde und diese auf den vorläufigen Verwalter übergehe (besonderes Verfügungsverbot) wäre nicht nur klarstellend, sondern konstitutiv. Das Insolvenzgericht müsse die einzelnen Maßnahmen genau bestimmen und die Rechtszuständigkeit für die betreffenden Vermögenswerte auf den vorläufigen Verwalter übertragen und die Verfügungsbefugnis des Schuldners insoweit auch aufheben.

Der BGH ist auf die zitierten Anordnungen leider nicht näher eingegangen, da die Anordnungen unter a) und b) nicht beanstandet wurden und der Beschluss im Übrigen keine rechtlichen Bedenken begründete.

In diesem Zusammenhang interessant sind die Ausführungen des Schleswig-Holsteinischen Finanzgerichts in seinem Beschluss vom 25. Mai 2004[146]:

„Die Besonderheit des vorliegenden Falles besteht darin, dass das Insolvenzgericht der Schuldnerin kein allgemeines Verfügungsverbot auferlegt hat, den RA also zum „schwachen" vorläufigen Insolvenzverwalter gemäß § 22 Abs. 2 InsO bestellt hat, andererseits die Wirksamkeit von Verfügungen der Schuldnerin (GmbH) von der Zustimmung des vorläufigen Insolvenzverwalters abhängig gemacht hat (vgl. § 21 Abs. 2 Nr. 2, 2. Alt. InsO). *Durch diese Einzelanordnung des Gerichts sowie die weiteren Sicherungsanordnungen*, nach denen der vorläufige Insolvenzverwalter das vollstreckungsbefangene Vermögen in Verwaltung und Verwahrung zu nehmen, Außenstände einzuziehen und sie sowie eingehende Gelder und Bankguthaben auf ein von ihm einzurichtendes Anderkonto einzuzahlen hat, *wurde die Verfügungs-*

145 Thiemann, DZWIR 2007, 254.

146 Schl.-Holst. FG, Beschl. v. 25.05.2004 – 5 V 85/04 = EFG 2004, 1345.

macht der Schuldnerin bzw. des Ast. *praktisch auf den nur „schwachen" vorläufigen Insolvenzverwalter übertragen.*" [Hervorhebungen nicht im Original]

Hiernach geht die Verfügungsmacht „praktisch" auch ohne die zusätzliche Anordnung, dass der Schuldnerin insoweit die Verfügungsbefugnis entzogen wird und diese auf den vorläufigen Insolvenzverwalter übergeht, auf diesen über. Dies ist konsequent, wenn man von § 22 Abs. 1 S. 1 InsO ausgeht, wonach die Verwaltungs- und Verfügungsbefugnis über das Vermögen des Schuldners auf den vorläufigen Insolvenzverwalter übergeht, wenn ein vorläufiger Insolvenzverwalter bestellt und dem Schuldner ein allgemeines Verfügungsverbot auferlegt wird und gilt entsprechend für ein besonderes Verfügungsverbot, das sich als Minus zum allgemeinen Verfügungsverbot darstellt. Wollte man am Wortlaut der insolvenzgerichtlichen Anordnung haften, bliebe der Sinngehalt und Gesetzeszweck völlig außer Acht, der es verbietet, dass ein rechtsfreier Raum entsteht. Die Einzelermächtigungen implizieren, dass dem Schuldner insoweit die Verfügungsbefugnis entzogen wird. Damit entfällt auch insoweit die Täterqualifikation des Geschäftsführers nach § 266 Abs. 1, 1. Alt. StGB (Missbrauchsuntreue).

Bei dem allgemeinen Zustimmungsvorbehalt handelt es sich – wie bereits ausgeführt wurde – um eine Verfügungsbeschränkung im rechtstechnischen Sinn. Dem Geschäftsführer wird bereits auf der Ebene des rechtlichen Könnens die Rechtsmacht entzogen, die er benötigt, um über die im Falle der Eröffnung des Insolvenzverfahrens zur Insolvenzmasse gehörenden Gegenstände des Gesellschaftsvermögens wirksam verfügen zu können. Im fehlt folglich die zur Begründung der Täterqualifikation nach § 266 Abs. 1, 1. Alt. StGB erforderliche (vorbehaltlose) Verfügungsbefugnis.

Im Falle der Anordnung eines allgemeinen Zustimmungsvorbehalts – eventuell in Kombination mit Einzelermächtigungen – kommt aber eine Strafbarkeit des Geschäftsführers wegen Treubruchsuntreue in Betracht.

c) Die Verfügungsbefugnis im (eröffneten) Insolvenzverfahren

Im eröffneten Insolvenzverfahren ist zwischen dem Übergang der Verwaltungs- und Verfügungsbefugnis auf den (endgültigen) Insolvenzverwalter und der Eigenverwaltung i.S.d. §§ 270 ff. InsO zu unterscheiden.

aa) Der Übergang der Verwaltungs- und Verfügungsbefugnis auf den (endgültigen) Insolvenzverwalter

Durch die Eröffnung des Insolvenzverfahrens geht das Recht des Schuldners, das zur Insolvenzmasse gehörende Vermögen zu verwalten und darüber zu verfügen, auf den (endgültigen) Insolvenzverwalter über (§ 80 Abs. 1 InsO). Der Geschäftsführer einer GmbH verliert somit im Zeitpunkt der Insolvenzeröffnung seine Verwaltungs- und Verfügungsbefugnis über das zur Insolvenzmasse gehörende Vermögen der Gesellschaft. Ab diesem Zeitpunkt kann er sich der Missbrauchsuntreue nach § 266 Abs. 1, 1. Alt. StGB nicht mehr schuldig machen.

bb) Die Eigenverwaltung i.S.d. §§ 270 ff. InsO

Es kann aber auch Fälle geben, in denen es günstiger ist, dem Schuldner die Verfügungsbefugnis zu belassen, etwa weil seine Kenntnisse und Erfahrungen für die Geschäftsführung des Unternehmens unentbehrlich sind und auch nicht auf andere Weise genutzt werden können[147]. Diesem Bedürfnis trägt das Gesetz in den §§ 270 ff. InsO Rechnung, in denen es unter bestimmten Voraussetzungen die Eigenverwaltung der Insolvenzmasse durch den Schuldner ermöglicht, der dabei unter der Aufsicht eines Sachwalters steht. Ordnet das Insolvenzgericht in dem Beschluss über die Eröffnung des Insolvenzverfahrens die Eigenverwaltung an, gilt § 80 InsO ausnahmsweise nicht; der Schuldner ist gem. § 270 Abs. 1 S. 1 InsO (unverändert) berechtigt, unter der Aufsicht eines Sachwalters die Insolvenzmasse zu verwalten und über sie zu verfügen.[148]

d) Zwischenergebnis zur Verfügungsbefugnis

Der Geschäftsführer verliert die Verwaltungs- und Verfügungsbefugnis über das im Falle der Eröffnung des Insolvenzverfahrens zur Insolvenzmasse gehörende Vermögen der GmbH bereits im Insolvenzeröffnungsverfahren, wenn das Insolvenzgericht einen vorläufigen Insolvenzverwalter bestellt und der GmbH gleichzeitig ein allgemeines Verfügungsverbot auferlegt. Mit dem allgemeinen Verfügungsverbot wird dem Geschäftsführer nicht auf der Ebene des rechtlichen „Dürfens" etwas verboten, sondern ihm wird auf der Ebene des rechtlichen „Könnens"[149] die Rechtsmacht entzogen, die er benötigt, um über die zur Insolvenzmasse gehörenden Gegenstände des Gesellschaftsvermögens wirksam verfügen zu können. Ihm fehlt somit die zur Begründung der Täterqualifikation nach § 266 Abs. 1, 1. Alt. StGB erforderliche Verfügungsbefugnis. Im Falle ei-

---

147 Bork, Einführung in das Insolvenzrecht, Rn. 399; Buth/Hermanns/Seagon, Restrukturierung, Sanierung, Insolvenz, § 27 Rn. 75.

148 Vgl. FK-InsO/App § 80 Rn. 4; § 270 Rn. 1 ff.; Nerlich/Römermann/Riggert § 270 Rn. 7; Gottwald/Klopp/Kluth, Insolvenzrechts-Handbuch, § 18 Rn. 2.

149 So zutreffend Kießling/Singhof, DZWIR 2000, 353 (354); vgl. auch Palandt/Ellenberger § 136 Rn. 2 ff., § 134 Rn. 5.

ner „starken“ vorläufigen Insolvenzverwaltung kann sich der Geschäftsführer folglich nicht wegen Missbrauchsuntreue strafbar machen.

Ordnet das Insolvenzgericht eine „schwache“ vorläufige Insolvenzverwaltung an, bleibt der Geschäftsführer hinsichtlich des im Falle der Eröffnung des Insolvenzverfahrens zur Insolvenzmasse gehörenden Gesellschaftsvermögens verwaltungs- und verfügungsbefugt. In diesem Fall kann er sich der Missbrauchsuntreue (§ 266 Abs. 1, 1. Alt. StGB) schuldig machen.

Wird im Rahmen der „schwachen“ vorläufigen Insolvenzverwaltung ein allgemeiner Zustimmungsvorbehalt angeordnet, wird dem Geschäftsführer auf der Ebene des rechtlichen Könnens die Rechtsmacht entzogen, die er benötigt, um über die im Falle der Eröffnung des Insolvenzverfahrens zur Insolvenzmasse gehörenden Gegenstände des Gesellschaftsvermögens wirksam verfügen zu können. Ihm fehlt die zur Begründung der Täterqualifikation nach § 266 Abs. 1, 1. Alt. StGB erforderliche (vorbehaltlose) Verfügungsbefugnis. Eine Strafbarkeit wegen Missbrauchsuntreue kommt somit nicht mehr in Betracht. Dies gilt entsprechend für den Fall, dass ein besonderer Zustimmungsvorbehalt – bezogen auf einzelne oder bestimmte Arten von Rechtsgeschäften – angeordnet wird.

Wird im Rahmen der „schwachen“ vorläufigen Insolvenzverwaltung ein besonderes Verfügungsverbot angeordnet, verliert der Geschäftsführer seine Verwaltungs- und Verfügungsbefugnis nur über diejenigen Vermögensgegenstände, die von dem besonderen Verfügungsverbot erfasst werden. Für diesen Teilbereich wird ihm auf der Ebene des rechtlichen „Könnens“ die Rechtsmacht entzogen, die er benötigt, um über die im Falle der Eröffnung des Insolvenzverfahrens zur Insolvenzmasse gehörenden Gegenstände des Gesellschaftsvermögens wirksam verfügen zu können. Dem Geschäftsführer fehlt insoweit die zur Begründung der Täterqualifikation nach § 266 Abs. 1, 1. Alt. StGB erforderliche Verfügungsbefugnis.

Mit der Eröffnung des Insolvenzverfahrens verliert der Geschäftsführer – vorausgesetzt, es ist keine Eigenverwaltung angeordnet – dann vollständig die Verwaltungs- und Verfügungsbefugnis über das zur Insolvenzmasse gehörende Vermögen der GmbH (§ 80 Abs. 1 InsO). Durch die Eröffnung des Insolvenzverfahrens wird dem Geschäftsführer kraft Gesetzes (§ 80 Abs. 1 InsO) auf der Ebene des rechtlichen „Könnens“ die Verwaltungs- und Verfügungsbefugnis über das gesamte zur Insolvenzmasse gehörende Vermögen der GmbH entzogen. Ein Missbrauch der Verfügungsbefugnis i.S.d. § 266 Abs. 1, 1. Alt. StGB kommt mit der Insolvenzeröffnung nicht mehr in Betracht.

Hinsichtlich des nicht zur Insolvenzmasse gehörenden Gesellschaftsvermögens[150] ist der Geschäftsführer demgegenüber unbeschränkt verwaltungs- und verfügungsbefugt. In Bezug auf dieses Vermögen kann er sich wegen Missbrauchsuntreue strafbar machen.

Als Ergebnis ist festzuhalten, dass der Geschäftsführer in dem Umfang, in welchem die Verfügungsbefugnis auf den (vorläufigen) Insolvenzverwalter übergeht, die Täterqualifikation verliert. Damit entfällt auch das Problem einer strafrechtlichen „Doppelhaftung“ wegen Untreue – durch den Missbrauch der Verfügungsbefugnis – und Bankrott.

e) Die Verpflichtungsbefugnis im Insolvenz(eröffnungs-)verfahren

Verpflichtung ist ein Rechtsgeschäft, durch das eine Person gegenüber einer anderen eine bestimmte Verpflichtung eingeht – die Begründung eines Schuldverhältnisses.[151] Verpflichtungsbefugt ist der Geschäftsführer sowohl im Insolvenzeröffnungsverfahren als auch im (eröffneten) Insolvenzverfahren uneingeschränkt. Ein Missbrauch der Verpflichtungsbefugnis i.S.d. § 266 Abs. 1, 1. Alt. StGB kommt folglich auch im Insolvenz(eröffnungs-)verfahren in Betracht. Im Ergebnis stellt sich hier das Problem einer strafrechtlichen „Doppelhaftung“ des Geschäftsführers wegen Untreue – durch den Missbrauch der Verpflichtungsbefugnis – und Bankrott.

f) Die Vermögensbetreuungspflicht im Insolvenz(eröffnungs-)verfahren

Ob der Geschäftsführer im Insolvenzeröffnungsverfahren sowie nach Eröffnung des Insolvenzverfahrens vermögensbetreuungspflichtig ist, richtet sich danach, ob eine durch Eigenverantwortlichkeit und Selbstständigkeit geprägte Geschäftsbesorgung für die GmbH (noch) vorliegt. Wie bereits festgestellt, ergibt sich die Vermögensbetreuungspflicht des Geschäftsführers aus seiner rechtlichen und tatsächlichen Stellung innerhalb der GmbH, seiner Stellung als Geschäftsführer. Die erforderliche Geschäftsbesorgung besteht in der Führung der

---

150 Auch in der Gesellschaftsinsolvenz gibt es insolvenzfreies Vermögen, beispielsweise vom Verwalter freigegebene Gegenstände, die wertlos sind oder Kosten verursachen, welche den zu erwartenden Veräußerungserlös möglicherweise übersteigen, insbesondere wertausschöpfend belastete oder erheblich kontaminierte Grundstücke, vgl. BGHZ 163, 32 (36); MüKo-InsO/Lwowski/Peters § 35 Rn. 113 m.w.N.

151 Arzt/Weber, BT, § 22 Rn. 12 m.w.N.

Geschäfte für die GmbH; die Vermögensbetreuungspflicht ist mit anderen Worten an die Geschäftsführungsbefugnis geknüpft[152].

aa) Die Geschäftsführung im Insolvenzeröffnungsverfahren

Im Insolvenzeröffnungsverfahren ist die Geschäftsführungsbefugnis des Geschäftsführers davon abhängig, ob ein sog. „starker", „halbstarker" oder „schwacher" vorläufiger Insolvenzverwalter bestellt ist. Bis zur Entscheidung über den Antrag auf Eröffnung des Insolvenzverfahrens hat der vorläufige Insolvenzverwalter eine für die Gläubiger nachteilige Veränderung in der Vermögenslage der GmbH zu verhindern (§ 21 InsO). Zur Erfüllung dieser Pflicht hat er zunächst die zu verwaltenden Vermögensgegenstände in Besitz zu nehmen, sie zu inventarisieren und in ihrem Bestand zu erhalten.[153] Nur für den vorläufigen Insolvenzverwalter mit Verwaltungs- und Verfügungsbefugnis, den sog. „starken" vorläufigen Insolvenzverwalter, bestimmt § 22 Abs. 1 S. 2 InsO des Weiteren besondere Pflichten, zu denen auch die Fortführung des Unternehmens bis zur Entscheidung über die Eröffnung des Insolvenzverfahrens gehört (soweit nicht das Insolvenzgericht einer Stilllegung zustimmt, um eine erhebliche Verminderung des Vermögens zu vermeiden, § 22 Abs. 1 S. 2 Nr. 2 InsO). Die Übertragung dieser Befugnisse auf den vorläufigen Insolvenzverwalter (sog. „starke" vorläufige Insolvenzverwaltung) hat zur Folge, dass dem Geschäftsführer die unternehmerischen Mitwirkungsrechte entzogen[154] werden. Demgegenüber ist der Geschäftsführer bei der sog. „schwachen" bzw. „halbstarken" vorläufigen Insolvenzverwaltung weiterhin zur Geschäftsführung befugt.

bb) Die Geschäftsführung im (eröffneten) Insolvenzverfahren

Das durch die Eröffnung des Insolvenzverfahrens auf den (endgültigen) Insolvenzverwalter übergehende Verwaltungs- und Verfügungsrecht berechtigt diesen der Gläubigergemeinschaft gegenüber zu allen Maßnahmen, die dem Insolvenzzweck, der größtmöglichen und gleichmäßigen Befriedigung der Insolvenzgläubiger, dienen oder sich sonst auf die Masse beziehen, insbesondere die Erfassung und Verwertung der Masse nach Maßgabe der §§ 148 ff. InsO.[155] Grundsätzlich ist der Insolvenzverwalter zur Fortführung des Unternehmens verpflichtet, bis die Gläubigerversammlung über die Stilllegung, Fortführung

152 So zutreffend Fischer, WiB 1997, 1030 (1031).

153 Karsten Schmidt/Uhlenbruck/Wellensiek/Schluck-Amend, Die GmbH in Krise, Sanierung und Insolvenz, Rn. 5.361.

154 Nerlich/Kreplin/Rhode, MAH Sanierung und Insolvenz, § 24 Rn. 46.

155 FK-InsO/App § 80 Rn. 10.

oder Veräußerung entscheidet (§§ 157, 160 InsO).[156] Bei Fortführung des Unternehmens ist der Insolvenzverwalter zu allen Rechtsgeschäften befugt, die der Geschäftsbetrieb mit sich bringt, ihn treffen die kaufmännischen Pflichten.[157] Der Geschäftsführer ist im (eröffneten) Insolvenzverfahren somit nicht mehr geschäftsführungsbefugt.

cc) Die Pflichtenstellung des geschäftsführungsbefugten Geschäftsführers

In den Fällen der „schwachen" oder „halbstarken" vorläufigen Insolvenzverwaltung, in denen der Geschäftsführer trotz Anordnung der vorläufigen Insolvenzverwaltung die – ggf. eingeschränkte – Verfügungsbefugnis behält, korrespondiert mit den Rechten auch eine Pflichtenstellung, die inhaltlich vollständig derjenigen entspricht, die der Geschäftsführer vor der Anordnung der vorläufigen Insolvenzverwaltung innehatte. Das gilt selbst für die Fälle, in denen er für (einzelne oder alle) Verfügungen der Zustimmung des vorläufigen Insolvenzverwalters (§ 21 Abs. 2 Nr. 2 InsO) bedarf, weil sich dadurch nichts an der Pflichtenstellung selbst ändert, sondern nur deren Ausübung modifiziert[158] wird. Angesichts der unveränderten Pflichtenstellung besteht die Vermögensbetreuungspflicht des Geschäftsführers somit unverändert fort.

dd) Die Pflichtenstellung des nicht mehr geschäftsführungsbefugten Geschäftsführers

Im Falle einer „starken" vorläufigen Insolvenzverwaltung sowie nach Eröffnung des Insolvenzverfahrens nimmt der Geschäftsführer nur solche Kompetenzen wahr, die nicht die Insolvenzmasse betreffen[159] und erfüllt diejenigen Aufgaben, die nach der Insolvenzordnung der GmbH als Schuldnerin obliegen.[160] Zum sog. Schuldnerbereich gehört die Wahrnehmung der der Schuldnerin nach der Insolvenzordnung zustehenden Rechte (§§ 10, 218 InsO) und der ihr obliegenden Pflichten (insbes. §§ 101, 97 bis 99 InsO); im Übrigen beschränken sich die Kompetenzen der Gesellschaftsorgane auf den innergesellschaftlichen Bereich und bestehen in Bezug auf das insolvenzfreie Vermögen der Gesellschaft (unpfändbare oder freigegebene Rechte) fort.[161] Dem Geschäftsführer stehen somit

---

156 Scholz/Karsten Schmidt/Bitter GmbHG Vor § 64 Rn. 92.

157 Nerlich/Römermann/Wittkowski § 80 Rn. 88.

158 Bittmann/Rudolph, wistra 2000, 401 (403).

159 Vgl. BGH ZInsO 2006, 260 m.w.N.

160 Zu den Auswirkungen der Eröffnung des Insolvenzverfahrens auf die Rechtsstellung des Geschäftsführers: Fichtelmann, GmbHR 2008, 76 ff.

161 MüKo-InsO/Ott/Vuia InsO § 80 Rn. 112a.

Antragsrechte zu, durch die er auf den Verlauf des Insolvenzverfahrens Einfluss nehmen kann; in Ausprägung des Anspruchs auf Gewährung rechtlichen Gehörs (Art. 103 Abs. 1 GG) bestehen zudem verschiedene Anhörungsrechte. Anwesenheits- und Einsichtsrechte dienen der sachgerechten Information und Anhörung, darüber hinaus stärken Beschwerderechte die Stellung der GmbH im eröffneten Insolvenzverfahren. Durch die Vorlage eines Insolvenzplans ist eine aktive Einflussnahme auf das Insolvenzverfahren möglich. Zu den Pflichten zählen insbesondere Auskunfts- und Mitwirkungspflichten des Geschäftsführers.[162] Die GmbH hat beispielsweise diverse Unterlagen vorzulegen: *Bankunterlagen* [Kontoauszüge für alle Bankkonten für die letzten zwölf Monate, Kontoauszüge für den Zeitraum ab Firmengründung bis zum Ablauf eines Jahres, alle bestehenden Sicherungsverträge, z.B. Sicherungsübereignungen, Globalzessionen, Raumsicherungsverträge, Grundpfandrechte], *betriebswirtschaftliche Unterlagen* [aktuelle Debitoren- und Kreditorenliste mit vollständigen Namen und Anschriften, eine Auflistung über etwaige Sicherheitseinbehalte, die Summen- und Saldenlisten der letzten sechs Monate, Betriebswirtschaftliche Auswertungen (BWA) der letzten sechs Monate, einen Finanzstatus, ein Anlagenverzeichnis, das Kassenbuch, die Bilanzen der letzten drei Jahre, die Umsatzsteuervoranmeldungen der letzten drei Monate, Angabe des Namens und der aktuellen Anschrift des Steuerberaters], *gesellschaftsrechtliche Unterlagen* [Gründungsvertrag und Anmeldung, Handelsregisterauszug, Listen der Gesellschafter für die letzten fünf Jahre, mögliche Geschäftsanteilskauf- und Abtretungsverträge, Nachweise über die Einzahlung der Stammeinlage], *Grundstücksunterlagen* [Grundbuchauszug für jedes Grundstück, mögliche aktuelle Eintragungsmitteilungen des Grundbuchamtes, Kaufverträge, mit denen Grundstücke erworben wurden, Flurkarten, Versicherungsscheine für die Gebäudeversicherung, sonstige relevante Urkunden zu möglichen Rechten Dritter, Mietverträge mit Dritten], *Personalunterlagen* [Lohnsteuerkarten aller Arbeitnehmer, Personalakten aller Arbeitnehmer (Arbeitsverträge etc.), etwaige Kündigungsschreiben von oder gegenüber Arbeitnehmern, Lohnsteuererklärung der letzten drei Monate, Auflistung der rückständigen Lohn- und Gehaltszahlungen, Auflistung der Krankenkassen mit vollständigen Anschriften, Beitragsnachweise der letzten drei Monate, Benennung der zuständigen Berufsgenossenschaft, Unterlagen zu möglichen Arbeitsrechtsstreitigkeiten] sowie *sonstige Unterlagen* [z.B. Kfz-Briefe für sämtliche Fahrzeuge, Gewerbean- und ggf. -abmeldungen, Auszug aus der Handwerksrolle, Unterlagen zu möglichen Prozessen (Klageschrift, Erwiderungsschriften, Versäumnisurteile, Mahnbescheide, Vollstreckungsbescheide, Terminsladungen etc.), Versicherungsscheine für Lebensversicherungsverträge

162 Im Einzelnen dazu: Gottwald/Klopp/Kluth, Insolvenzrechts-Handbuch, § 18 Rn. 6 ff.

zugunsten der Geschäftsführer/Gesellschafter/Arbeitnehmer, Versicherungsscheine für sämtliche weiteren Versicherungsverhältnisse, Auflistung sonstiger Dauerschuldverhältnisse (Telefon, Strom, EDV-Verträge etc.)].[163] Aus dem gesellschaftsinternen Bereich obliegen dem Geschäftsführer in erster Linie registerrechtliche Pflichten (§ 39 GmbHG: Anmeldung der Geschäftsführer; § 40 GmbHG: Liste der Gesellschafter; § 54 GmbHG: Änderungen des Gesellschaftsvertrages), die Einberufung der Gesellschafterversammlung (§ 49 GmbHG) und die Informationspflicht (§ 51a GmbHG); weiterhin fallen sonstige innergesellschaftliche Aufgaben, die dem Geschäftsführer nach der Satzung der GmbH obliegen, hierunter.[164] Diese Rechte und Pflichten des Geschäftsführers im Insolvenzverfahren sind mit den Pflichten, die ihn normalerweise im Innenverhältnis in Bezug auf die Vermögensfürsorge treffen, nicht gleichzusetzen.[165] Zudem lassen die in der Insolvenzordnung vorgesehenen Rechte und Pflichten dem Geschäftsführer keinen Raum für eigenverantwortliche, selbstständig zu treffende Entscheidungen.

ee) Rechtsprechung

Einschlägige Rechtsprechung zur Rechtslage nach Inkrafttreten der InsO ist bisher nicht ersichtlich. Nach der Rechtsprechung[166] des BGH zur Rechtslage vor Inkrafttreten der InsO (am 1. Januar 1999) entfiel die Strafbarkeit des Geschäftsführers wegen Untreue, wenn im Rahmen des Konkurseröffnungsverfahrens ein Sequester bestellt und diesem die Verwaltungs- und Verfügungsbefugnis über das Vermögen der GmbH übertragen wurde (§ 106 Abs. 1 S. 3 KO) oder die Verwaltungs- und Verfügungsbefugnis durch die Eröffnung des Konkursverfahrens auf den Konkursverwalter übergegangen war (§ 6 KO). Begründet wurde dies wie folgt:

> „Der Pflichtenkreis des Geschäftsführers beschränkt sich in solchem Falle im Wesentlichen auf die Wahrnehmung der Gemeinschuldneraufgaben; ihm kommt keine besondere, die Täterstellung nach § 266 Abs. 1 StGB ausmachende Machtposition über das Vermögen der GmbH mehr zu."[167]

Der Rechtsprechung zufolge genügte die dem Geschäftsführer verbleibende Pflichtenstellung nicht, um die Täterstellung nach § 266 Abs. 1 StGB zu begründen.

163 Heyn, Arbeitshilfen für Insolvenzsachbearbeiter, S. 963 ff.

164 Nerlich/Kreplin/Rhode, MAH Sanierung und Insolvenz, § 24 Rn. 58.

165 So zutreffend bereits für das Konkursantragsverfahren: Fischer, WiB 1997, 1030 (1031).

166 BGH wistra 1998, 105 (106); 1997, 146 (147); 1993, 146 (147); 1991, 305 (307).

167 BGH wistra 1993, 146 (147).

ff) Schrifttum

Das strafrechtliche Schrifttum setzt sich mit der Frage der Strafbarkeit des Geschäftsführers wegen Untreue im Insolvenzeröffnungsverfahren sowie im (eröffneten) Insolvenzverfahren kaum auseinander.

Kohlmann[168] vertrat unter Geltung der Konkursordnung die Auffassung, sofern die GmbH in Konkurs falle und ein Konkursverfahren eröffnet werde, bleibe die Vermögensbetreuungspflicht des Geschäftsführers zwar grundsätzlich fortbestehen; das Verwaltungs- und Verfügungsrecht über das nunmehr zur Konkursmasse gehörende Gesellschaftsvermögen gehe jedoch auf den Konkursverwalter über (§ 6 KO). Mithin entfalle ab diesem Zeitpunkt jedenfalls der für eine Untreue erforderliche innere Zusammenhang zwischen der Tathandlung des Geschäftsführers und dessen Vermögensbetreuungspflicht, so dass dann eine Untreue des Geschäftsführers nicht mehr möglich sei.

Fischer[169] führt die vorgenannte Rechtsprechung des BGH als Nachweis dafür an, dass eine Vermögensbetreuungspflicht des Geschäftsführers gegenüber der GmbH nach Anordnung der Sequestration oder nach Eröffnung des Insolvenzverfahrens nicht bejaht werde.

Tiedemann[170] vertritt die Auffassung, dass dem Geschäftsführer regelmäßig, insbesondere bei Erlass eines Veräußerungs- und Verfügungsverbotes, die zur Begründung der Täterstellung bei § 266 StGB erforderlichen Befugnisse fehlen, wenn im Rahmen der Insolvenzeröffnung dem vorläufigen Insolvenzverwalter die Verwaltungs- und Verfügungsbefugnis über das GmbH-Vermögen übertragen wird. Das für die Treubruchsuntreue erforderliche Betreuungsverhältnis, welches zum Zwecke der Begrenzung des Straftatbestandes nach unbestrittener Ansicht eine gewisse Selbstständigkeit und Entscheidungsfreiheit des Vermögensbetreuers voraussetze, sei für das Verhältnis des GmbH-Geschäftsführers zur GmbH anerkannt, aber nur bis zur Eröffnung des Insolvenzverfahrens.

Dierlamm[171] lässt die Vermögensbetreuungspflicht des Geschäftsführers entfallen, wenn über das Vermögen der GmbH das Insolvenzverfahren eröffnet worden ist und die Verwaltungs- und Verfügungsbefugnis des Geschäftsführers gem. §§ 80 ff. InsO auf den Insolvenzverwalter übergegangen ist. Dies gelte auch für das vorläufige Insolvenzverfahren, sofern das Insolvenzgericht gem. § 21 InsO Sicherungsmaßnahmen angeordnet habe, die dem Geschäftsführer eine wirtschaftlich selbstständige Geschäftsleitung verbieten.

---

168 Hachenburg/Kohlmann Vor § 82 Rn. 69.

169 Fischer § 266 Rn. 48.

170 Scholz/Tiedemann GmbHG Vor §§ 82 ff. Rn. 7 f.

171 MüKo/Dierlamm § 266 Rn. 80.

Unter Verweis auf die Rechtsprechung zur Rechtslage vor Inkrafttreten der InsO vertritt *Schaal*[172] gleichfalls die Auffassung, dass die Tätereigenschaft des Geschäftsführers endet, wenn über das Vermögen der Gesellschaft das Insolvenzverfahren eröffnet und ein Insolvenzverwalter bestellt wird. Dies gelte auch bei der Bestellung eines Sequesters nach § 106 Abs. 1 KO, wenn diesem die alleinige Verfügungsbefugnis über das Gesellschaftsvermögen übertragen werde. Bei der Bestellung eines vorläufigen Insolvenzverwalters und Auferlegung eines allgemeinen Verfügungsverbots nach § 21 Abs. 2 Nr. 1, 2 InsO werde das grundsätzlich auch anzunehmen sein.

Schmid[173] formuliert umgekehrt für den „schwachen" vorläufigen Insolvenzverwalter, dieser sei in der Regel nicht vermögensbetreuungspflichtig, da die Verwaltungs- und Verfügungsbefugnis beim Schuldner verbleibe; die dem vorläufigen Insolvenzverwalter übertragene Aufsichts- und Gutachterfunktion weise weder Elemente eines Geschäftsbesorgungsverhältnisses auf, noch lasse sie Raum für eigenverantwortliche, selbstständig zu treffende Entscheidungen. Übernehme der schwache Insolvenzverwalter allerdings die Geschäftsleitung oder übe er diese gemeinsam mit dem Schuldner aus, so habe er im Innenverhältnis einen qualifizierten Zugriff auf das Schuldnervermögen und sei als faktischer Geschäftsführer vermögensbetreuungspflichtig.

Perron[174] führt die Rechtsprechung des BGH zur Rechtslage vor Inkrafttreten der InsO dafür an, dass der funktionale Zusammenhang zwischen der konkret verletzten Pflicht und dem Aufgabenkreis fehle. Darüber hinaus komme eine mögliche Nachwirkung der Treuepflichten im Sinne eines Schädigungsverbots in diesen Fällen nicht in Betracht.

Demgegenüber vertreten *Krekeler/Werner*[175] die Auffassung, die Insolvenzordnung habe die Pflichtenstellung des Geschäftsführers so ausgestaltet, dass ihn weiterhin eine Vermögensbetreuungspflicht treffe mit der Folge, dass er tauglicher Untreuetäter sei. Seine Strafbarkeit im konkreten Fall sei davon abhängig, ob durch sein Handeln bestimmte, von ihm als Geschäftsführer zu wahrende Vermögensinteressen verletzt werden. Dies sei der Fall, wenn er die ihm verbliebene Stellung zu Handlungen missbrauche, die das Gesellschaftsvermögen schädigen. Auch nach Anordnung vorläufiger oder endgültiger Insolvenzverwaltung könne der Geschäftsführer sich also wegen Untreue strafbar machen. Zu weiteren Einzelheiten sowie zu Fallbeispielen verweisen *Krekeler/Werner* auf den im Folgenden behandelten Aufsatz von *Bittmann/Rudolph*.

---

172 Rowedder/Schmidt-Leithoff GmbHG Vor §§ 82-85 Rn. 11.

173 Müller-Gugenberger/Bieneck/Schmid, Wirtschaftsstrafrecht, § 31 Rn. 128.

174 S/S/Perron § 266 Rn. 23; 34.

175 Krekeler/Werner, Unternehmer und Strafrecht, Rn. 1117.

Bittmann/Rudolph[176] legen in diesem Aufsatz ihre Auffassung dar, dass das Inkrafttreten der Insolvenzordnung wesentliche Neuerungen zur Pflichtenstellung des Geschäftsführers nach Anordnung vorläufiger oder endgültiger Insolvenzverwaltung mit sich gebracht habe, wobei sich die Pflichtenstellung selbst nicht ändere, sondern nur deren Ausübung modifiziert werde. Die Insolvenzordnung habe die Pflichtenstellung des Geschäftsführers so ausgestaltet, dass ihn im Gegensatz zur früheren Rechtslage nunmehr unabhängig von den Entscheidungen des Insolvenzgerichts weiterhin eine Vermögensbetreuungspflicht treffe[177], er also auch nach Berufung eines vorläufigen und/oder endgültigen Insolvenzverwalters tauglicher Untreuetäter sei. Zur Begründung wird auf die umfassende Auskunftspflicht des Geschäftsführers (§§ 20, 22 Abs. 3 S. 3 und 97 Abs. 1 S. 1 InsO i.V.m. § 101 Abs. 1 S. 1 InsO) und die von der Insolvenzordnung (§§ 20, 22 Abs. 3 S. 3, 97 Abs. 2 InsO i.V.m. § 101 Abs. 1 S. 1 InsO) erstmals gesetzlich geregelte und gegenüber dem früheren Recht wesentlich erweiterte Mitwirkungspflicht des Geschäftsführers im vorläufigen wie im eröffneten Insolvenzverfahren verwiesen. Darüber hinaus wird angeführt, dass die Verwaltungs- und Verfügungsbefugnis des Geschäftsführers trotz Einsetzens eines „starken" vorläufigen oder eines (endgültigen) Insolvenzverwalters nicht vollständig beseitigt werde. Sie gehe zwar gem. § 22 Abs. 1 S. 1 InsO oder gem. § 80 Abs. 1 InsO zunächst vollständig auf den (vorläufigen oder endgültigen) Insolvenzverwalter über, lebe aber wieder auf, wenn der Insolvenzverwalter Vermögenswerte aus der Masse freigibt (z.B. gem. § 32 Abs. 3 S. 1 InsO), das Insolvenzverfahren mangels Masse gar nicht erst eröffnet (§ 26 Abs. 1 InsO) oder wieder eingestellt (§ 207 Abs. 1 InsO) wird. Gleiches gelte, wenn nach Abschluss des Insolvenzverfahrens noch Vermögenswerte vorhanden seien und deshalb eine Nachtragsliquidation erforderlich sei. Aus der Möglichkeit des (vollständigen oder teilweisen) Wiederauflebens der Verwaltungs- und Verfügungsbefugnis ziehen *Bittmann/Rudolph* den Schluss, dass der Geschäftsführer sie nie ganz verloren habe, sie zwar zeitweise – ggf. auch auf Dauer – nicht oder nicht umfassend ausüben durfte, die rechtliche Möglichkeit zu ihrer Wahrnehmung aber durchweg latent erhalten geblieben sei. Als weiteres Argument wird angeführt, dass der Geschäftsführer zudem grundsätzlich die verfahrensrechtlichen Rechte und Pflichten der Gesellschaft wahrzunehmen habe, wie z.B. unberechtigt zur Tabelle festgestellte Forderungen zu bestreiten, ggf. Einwendungen gegen die Schlussrechnung des Insolvenzverwalters gem. § 66 InsO zu erheben, das Anhörungs- und Stellungnahmerecht im Eröffnungsverfahren oder Erinnerungs- und Beschwerderechte auszuüben. Daneben habe der Geschäftsführer trotz Anordnung

176 Bittmann/Rudolph, wistra 2000, 401 ff.
177 Bittmann/Rudolph, wistra 2000, 401 (405).

der (vorläufigen oder endgültigen) Insolvenzverwaltung wie zuvor die Pflicht zur Einberufung der Gesellschafterversammlung sowie die Pflichten der Gesellschaft gegenüber dem Handelsregister zu erfüllen.

gg) Kritische Würdigung der Rechtslage

Der statutarische Unternehmensgegenstand (§ 3 Abs. 1 Nr. 2 GmbHG) verpflichtet und berechtigt den Geschäftsführer, sämtliche Maßnahmen zu beschließen und auszuführen, die erforderlich sind, um den Unternehmensgegenstand mit den zur Verfügung stehenden personellen, sachlichen und finanziellen Ressourcen nach den Grundsätzen ordnungsgemäßer Geschäftsleitung (§ 43 Abs. 1 GmbHG) fortwährend zu verwirklichen.[178] Dabei hat er die Entscheidungszuständigkeit und Mitwirkungsrechte anderer Gesellschaftsorgane, namentlich die der Gesellschafter, zu wahren. In diesen Grenzen ist der Geschäftsführer der Träger der unternehmerischen Initiativ- und Entscheidungsmacht in der Gesellschaft. In seine Zuständigkeit fallen vor allem die originäre Führungsfunktion auf den Gebieten der Unternehmensplanung, -koordinierung und -kontrolle sowie die Besetzung von Führungsstellen im Unternehmen. Er hat außerdem das laufende Tagesgeschäft zu planen, anzuleiten, abzuwickeln und zu kontrollieren.

Im Insolvenz(eröffnungs-)verfahren bestehen die Aufgaben des Geschäftsführers demgegenüber vor allem in der Auskunfts- und Mitwirkungspflicht nach §§ 20, 22 Abs. 3 S. 3, 97 Abs. 1 S. 1, Abs. 2, 101 Abs. 1 InsO, der Verwaltung des massefreien Vermögens, der Aufrechterhaltung der innergesellschaftlichen Organisation, z.B. durch Einberufung der Gesellschafterversammlung, sowie in der Wahrnehmung von Gemeinschuldneraufgaben.[179] Diese Aufgaben sind mit den vorstehenden Aufgaben, die den Geschäftsführer normalerweise im Innenverhältnis hinsichtlich der Vermögensfürsorge treffen, nicht gleichzusetzen. Der Geschäftsführer ist zur Geschäftsführung berufen. Entfällt die Geschäftsführungsbefugnis im Insolvenz(eröffnungs-)verfahren, so könnte man meinen, dass dann auch die Untreuestrafbarkeit entfallen muss.[180] Dies wäre jedoch zu kurz gegriffen.

Zu bedenken ist, dass die Leitungsfunktion, die das Gesetz dem Geschäftsführer in seinem Verhältnis zum Unternehmen der Gesellschaft und ihren Arbeitnehmern zuweist, auch im Gesellschaftsvertrag oder in anderen organisati-

---

178 Ausführlich dazu: Lutter/Hommelhoff GmbHG § 37 Rn. 3 ff.

179 Vgl. Scholz/Karsten Schmidt GmbHG Vor § 64 Rn. 66; im Einzelnen dazu: Götker, Rn. 765 ff., 883 ff.

180 So jedenfalls Fischer, WiB 1997, 1030 (1031) für den Fall der Anordnung der Sequestration nach § 106 I 3 KO oder die Konkurseröffnung.

onsrechtlichen Regelungen der Gesellschaft bis auf die unentziehbaren Mindestbefugnisse abgeschwächt[181] werden kann. Im Einzelnen ist zwar umstritten, ob die Satzung die Befugnisse der Geschäftsführer jenseits der den Geschäftsführern gesetzlich zwingend zugewiesenen Aufgaben *beliebig* einengen kann[182] oder eine Regelung, die den Geschäftsführern jede eigene Geschäftsführungsentscheidung nimmt, d.h. ihre Geschäftsführungsbefugnis außerhalb der zwingenden Bereiche *vollständig* beseitigt, *unzulässig* ist[183]. Nach vermittelnder Auffassung[184] kann dem Geschäftsführer die Geschäftsführungsbefugnis durch die Satzung nur dann nicht in vollem Umfang entzogen werden, wenn die Gesellschaft nur *einen* Geschäftsführer hat; ferner kann ein Geschäftsführer nicht aus den ihm auferlegten besonderen öffentlich-rechtlichen Pflichten und aus seiner Überwachungspflicht entlassen werden. Im Übrigen aber erlaubt die Gestaltungsfreiheit dieser Auffassung zufolge bei einer Gesellschaft mit mehreren Geschäftsführern, einzelne von der Befugnis und Pflicht zur aktiven Geschäftsführung freizustellen („Zölibatsklausel“). Denn damit können jüngere Geschäftsführer in ihre künftige Führungsaufgabe eingearbeitet und zugleich den Geschäftspartnern vorgestellt werden. Übereinstimmung besteht insoweit, dass dem Geschäftsführer der Aufgabenbereich, der ihm nach dem Normalstatut zur eigenen Wahrnehmung zugewiesen ist, *weitgehend* entzogen und auf eine andere gesellschaftsinterne Stelle (z.B. Beirat) oder auf nachgeordnete Mitarbeiter übertragen werden kann. Selbst das laufende Tagesgeschäft ist dem Geschäftsführer nicht als unentziehbarer Kernbereich zugewiesen; dieser Kernbereich beschränkt sich vielmehr auf die Vertretung sowie auf bestimmte gesetzlich zugewiesene Aufgaben (z.B. §§ 30, 31, 33, 40, 41, 49 Abs. 3, 78 GmbHG, § 264 Abs. 1 HGB, § 15a Abs. 1 S. 1 InsO), für welche der Geschäftsführer zwingend zuständig ist.[185]

Ob an diese Aufgaben eine Vermögensbetreuungspflicht geknüpft ist mit der Folge, dass der Geschäftsführer bei deren Verletzung auch dann wegen Untreue bestraft werden kann, wenn er im Insolvenz(eröffnungs-)verfahren zur Geschäftsführung nicht mehr befugt war, soll im Folgenden erörtert werden.

---

181 OLG Nürnberg NJW-RR 2001, 104 (105); OLG Karlsruhe GmbHR 1996, 208 (209).

182 Michalski-Lenz GmbHG § 37 Rn. 10 ff.

183 Zöllner/Noack, in: Baumbach/Hueck GmbHG § 37 Rn. 18. Die Geschäftsführer würden dadurch zu reinen Vertretungsmarionetten ohne jede Autorität gegenüber dem Personal des Unternehmens, wodurch die Erfüllung ihrer zwingenden Aufgaben schwer gefährdet und die vom Gesetz zugrunde gelegte GmbH-Verfassung pervertiert würde.

184 Scholz/Uwe H. Schneider GmbHG § 37 Rn. 37.

185 Vgl. OLG Düsseldorf ZIP 1984, 1476 (1478); Lutter/Hommelhoff GmbHG § 37 Rn. 12; Hachenburg/Hans-Joachim Mertens GmbHG § 37 Rn. 15 ff.

Die §§ 30, 31 GmbHG normieren den für die GmbH zentralen Gedanken der *Kapitalerhaltung*[186]. Nach dem Wortlaut des § 30 Abs. 1 S. 1 GmbHG darf das zur Erhaltung des Stammkapitals erforderliche Vermögen der Gesellschaft an die Gesellschafter nicht ausgezahlt werden. Dieser Vorschrift unterfallen nicht nur Geldleistungen, sondern weitergehend Leistungen aller Art, denen keine gleichwertige Gegenleistung gegenübersteht und die wirtschaftlich das zur Erhaltung des Stammkapitals erforderliche Gesellschaftsvermögen verringern – wie etwa die unentgeltliche Sachübereignung, die Abtretung einer Forderung der Gesellschaft, die Erfüllung einer Verbindlichkeit des Gesellschafters durch die Gesellschaft, die Verrechnung einer Forderung der Gesellschaft gegen den Gesellschafter mit einer Gegenforderung oder die tatsächliche Aufgabe oder unterlassene Durchsetzung einer Forderung.[187] Die Rückgewähr eines Gesellschafterdarlehens und Leistungen auf Forderungen aus Rechtshandlungen, die einem Gesellschafterdarlehen wirtschaftlich entsprechen, unterfallen dem Auszahlungsverbot nicht (§ 30 Abs. 1 S. 3 GmbHG).

Der Geschäftsführer darf Gesellschaftern Vermögenswerte der Gesellschaft jedoch nicht zuwenden, wenn und soweit dadurch eine Unterdeckung herbeigeführt oder noch weiter vertieft oder gar eine Überschuldung herbeigeführt oder vertieft[188] wird. § 31 GmbHG regelt die Folgen eines Verstoßes gegen das Auszahlungsverbot des § 30 GmbHG: Zahlungen, welche den Vorschriften des § 30 GmbHG zuwider geleistet sind, müssen der Gesellschaft erstattet werden. Auf eine Rechtfertigung der Haftungsbeschränkung der GmbH-Gesellschafter zielend, die als Privileg die Aufbringung und Erhaltung eines bestimmten Kapitals zugunsten der Gesellschaft und ihrer Gläubiger voraussetzt, wird § 30 GmbHG als „Grundpfeiler der Haftungsbeschränkung"[189] im GmbH-Recht, als „Kernstück des GmbH-Rechts"[190] bezeichnet. Eine Vermögensbetreuungspflicht des

186 Scholz/Westermann GmbHG § 30 Rn. 1; Mayer/Fronhöfer, in: Münchener Handbuch des Gesellschaftsrechts, Bd. 3, § 51 Rn. 1.

187 BGH GmbHR 1987, 187; Jung/Otto, in: Beck'sches Handbuch der GmbH § 30 Rn. 8. § 30 GmbHG in der ab dem 01.11.2008 geltenden Fassung regelt nunmehr ausdrücklich in Abs. 1 S. 2, dass das Auszahlungsverbot nicht bei Leistungen gilt, die durch einen vollwertigen Gegenleistungs- oder Rückgewähranspruch gegen den Gesellschafter gedeckt sind.

188 BGH WM 1986, 237 (239); Lutter/Hommelhoff GmbHG § 30 Rn. 2 m.w.N. § 64 S. 3 GmbHG in der ab dem 01.11.2008 geltenden Fassung unterwirft die Zahlungsunfähigkeit herbeiführende Leistungen an Gesellschafter dem Zahlungsverbot (vgl. auch BT-Drs. 16/6140, S. 42 u. 46).

189 RGZ 168, 292 (297 f.).

190 BGHZ 28, 77 (78).

Geschäftsführers ist mit der Aufgabe der Erhaltung des Stammkapitals jedenfalls verbunden.

Nach Sicherstellung der Aufbringung des Stammkapitals soll § 33 GmbHG dafür sorgen, dass der Erwerb oder die Inpfandnahme eigener Geschäftsanteile durch die Gesellschaft nur aus Mitteln erfolgt, die über das gebundene Stammkapital hinaus vorhanden sind.[191] § 33 GmbHG dient damit ebenfalls der Kapitalaufbringung und -erhaltung.[192] Auch insoweit besteht eine Vermögensbetreuungspflicht des Geschäftsführers.

Eine weitere gesetzlich zugewiesene Aufgabe der Geschäftsführer besteht gem. § 40 GmbHG darin, unverzüglich nach Wirksamwerden jeder Veränderung in den Personen der Gesellschafter oder des Umfangs ihrer Beteiligung eine von ihnen unterschriebene Liste der Gesellschafter zum Handelsregister einzureichen, aus welcher Name, Vorname, Geburtsdatum und Wohnort der Gesellschafter sowie die Nennbeträge und die laufenden Nummern der von einem jeden derselben übernommenen Geschäftsanteile zu entnehmen sind. Über den aktuellen Gesellschafterbestand besteht ein legitimes Interesse des Rechtsverkehrs an zutreffender Information.[193] Mit der bloßen Pflicht zur Einreichung der Liste der Gesellschafter lässt sich eine Vermögensbetreuungspflicht des Geschäftsführers gegenüber der GmbH nicht begründen.

Die Geschäftsführer sind ferner gem. § 41 GmbHG verpflichtet, für die *ordnungsmäßige Buchführung* der Gesellschaft zu sorgen. Die Erhaltung und Sicherung des Gesellschaftsvermögens macht es in einem kaufmännischen Unternehmen erforderlich, das Vermögen und seine Entwicklung klar, übersichtlich und nachvollziehbar zu dokumentieren; diesem Zweck dient die kaufmännische Buchführung mit ihrer Beweissicherungs- und Informationsfunktion.[194] Die Buchführung wiederum ist Kernbestandteil und Voraussetzung der den Unternehmen auferlegten öffentlich-rechtlichen Verpflichtung zur Rechnungslegung, die das Dritte Buch des HGB in den §§ 238 ff. HGB regelt, ergänzt durch die Vorschriften für Kapitalgesellschaften (§§ 264 ff. HGB) sowie die besonderen Vorschriften für die GmbH (§§ 42, 42a GmbHG), an welche sich das Steuerrecht über § 140 AO anschließt. Ziel der Rechnungslegungsregeln für Kapitalgesellschaften ist es, die Informationsbelange der Gesellschaftsgläubiger, der Arbeitnehmer und sonstiger Dritter sowie der Gesellschafter zu befriedigen.[195] Über die Informationsfunktion hinaus kommt der ordnungsgemäß erstellten

191 Vgl. Scholz/Westermann GmbHG § 33 Rn. 2.

192 Hueck/Fastrich, in: Baumbach/Hueck GmbHG § 33 Rn. 1.

193 Scholz/Schneider GmbHG § 40 Rn. 1.

194 Nerlich/Römermann/Andres § 155 Rn. 4.

195 Lutter/Hommelhoff/Kleindiek GmbHG Vor § 41 Rn. 28.

handelsrechtlichen Bilanz dort, wo Akteure das Privileg des Wirtschaftens mit beschränkter Haftung nutzen, eine zentrale Funktion bei der gläubigerschützenden Sicherung der Unternehmenssubstanz[196] zu. Durch unrichtige Buchungen kann die Geltendmachung von Ansprüchen der Gesellschaft verhindert werden, eine Doppelinanspruchnahme durch Gläubiger drohen. Eine unvollständige oder unrichtige Buchführung kann darüber hinaus die Übersicht über den Vermögensstand der Gesellschaft erheblich erschweren oder gar unmöglich machen. An die Pflicht, für die ordnungsmäßige Buchführung der Gesellschaft zu sorgen, ist demzufolge auch eine Vermögensbetreuungspflicht des Geschäftsführers gegenüber der GmbH geknüpft. Die Geschäftsführer müssen die Buchführung zwar nicht selbst erstellen, aber dafür Sorge tragen, dass diese Aufgabe erfüllt wird.[197] Wird die Buchführung durch Mitarbeiter der GmbH oder externe Beauftragte (Buchführungsgesellschaft, Steuerberater) übernommen, besteht die Sorgepflicht der Geschäftsführer darin, die mit der Führung der Bücher beauftragten Personen sorgfältig auszuwählen, anzuleiten und zu überwachen.

Des Weiteren hat der Geschäftsführer den nach § 242 HGB aufzustellenden Jahresabschluss um einen Anhang zu erweitern sowie einen Lagebericht[198] aufzustellen, vgl. § 264 Abs. 1 S. 1 HGB. Der Anhang dient der Erläuterung der Bilanz und der Gewinn- und Verlustrechnung sowie ihrer Ergänzung durch zusätzliche Angaben (§ 264 Abs. 2 S. 2 HGB). Der Lagebericht (§ 289 HGB) enthält u.a. zusätzliche Informationen zum Geschäftsverlauf, zur Lage der Kapitalgesellschaft und zu den Chancen und Risiken der künftigen Entwicklung[199] und hat damit sowohl eine Informations- als auch eine Rechenschaftsfunktion[200]. Allein mit der Pflicht nach § 264 Abs. 1 S. 1 HGB lässt sich eine Vermögensbetreuungspflicht des Geschäftsführers gegenüber der GmbH nicht begründen.

Eine weitere Aufgabe, für die der Geschäftsführer zwingend zuständig ist, ergibt sich aus § 49 Abs. 3 GmbHG. Hiernach muss die *Gesellschafterversammlung* durch den Geschäftsführer unverzüglich *einberufen* werden, wenn sich aus der Jahresbilanz oder einer im Laufe des Geschäftsjahres aufgestellten Bilanz ergibt, dass die Hälfte des Stammkapitals aufgezehrt ist. Über den Wortlaut des § 49 Abs. 3 GmbHG hinaus besteht die Einberufungspflicht unabhängig vom Ausweis des Stammkapitalverlustes in einer förmlichen Jahres- oder Zwischenbilanz immer schon dann, wenn die Geschäftsführer bei pflichtgemäßer Beobachtung der Gesellschaftslage und ihrer Entwicklung einen solchen Verlust an-

196 Lutter/Hommelhoff/Kleindiek GmbHG Vor § 41 Rn. 28.

197 Rowedder/Schmidt-Leithoff/Tiedchen GmbHG § 41 Rn. 7.

198 Kleine Kapitalgesellschaften (§ 267 Abs. 1 HGB) brauchen den Lagebericht nicht aufzustellen, vgl. § 264 Abs. 1 S. 4 HGB.

199 Ebenroth/Boujong/Joost/Wiedmann HGB § 264 Rn. 10.

200 Ellrott, in: Beck'scher Bilanz-Kommentar § 289 Rn. 4.

nehmen müssen[201]. Sie müssen ihre Annahme dann in einer außerordentlichen Zwischenbilanz sogleich überprüfen, es sei denn, der hälftige Stammkapitalverlust ist evident; in diesem Fall genügt die „Bilanz im Kopf des Geschäftsführers".[202] § 49 GmbHG hat zum Zweck, bereits vor dem Eintritt akuter Insolvenz der Gesellschaft ein Krisenwarnsignal an die Gesellschafter zu geben, um ihnen daraufhin Gelegenheit zu geben, über geeignete Maßnahmen zur Krisenabwendung (z.B. Kapitalerhöhung; Beendigung oder Veräußerung eines Geschäftsbereichs) zu beschließen.[203] Damit schützt die Vorschrift die Gesellschaft und ihre Gesellschafter, zumindest mittelbar auch die Gläubiger, denen ein effizientes Krisenmanagement in der Regel ebenfalls zugute kommen wird.[204] Mit der Pflicht zur Einberufung der Gesellschafterversammlung ist somit eine Vermögensbetreuungspflicht des Geschäftsführers gegenüber der GmbH verbunden.

Die Insolvenzantragspflicht des Geschäftsführers ergibt sich aus § 15a Abs. 1 S. 1 InsO[205]. Wird die Gesellschaft zahlungsunfähig oder überschuldet, hat der Geschäftsführer ohne schuldhaftes Zögern, spätestens aber drei Wochen nach Eintritt der Zahlungsunfähigkeit oder Überschuldung einen Insolvenzantrag zu stellen. § 15a InsO dient dem Gläubigerschutz durch Sicherung der Haftungsmasse, darüber hinaus ist § 15a InsO Schutzgesetz i.S.d. § 823 Abs. 2 BGB zugunsten der Gesellschaftsgläubiger.[206] Mit der bloßen Pflicht des Geschäftsführers zur Stellung eines Insolvenzantrags lässt sich eine Vermögensbetreuungspflicht gegenüber der GmbH nicht begründen.

Der Geschäftsführer ist ferner gem. § 78 GmbHG verpflichtet, die im GmbHG vorgesehenen Anmeldungen zum Handelsregister vorzunehmen. Auch an die bloße Anmeldepflicht ist keine Vermögensbetreuungspflicht geknüpft.

Zum unentziehbaren Kernbereich der Aufgaben eines Geschäftsführers gehört des Weiteren die Vertretung der Gesellschaft (§ 35 GmbHG). Vertretung ist jedes rechtsgeschäftliche Handeln im Namen der Gesellschaft gegenüber Dritten.[207] Die Vertretung umfasst die Abgabe und Entgegennahme von Willenserklärungen sowie die Vornahme von Rechtsgeschäften und Rechts- und Prozess-

201 BGH ZIP 1995, 560 (561).

202 Lutter/Hommelhoff/Bayer GmbHG § 49 Rn. 16 m.w.N.

203 Scholz/Karsten Schmidt/Seibt GmbHG § 49 Rn. 23.

204 Lutter/Hommelhoff/Bayer GmbHG § 49 Rn. 14.

205 § 64 Abs. 1 GmbHG in der bis zum 31.10.2008 geltenden Fassung.

206 Zu der ab 01.11.2008 geltenden Rechtslage: Poertzgen, GmbHR 2007, 1258; Haas, in: Baumbach/Hueck GmbHG § 64 Rn. 109, auch zur alten Rechtslage.

207 Axhausen, in: Beck'sches Handbuch der GmbH § 5 Rn. 149, ausführlich dazu: Marsch-Barner/Diekmann, in: Münchener Handbuch des Gesellschaftsrechts, Bd. 3, § 44 Rn. 1 ff.

handlungen.[208] Da der Umfang der Vertretungsbefugnis des Geschäftsführers unbeschränkt und unbeschränkbar[209] ist (§ 37 Abs. 2 GmbHG) und die Gesellschaft durch die in ihrem Namen von den Geschäftsführern vorgenommenen Rechtsgeschäfte berechtigt und verpflichtet wird (§ 164 Abs. 1 BGB), ist die Vertretung der GmbH mit einer Vermögensbetreuungspflicht des Geschäftsführers verbunden.

Die vorstehenden Ausführungen zu den wesentlichen Aufgaben des dem Geschäftsführer unentziehbaren Kernbereichs haben gezeigt, dass – einzeln betrachtet – nur ein Teil der Aufgaben, für welche der Geschäftsführer zwingend zuständig ist, mit einer Vermögensbetreuungspflicht verbunden ist. Diese Aufgaben dienen insbesondere der Erhaltung des Stammkapitals, das als Mindesthaftkapital den notwendigen Ausgleich dafür bildet, dass den Gesellschaftsgläubigern nur das Vermögen der Gesellschaft, nicht jedoch das der Gesellschafter haftet. Diese beschränkte Haftung ist für die GmbH charakteristisch; der Grundsatz der Kapitalerhaltung zieht sich durch das gesamte GmbH-Recht. Die Aufgaben, die der Kapitalerhaltung dienen und eine umfassende Vermögensbetreuungspflicht des Geschäftsführers begründen, sind somit von herausragender Bedeutung.

Bleibt noch zu prüfen, ob der Geschäftsführer die mit der Vermögensbetreuungspflicht verbundenen Aufgaben auch im Insolvenzeröffnungsverfahren sowie im (eröffneten) Insolvenzverfahren zu erfüllen hat.

Adressat des Auszahlungsverbots des § 30 Abs. 1 S. 1 GmbHG, welcher auch bei Überschuldung gilt[210], sind die Geschäftsführer[211]. Da die Organstellung der Geschäftsführer von der Eröffnung des Insolvenzverfahrens unberührt bleibt[212], sind sie sowohl im Insolvenzeröffnungsverfahren, als auch im (eröffneten) Insolvenzverfahren Adressat des Auszahlungsverbots. Auszahlungen im Sinne des § 30 GmbHG sind – wie bereits festgestellt – nicht allein Geldleistungen, sondern weiter gehend Leistungen aller Art, denen keine gleichwertige Ge-

---

208 Riemenschneider/Freitag, in: Münchener Handbuch des Gesellschaftsrechts, Bd. 3, § 6 Rn. 3.

209 Rowedder/Schmidt-Leithoff/Koppensteiner § 37 Rn. 46.

210 Dass das Auszahlungsverbot gerade auch dann eingreift, wenn eine Leistung an Gesellschafter nur noch zu Lasten des Fremdkapitals möglich ist, ist allg. anerkannt; der Normzweck des § 30 Abs. 1 S. 1 GmbHG gebietet die direkte Anwendung, vgl. Hueck/Fastrich, in: Baumbach/Hueck GmbHG § 30 Rn. 13 m.w.N. Zur Strafbarkeit wegen Untreue: BGH ZInsO 2008, 758.

211 Rowedder/Schmidt-Leithoff/Pentz GmbHG § 30 Rn. 6.

212 BGH ZInsO 2006, 260; Lutter/Hommelhoff/Lutter/Kleindiek GmbHG § 64 Rn. 57; Haas, in: Baumbach/Hueck GmbHG § 60 Rn. 44; Gogger, Insolvenzrecht, S. 157; Spliedt, in: Runkel, AHB Insolvenzrecht, § 2 Rn. 36.

genleistung gegenübersteht und die wirtschaftlich das zur Erhaltung des Stammkapitals erforderliche Gesellschaftsvermögen verringern. Eine Auszahlung kann aber auch schon dann vorliegen, wenn die Gesellschaft zugunsten eines Gesellschafters eine schuldrechtliche Verpflichtung eingeht[213]. Ob und in welchem Umfang der Geschäftsführer im Insolvenz(eröffnungs-)verfahren generell verfügungs- und verpflichtungsbefugt ist und damit auch Auszahlungen im Sinne des § 30 Abs. 1 S. 1 GmbHG vornehmen kann, wurde bereits dargelegt [C.III.1.b)-e)]. Auf diese Ausführungen sei an dieser Stelle verwiesen. Das bedeutet, der Geschäftsführer *darf* nicht nur das zur Erhaltung des Stammkapitals erforderliche Vermögen der Gesellschaft an die Gesellschafter nicht auszahlen, er *kann* gegebenenfalls auch keine Auszahlung i.S.d. § 30 Abs. 1 S. 1 GmbHG vornehmen. Ihm fehlt die Verfügungsbefugnis über das im Falle der Eröffnung des Insolvenzverfahrens zur Insolvenzmasse gehörende Gesellschaftsvermögen bereits im Insolvenzeröffnungsverfahren, wenn das Insolvenzgericht eine „starke" vorläufige Insolvenzverwaltung angeordnet hat. Auch im eröffneten Insolvenzverfahren ist der Geschäftsführer – sofern keine Eigenverwaltung angeordnet ist – nicht verfügungsbefugt. Nur wenn das Insolvenzgericht im Insolvenzeröffnungsverfahren einen sog. „schwachen" vorläufigen Insolvenzverwalter bestellt, bleibt der Geschäftsführer in Bezug auf die künftige Insolvenzmasse verfügungsbefugt. Ordnet das Insolvenzgericht ergänzend ein besonderes Verfügungsverbot an, verliert der Geschäftsführer die Verfügungsbefugnis über den von diesem Verbot erfassten Vermögensgegenstand. Im Falle der Anordnung eines allgemeinen Zustimmungsvorbehaltes verliert der Geschäftsführer ebenfalls die (vorbehaltlose) Verfügungsbefugnis. Wird ein besonderer Zustimmungsvorbehalt angeordnet, fehlt dem Geschäftsführer die (vorbehaltlose) Verfügungsbefugnis nur bezüglich einzelner oder bestimmter Arten von Rechtsgeschäften. Verpflichtungsbefugt ist der Geschäftsführer demgegenüber uneingeschränkt. Zudem ist er hinsichtlich des nicht zur Insolvenzmasse gehörenden Gesellschaftsvermögens unbeschränkt verfügungsbefugt. In den Fällen, in denen der Geschäftsführer nicht mehr verfügungsbefugt ist, kann er sich auch nicht wegen Missbrauchsuntreue strafbar machen. Im Hinblick auf eine mögliche Ausnutzung des tatsächlichen Herrschaftsverhältnisses über das Gesellschaftsvermögen kommt allerdings eine Strafbarkeit wegen Treubruchsuntreue in Betracht.

Die handels- und steuerrechtlichen Pflichten zur Buchführung und zur Rechnungslegung obliegen dem Geschäftsführer auch im Insolvenz(eröffnungs-)verfahren (vgl. § 155 Abs. 1 S. 1 InsO). In Bezug auf die Insolvenzmas-

---

213 BGH GmbHR 1987, 187; OLG Rostock GmbHR 1998, 329 (330); Lutter/Hommelhoff GmbHG § 30 Rn. 8.

se hat der Insolvenzverwalter diese Pflichten zu erfüllen (§ 155 Abs. 1 S. 2 InsO). Der Zeitraum vor der Eröffnung des Insolvenzverfahrens wird mit der Schlussbilanz des Rumpfgeschäftsjahres abgeschlossen; mit der Eröffnung des Insolvenzverfahrens beginnt ein neues Geschäftsjahr.[214] Durch die Schlussbilanz und die Insolvenzeröffnungsbilanz werden die Verantwortungszeiträume in Bezug auf das verwaltete Vermögen voneinander abgegrenzt. Die mit der ordnungsmäßigen Buchführung verbundene Vermögensbetreuungspflicht des Geschäftsführers entfällt also in Bezug auf die Insolvenzmasse mit der Eröffnung des Insolvenzverfahrens.

Hinsichtlich der Vertretungsbefugnis ist festzuhalten, dass die Organstellung des Geschäftsführers – wie bereits festgestellt – von der Eröffnung des Insolvenzverfahrens unberührt bleibt. Er nimmt jedoch nur noch solche Kompetenzen wahr, die nicht die Insolvenzmasse betreffen. Die Verwaltungs- und Verfügungsbefugnis über die zur Insolvenzmasse gehörenden Vermögensgegenstände der Gesellschaft geht auf den Insolvenzverwalter über. Dessen Vertretungsbefugnis beschränkt sich auf die Insolvenzmasse[215], hinsichtlich des insolvenzfreien Vermögens bleibt der Geschäftsführer vertretungsbefugt. Im Insolvenzeröffnungsverfahren ist der Geschäftsführer vertretungsbefugt, es sei denn, das Insolvenzgericht ordnet ein allgemeines Verfügungsverbot oder einen allgemeinen Zustimmungsvorbehalt an. Wird ein besonderes Verfügungsverbot oder ein besonderer Zustimmungsvorbehalt angeordnet, verliert der Geschäftsführer insoweit die Vertretungsbefugnis.

Auch die Haftungstatbestände der §§ 64, 43 Abs. 2 und 43 Abs. 3 i.V.m. 30 GmbHG stützen das hier gefundene Ergebnis, dass der Geschäftsführer weiterhin zur Kapitalerhaltung verpflichtet und somit auch vermögensbetreuungspflichtig ist.

Denn gemäß § 64 S. 1 GmbHG sind die Geschäftsführer der Gesellschaft zum Ersatz von Zahlungen verpflichtet, die nach Eintritt der Zahlungsunfähigkeit oder nach Feststellung der Überschuldung der Gesellschaft geleistet werden. Hiervon ausgenommen sind Zahlungen, die auch nach diesem Zeitpunkt mit der Sorgfalt eines ordentlichen Geschäftsmanns vereinbar sind (vgl. § 64 S. 2 GmbHG).

Die gleiche Verpflichtung trifft die Geschäftsführer für Zahlungen an Gesellschafter, soweit diese zur Zahlungsunfähigkeit der Gesellschaft führen mussten, es sei denn, dies war auch bei Beachtung der Sorgfalt eines ordentlichen Geschäftsmanns nicht erkennbar, § 64 S. 3 GmbHG.

---

214 Hmb-Komm/Weitzmann § 155 Rn. 8 f.

215 Ausdrücklich bestätigt durch BGH ZInsO 2006, 260.

Gemäß § 43 Abs. 2 GmbHG haften die Geschäftsführer, welche ihre Obliegenheiten verletzen, der Gesellschaft solidarisch für den entstandenen Schaden; gem. § 43 Abs. 3 GmbHG sind sie insbesondere zum Ersatz verpflichtet, wenn den Bestimmungen des § 30 GmbHG zuwider Zahlungen aus dem zur Erhaltung des Stammkapitals erforderlichen Vermögen der Gesellschaft gemacht oder den Bestimmungen des § 33 GmbHG zuwider eigene Geschäftsanteile der Gesellschaft erworben worden sind. Die Haftung nach § 43 GmbHG beruht auf der Organstellung und besteht deshalb unabhängig davon, ob das Anstellungsverhältnis zwischen der Gesellschaft und dem Geschäftsführer existiert und ggf. ob dieses wirksam ist. Die Möglichkeit der Tatbestandsverwirklichung beginnt grundsätzlich mit Wirksamwerden der Bestellung, d.h. ohne Rücksicht auf deren Eintragung im Handelsregister, und endet mit der Beendigung der Organstellung.[216]

g) Zwischenergebnis zur Vermögensbetreuungspflicht

Alle vorstehend erörterten Aufgaben, die zum unentziehbaren Kernbereich der Tätigkeit des Geschäftsführers gehören und der Kapitalerhaltung dienen, sowie die besprochenen Haftungstatbestände stützen die hier entwickelte Auffassung, dass der Geschäftsführer einer GmbH weiterhin zur Kapitalerhaltung verpflichtet und somit auch im Insolvenz(eröffnungs-)verfahren vermögensbetreuungspflichtig ist.

Damit kommt der im Treubruchstatbestand (§ 266 Abs. 1, 2. Alt. StGB) vorausgesetzten Treuepflicht des Geschäftsführers, die unabhängig von der Bestellung eines „schwachen", „halbstarken" oder „starken" vorläufigen Insolvenzverwalters besteht, eine entscheidende Rolle zu. Denn zu den ungeschriebenen Pflichten, die den Geschäftsführer treffen, gehört die Treuepflicht gegenüber der Gesellschaft, die sich aus der allgemeinen Pflicht des Geschäftsführers herleitet, die Interessen der Gesellschaft zu fördern und die über die allgemeine in § 242 BGB beschriebene vertragliche Treuepflicht hinausgeht.[217] Die Treuepflicht des Geschäftsführers ist Korrelat seiner weitreichenden Befugnisse, des Informationsvorsprungs und der faktischen Einwirkungsmöglichkeiten[218]. Dem Geschäftsführer sind das Gesellschaftsvermögen sowie sämtliche (wirtschaftlichen und ideellen) Interessen der Gesellschaft anvertraut, zu deren Sicherung er durch Treubindung in die Pflicht genommen[219] wird. Die Vorsorge, dass das

216 Dazu näher: Zöllner/Noack, in: Baumbach/Hueck GmbHG § 43 Rn. 2 ff.
217 Axhausen, in: Beck'sches Handbuch der GmbH § 5 Rn. 170 m.w.N.
218 Zöllner/Noack, in: Baumbach/Hueck GmbHG § 35 Rn. 39.
219 Zöllner/Noack, a.a.O.

Vermögen der Gesellschaft mindestens in dem zur Erhaltung des Stammkapitals erforderlichen Umfang den Gläubigern jederzeit zur Verfügung steht, gehört auch zu den Sorgfaltspflichten, welche der Geschäftsführer nach dem Sorgfaltsmaßstab des § 43 Abs. 1 GmbHG in den Angelegenheiten der Gesellschaft anzuwenden hat.[220] Der Geschäftsführer ist selbst wenn er infolge der „halbstarken" oder „starken" vorläufigen Insolvenzverwaltung oder infolge der Eröffnung des Insolvenzverfahrens nicht mehr zur Geschäftsführung befugt ist, weiterhin zur Kapitalerhaltung verpflichtet. Die damit verbundene Vermögensfürsorgepflicht des Geschäftsführers besteht im Insolvenz(eröffnungs-)verfahren fort.

h) Ergebnis

Im Insolvenzeröffnungsverfahren verliert der Geschäftsführer seine Verwaltungs- und Verfügungsbefugnis über das im Falle der Eröffnung des Insolvenzverfahrens zur Insolvenzmasse gehörende Vermögen der Gesellschaft, wenn ein sog. „starker" vorläufiger Insolvenzverwalter bestellt wird. In diesem Fall fehlt dem Geschäftsführer die zur Begründung der Täterqualifikation nach § 266 Abs. 1, 1. Alt. StGB (Missbrauchsuntreue) erforderliche Verfügungsbefugnis.

Ordnet das Insolvenzgericht eine sog. „schwache" vorläufige Insolvenzverwaltung an, bleibt der Geschäftsführer hinsichtlich des im Falle der Eröffnung des Insolvenzverfahrens zur Insolvenzmasse gehörenden Gesellschaftsvermögens verwaltungs- und verfügungsbefugt. Er kann sich wegen Missbrauchs- und Treubruchsuntreue (§ 266 Abs. 1, 1. Alt. und 2. Alt. StGB) strafbar machen.

Wird im Rahmen der sog. „schwachen" vorläufigen Insolvenzverwaltung ein allgemeiner Zustimmungsvorbehalt angeordnet, wird dem Geschäftsführer die Rechtsmacht entzogen, die er benötigt, um über das im Falle der Eröffnung des Insolvenzverfahrens zur Insolvenzmasse gehörende Vermögen der Gesellschaft wirksam verfügen zu können. Ein Missbrauch der Verfügungsbefugnis i.S.d. § 266 Abs. 1, 1. Alt. StGB kommt in diesem Fall nicht in Betracht.

Wird im Rahmen der sog. „schwachen" vorläufigen Insolvenzverwaltung ein besonderer Zustimmungsvorbehalt angeordnet, wird dem Geschäftsführer die Rechtsmacht bezüglich einzelner oder bestimmter Arten von Rechtsgeschäften entzogen. Insoweit fehlt ihm die zur Begründung der Täterqualifikation nach § 266 Abs. 1, 1. Alt. StGB erforderliche Verfügungsbefugnis.

---

220 Vgl. Kallmeyer, in: GmbH-Handbuch I Rn. 598.6; Lutter/Hommelhoff/Kleindiek GmbHG § 43 Rn. 6 umschreiben den Sorgfaltsmaßstab des § 43 Abs. 1 GmbHG als „die Sorgfalt eines selbstständigen, treuhänderischen Verwalters fremder Vermögensinteressen in verantwortlich leitender Position".

Wird im Rahmen der sog. „schwachen“ vorläufigen Insolvenzverwaltung ein besonderes Verfügungsverbot angeordnet, verliert der Geschäftsführer seine Verwaltungs- und Verfügungsbefugnis nur über diejenigen Vermögensgegenstände, die von dem besonderen Verfügungsverbot erfasst werden. Wegen Missbrauchsuntreue gem. § 266 Abs. 1, 1. Alt. StGB kann er sich insoweit nicht strafbar machen.

Spätestens mit der Eröffnung des Insolvenzverfahrens verliert der Geschäftsführer dann vollständig die Verwaltungs- und Verfügungsbefugnis über das zur Insolvenzmasse gehörende Vermögen der GmbH. Ein Missbrauch der Verfügungsbefugnis i.S.d. § 266 Abs. 1, 1. Alt. StGB kommt ab diesem Zeitpunkt nicht mehr in Betracht.

Verpflichtungsbefugt ist der Geschäftsführer sowohl im Insolvenzeröffnungsverfahren als auch im (eröffneten) Insolvenzverfahren uneingeschränkt. Ein Missbrauch der Verpflichtungsbefugnis i.S.d. § 266 Abs. 1, 1. Alt. StGB kommt folglich auch im Insolvenz(eröffnungs-)verfahren in Betracht.

Dem Geschäftsführer obliegt unabhängig davon, ob er im Insovenz(eröffnungs-)verfahren zur Geschäftsführung befugt ist, eine Vermögensbetreuungspflicht i.S.d. § 266 StGB. Sie resultiert aus der fortwährenden Pflicht zur Kapitalerhaltung.

Der Geschäftsführer kann sich unabhängig von der Bestellung eines „schwachen“, „halbstarken“ oder „starken“ vorläufigen Insolvenzverwalters im Insolvenzeröffnungsverfahren sowie unabhängig von der Bestellung eines (endgültigen) Insolvenzverwalters im (eröffneten) Insolvenzverfahren der Treubruchsuntreue gem. § 266 Abs. 1, 2. Alt. StGB schuldig machen. Die im Treubruchstatbestand vorausgesetzte Vermögensfürsorgepflicht des Geschäftsführers besteht unverändert fort.

Die Frage, in welchen Fällen sich das Problem einer strafrechtlichen „Doppelhaftung“ des Geschäftsführers wegen Missbrauchs- oder Treubruchsuntreue und Bankrott stellt, ist im Ergebnis von den Anordnungen des Insolvenzgerichts im Insolvenzeröffnungsverfahren bzw. von der Eröffnung des Insolvenzverfahrens abhängig.

2. Die Täterqualifikation nach Auflösung der Gesellschaft

Es ist nunmehr zu prüfen, zu welchem Zeitpunkt der Geschäftsführer bei Auflösung der Gesellschaft infolge der Insolvenz seine Täterqualifikation verliert.

a) durch die Eröffnung des Insolvenzverfahrens (§ 60 Abs. 1 Nr. 4, 1. Hs. GmbHG)

Die GmbH wird durch die Eröffnung des Insolvenzverfahrens aufgelöst, § 60 Abs. 1 Nr. 4, 1. Hs. GmbHG. Diese Wirkung tritt gem. § 27 InsO mit dem im Eröffnungsbeschluss unter Angabe der „Stunde der Eröffnung" mitgeteilten Zeitpunkt ein.[221] Allerdings können die Gesellschafter die Fortsetzung der Gesellschaft beschließen, wenn das Verfahren auf Antrag der GmbH eingestellt oder nach der Bestätigung eines Insolvenzplans, der den Fortbestand der Gesellschaft vorsieht, aufgehoben wird (§ 60 Abs. 1 Nr. 4, 2. Hs. GmbHG). Die Auflösung wird gem. § 65 Abs. 1 S. 3 GmbHG von Amts wegen in das Handelsregister eingetragen.

Die aufgelöste GmbH besteht als Rechtsträgerin fort[222], allerdings ändert sich der Gesellschaftszweck, der durch den Zweck der vollständigen Liquidation nach den Regeln des Insolvenzrechts ersetzt[223] wird. Im Konfliktfall ist die vollständige Liquidation dem Befriedigungsinteresse der Insolvenzgläubiger unterzuordnen[224]. Die GmbH besteht somit als Liquidationsgesellschaft fort, wobei an die Stelle der Liquidation das Insolvenzverfahren tritt.

Die Organstellung des Geschäftsführers bleibt von der Eröffnung des Insolvenzverfahrens unberührt[225], insbesondere wird der Geschäftsführer nicht nach § 66 GmbHG durch Liquidatoren ersetzt.[226] Seine Zuständigkeit wird jedoch durch den Insolvenzzweck und die Zuständigkeiten des Insolvenzverwalters überlagert[227]. Insoweit wird auf die vorstehenden Ausführungen [C.III.1.c),e),f)] verwiesen. Die rechtswirksame Geschäftsführerbestellung, das für den Missbrauchstatbestand erforderliche Grundverhältnis, erlischt – wie bereits ausgeführt – mit der Abberufung des Geschäftsführers und der entsprechenden Löschung im Handelsregister.

---

221 Scholz/Karsten Schmidt/Bitter GmbHG Vor § 64 Rn. 80.

222 Karsten Schmidt/Uhlenbruck/Karsten Schmidt, Die GmbH in Krise, Sanierung und Insolvenz, Rn. 7.4.

223 Haas, in: Baumbach/Hueck GmbHG § 60 Rn. 9.

224 Vgl. BGHZ 148, 252 (258 f.) m.w.N. Das Insolvenzverfahren dient in erster Linie dazu, die Gläubiger eines Schuldners gemeinschaftlich zu befriedigen (§ 1 S. 1 InsO).

225 BGH ZInsO 2006, 260; Lutter/Hommelhoff/Lutter/Kleindiek GmbHG § 64 Rn. 57; Haas, in: Baumbach/Hueck GmbHG § 60 Rn. 44; Gogger, Insolvenzrecht, S. 157.

226 Haas, in: Baumbach/Hueck GmbHG § 60 Rn. 43 m.w.N.

227 Vgl. Scholz/Karsten Schmidt/Bitter GmbHG Vor § 64 Rn. 90; Götker, Rn. 771; ebenso zur Begrenzung der Zuständigkeit des Geschäftsführers durch den Konkurszweck und die Befugnisse des Konkursverwalters: BGH wistra 1991, 305 (306).

b) mit der Rechtskraft des Beschlusses, durch den die Eröffnung des Insolvenzverfahrens mangels Masse abgelehnt worden ist (§ 60 Abs. 1 Nr. 5 GmbHG)

Die GmbH wird nicht nur durch die Eröffnung des Insolvenzverfahrens aufgelöst, sondern auch mit der Rechtskraft des Beschlusses, durch den die Eröffnung des Insolvenzverfahrens mangels Masse abgelehnt worden ist (§ 60 Abs. 1 Nr. 5 GmbHG). Die Auflösung nach § 60 Abs. 1 Nr. 5 GmbHG führt zur Abwicklung gem. §§ 66 ff. GmbHG, insolvenzrechtliche Grundsätze (insbes. Gleichbehandlung der Gläubiger) gelten daher nicht.[228] Die GmbH tritt in das Liquidationsstadium ein, besteht also mit Liquidationszweck fort[229]. Vollbeendigung tritt erst ein, wenn die Gesellschaft nach § 74 GmbHG abgewickelt und gelöscht oder nach § 394 FamFG[230] von Amts wegen gelöscht worden ist. Die in Liquidation befindliche GmbH behält ihre Rechts-, Partei-, Grundbuch- und Insolvenzrechtsfähigkeit[231]. Die Liquidation erfolgt gem. § 66 Abs. 1 GmbHG durch die Geschäftsführer als sog. Liquidatoren, sofern sie nicht durch den Gesellschaftsvertrag oder durch Beschluss der Gesellschafter anderen Personen übertragen wird. Die Liquidatoren sind das Geschäftsführungs- und Vertretungsorgan[232] der aufgelösten GmbH (vgl. § 70 GmbHG). Ihre Vertretungsmacht ist – wie die der Geschäftsführer – grundsätzlich unbeschränkt und unbeschränkbar, sie wird auch nicht durch den Abwicklungszweck eingeschränkt.[233] Der Liquidator einer nach § 60 Abs. 1 Nr. 5 GmbHG aufgelösten GmbH kann sich folglich der Missbrauchs- und Treubruchsuntreue schuldig machen.

228 Haas/Fastrich, in: Baumbach/Hueck GmbHG § 60 Rn. 67 m.w.N.

229 Scholz/Karsten Schmidt/Bitter GmbHG § 60 Rn. 5.

230 Stellt sich nach Abweisung des Insolvenzverfahrens heraus, dass die insolvente Gesellschaft nicht nur masselos, sondern vermögenslos ist, so wird nach §§ 394 Abs. 3 i.V.m. 393 Abs. 3-5 FamFG das Löschungsverfahren stattfinden. Hat die Gesellschaft Vermögen – was in der Regel der Fall ist –, unterliegt sie den allgemeinen Regeln über aufgelöste Gesellschaften.

231 Erle/Helm, in: Beck'sches Handbuch der GmbH § 16 Rn. 26.

232 OLG Zweibrücken NStZ 1995, 293; Scholz/Karsten Schmidt GmbHG § 68 Rn. 1.

233 Haas, in: Baumbach/Hueck GmbHG § 70 Rn. 2 m.w.N.

IV. Typische Untreuehandlungen des Geschäftsführers in der Krise der GmbH

Als Tathandlung bezeichnet § 266 Abs. 1, 1. Alt. StGB den Missbrauch der Verfügungs- oder Verpflichtungsbefugnis. Nach h.M.[234] ist mit dieser Anknüpfung an die zivilrechtliche Terminologie allein auf rechtsgeschäftliches Handeln abgestellt. Der Täter muss im Rahmen des im Außenverhältnis zu Dritten eingeräumten rechtlichen Könnens die ihm im Innenverhältnis zum Vertretenen gezogenen Grenzen des rechtlichen Dürfens überschreiten[235]. Diese Konstellation ist insbesondere für das Handeln des GmbH-Geschäftsführers einschlägig, da eine interne Beschränkung der Vertretungsbefugnis Dritten gegenüber gem. §§ 35 Abs. 1, 37 Abs. 2 GmbHG keine rechtliche Wirkung entfaltet, so dass im Außenverhältnis stets ein wirksames Rechtsgeschäft zustande kommt.[236] Ein Missbrauch liegt nur dann vor, wenn von der Befugnis in der ihrem Inhalt entsprechenden Form, d.h. durch rechtsgeschäftliche Verfügung oder Verpflichtung, wirksam Gebrauch gemacht wurde.[237] In welchen Fällen der Geschäftsführer im Insolvenz(eröffnungs-)verfahren bzw. nach Auflösung der Gesellschaft überhaupt noch als Täter einer Missbrauchsuntreue in Betracht kommt, wurde bereits dargelegt [C.III.1.b)-g) und 2.]. Auf diese Ausführungen sei an dieser Stelle verwiesen. Die dem Geschäftsführer auch im Insolvenz(eröffnungs-)verfahren obliegende Vermögensbetreuungspflicht gegenüber der GmbH resultiert – wie bereits ausgeführt – aus der Kapitalerhaltungspflicht. In den Angelegenheiten der Gesellschaft hat er gem. § 43 Abs. 1 GmbHG die Sorgfalt eines ordentlichen Geschäftsmannes anzuwenden; unter Umständen enthält der Gesellschaftsvertrag oder der Anstellungsvertrag über diese Sorgfaltspflichten noch hinausgehende Regelungen.

Die Tathandlung des Treubruchstatbestands (§ 266 Abs. 1, 2. Alt. StGB) besteht in einer Verletzung gerade der spezifischen Treuepflichten; neben rechtsgeschäftlichem Handeln kommt hier jedes tatsächliche Verhalten (Tun oder Unterlassen) in Frage, das innerhalb des durch das Treueverhältnis begründeten Pflichtenkreises liegt und mit diesem in innerem Zusammenhang steht.[238] Die vermögensbezogene Treuepflicht des Geschäftsführers besteht im Insolvenz(eröffnungs-)verfahren unverändert fort (vgl. die Ausführungen unter C.III.1.f),g). Er kann sich somit unabhängig von der Bestellung eines „schwachen", „halb-

234 Vgl. nur Fischer § 266 Rn. 10 m.w.N.

235 MüKo/Dierlamm § 266 Rn. 118.

236 Scholz/Tiedemann GmbHG Vor §§ 82 ff. Rn. 7.

237 Fischer § 266 Rn. 24 m.w.N.

238 Kühl § 266 Rn. 15.

starken“ oder „starken“ vorläufigen Insolvenzverwalters im Insolvenzeröffnungsverfahren sowie unabhängig von der Bestellung eines (endgültigen) Insolvenzverwalters im (eröffneten) Insolvenzverfahren der Treubruchsuntreue schuldig machen.

Der Bundesgerichtshof hat wiederholt solche Fallstrukturen entschieden. Nach Auffassung des BGH begeht der Geschäftsführer beispielsweise eine Untreue zum Nachteil der GmbH, wenn er das zur Erhaltung des Stammkapitals erforderliche Vermögen an die Gesellschafter auszahlt.[239] Eine Untreue durch einen existenzgefährdenden Eingriff soll auch dann vorliegen, wenn der Alleingesellschafter und -geschäftsführer einer GmbH der Gesellschaft die für ihren Fortbestand benötigten Mittel entzieht, indem er die freien Gelder der Gesellschaft weitgehend in sein Privatvermögen überführt, obwohl hohe Verbindlichkeiten gegenüber Banken und Lieferanten bestehen, die durch anderweitige Vermögenswerte nicht abgedeckt sind.[240] Wegen Untreue in Tateinheit mit Diebstahl macht sich nach Auffassung des BGH z.B. der faktische Geschäftsführer einer GmbH strafbar, der Waren der GmbH ausschließlich eigennützig in die Geschäftsräume einer von ihm als Nachfolgegesellschaft gegründeten GmbH verbringt, darüber hinaus Geld auszahlt, ohne die Zustimmung des Alleingesellschafters einzuholen und dadurch die Zahlungsunfähigkeit der GmbH herbeiführt, somit deren Existenz gefährdet.[241] Auch der geschäftsführende Gesellschafter einer zahlungsunfähigen GmbH, der ein Geschäftskonto „leer räumt“ und mit dem abgehobenen Geld ins Ausland flieht[242], macht sich nach Auffassung des BGH der Untreue schuldig, denn die Abhebung des Geldes erfolgt ohne Rechtsgrund und zum Nachteil der GmbH. Der Geschäftsführer soll sich ferner durch eine einseitige Belastung der GmbH mit Verbindlichkeiten wegen Untreue strafbar machen können, bspw. wenn er abstrakte Schuldanerkenntnisse unterzeichnet, aus denen der GmbH die jederzeitige Inanspruchnahme droht, ohne dass ihr zum Ausgleich dieser Belastung ihres Vermögens eine entsprechende Gegenleistung zufließt oder sie jedenfalls eine realistische Aussicht auf eine Gegenleistung erwirbt.[243]

Die beispielhaft angesprochenen Fallkonstellationen stehen für eine Vielzahl von Entscheidungen, in denen die Krisenmerkmale der Zahlungsunfähigkeit oder Überschuldung der GmbH zwar festgestellt wurden, eine Strafbarkeit des Geschäftsführers wegen Bankrott dennoch nicht angenommen wurde.

---

239 BGH wistra 2008, 379 m.w.N.

240 BGH, Urt. v. 22.03.2006 – 5 StR 475/05 (juris).

241 BGH StraFo 2007, 518.

242 Vgl. BGH wistra 2006, 309.

243 BGH NStZ 1999, 557.

Der kritischen Analyse dieser Sichtweise des BGH ist das Kapitel E. dieser Arbeit gewidmet. Als Grundlage dafür werden im Kapitel D. die Krisenmerkmale der Überschuldung, Zahlungsunfähigkeit und drohenden Zahlungsunfähigkeit sowie die objektive Strafbarkeitsbedingung des Bankrotts erörtert sowie diejenigen Bankrotthandlungen herausgearbeitet, die für eine Überschneidung mit dem Tatbestand der Untreue in Betracht kommen. Anschließend wird der Sonderdeliktscharakter des Bankrotts und die Zurechnung der strafbarkeitsbegründenden besonderen persönlichen Merkmale gem. § 14 Abs. 1 Nr. 1, 1. Alt. StGB angesprochen. Sodann wird die Täterqualifikation des Geschäftsführers im Insolvenz(eröffnungs-)verfahren untersucht.

D. Bankrott

Wegen Bankrott wird gem. § 283 Abs. 1 StGB mit Freiheitsstrafe bis zu fünf Jahren oder mit Geldstrafe bestraft, wer bei Überschuldung oder bei drohender oder eingetretener Zahlungsunfähigkeit

1. Bestandteile seines Vermögens, die im Falle der Eröffnung des Insolvenzverfahrens zur Insolvenzmasse gehören, beiseite schafft oder verheimlicht oder in einer den Anforderungen einer ordnungsgemäßen Wirtschaft widersprechenden Weise zerstört, beschädigt oder unbrauchbar macht;
2. in einer den Anforderungen einer ordnungsgemäßen Wirtschaft widersprechenden Weise Verlust- oder Spekulationsgeschäfte oder Differenzgeschäfte mit Waren oder Wertpapieren eingeht oder durch unwirtschaftliche Ausgaben, Spiel oder Wette übermäßige Beträge verbraucht oder schuldig wird;
3. Waren oder Wertpapiere auf Kredit beschafft und sie oder die aus diesen Waren hergestellten Sachen erheblich unter ihrem Wert in einer den Anforderungen einer ordnungsgemäßen Wirtschaft widersprechenden Weise veräußert oder sonst abgibt;
4. Rechte anderer vortäuscht oder erdichtete Rechte anerkennt;
5. Handelsbücher, zu deren Führung er gesetzlich verpflichtet ist, zu führen unterlässt oder so führt oder verändert, dass die Übersicht über seinen Vermögensstand erschwert wird;
6. Handelsbücher oder sonstige Unterlagen, zu deren Aufbewahrung ein Kaufmann nach Handelsrecht verpflichtet ist, vor Ablauf der für Buchführungspflichtige bestehenden Aufbewahrungsfristen beiseite schafft, verheimlicht, zerstört oder beschädigt und dadurch die Übersicht über seinen Vermögensstand erschwert;
7. entgegen dem Handelsrecht
   a. Bilanzen so aufstellt, dass die Übersicht über seinen Vermögensstand erschwert wird, oder
   b. es unterlässt, die Bilanz seines Vermögens oder das Inventar in der vorgeschriebenen Zeit aufzustellen oder
8. in einer anderen, den Anforderungen einer ordnungsgemäßen Wirtschaft grob widersprechenden Weise seinen Vermögensstand verringert oder seine wirklichen geschäftlichen Verhältnisse verheimlicht oder verschleiert.

Ebenso wird gem. § 283 Abs. 2 StGB bestraft, wer durch eine der in Abs. 1 bezeichneten Handlungen seine Überschuldung oder Zahlungsunfähigkeit herbeiführt.

Der Versuch ist gem. § 283 Abs. 3 StGB strafbar. Die §§ 283 Abs. 4 und 5 StGB regeln ergänzend, unter welchen Voraussetzungen und in Bezug auf welche Tatbestandsmerkmale Fahrlässigkeit bzw. Leichtfertigkeit genügt.

Die Tat ist allerdings nur dann strafbar, wenn der Täter seine Zahlungen eingestellt hat oder über sein Vermögen das Insolvenzverfahren eröffnet oder der Eröffnungsantrag mangels Masse abgewiesen worden ist (§ 283 Abs. 6 StGB).

Einen besonders schweren Fall des Bankrotts sieht das Gesetz in § 283a StGB vor. Danach kann der Täter mit Freiheitsstrafe von sechs Monaten bis zu zehn Jahren bestraft werden, wenn er eine der Tathandlungen des § 283 Abs. 1 bis 3 StGB unter den Voraussetzungen der in § 283a S. 2 StGB genannten Regelbeispiele verwirklicht. Ein besonders schwerer Fall liegt in der Regel vor, wenn der Täter aus Gewinnsucht handelt oder wissentlich viele Personen in die Gefahr des Verlustes ihrer ihm anvertrauten Vermögenswerte oder in wirtschaftliche Not bringt. Außerhalb der Regelbeispiele wird § 283a StGB z.B. bei Großinsolvenzen mit erheblichen Schäden für andere in Frage kommen, ebenso bei raffinierter Begehungsweise der Bankrotthandlungen, von vornherein auf Zusammenbruch und unlauteren Gewinn hinarbeitenden Tätern sowie unter Umständen auch schon bei existenzbedrohender Schädigung auch nur eines Gläubigers[244].

I. Der Schutzzweck des § 283 StGB

Die Vorschrift des § 283 StGB schützt in erster Linie die Interessen der Gläubiger[245] an einer vollständigen oder möglichst hohen Befriedigung ihrer vermögensrechtlichen Ansprüche[246]. Der Bankrott ist somit im Kern Vermögensdelikt[247]. Aber auch überindividuelle Interessen, der Schutz des gesamtwirtschaftlichen Systems[248] – speziell der Funktionsfähigkeit der Kreditwirtschaft[249] – stehen dahinter.[250]

---

244 Fischer § 283a Rn. 6 m.w.N.

245 BGH NJW 2001, 1874 (1875) – ggf. auch nur eines einzigen Gläubigers; Fischer Vor § 283 Rn. 3.

246 BVerfG ZInsO 2004, 738; Achenbach/Ransiek/Wegner, HWSt, VII 1/3.

247 Kühl § 283 Rn. 1 m.w.N.; SK/Hoyer Vor § 283 Rn. 3.

248 BGH NJW 2010, 2894 (2896); Fischer Vor § 283 Rn. 3; „Funktionsfähigkeit der Volkswirtschaft insgesamt": S/S/Heine Vorbem. §§ 283 ff. Rn. 2; Kühl § 283 Rn. 1; Bittmann, Insolvenzstrafrecht, § 12 Rn. 25.

249 S/S/Heine Vorbem. §§ 283 ff. Rn. 2; Wessels/Hillenkamp, BT/2, Rn. 458; Otto, Grundkurs Strafrecht, § 61 Rn. 80; Müller-Gugenberger/Bieneck, Wirtschaftsstrafrecht, § 75

II. Die Krisenmerkmale

Einleitend wurde erwähnt, dass für die Problemstellung der strafrechtlichen „Doppelhaftung" des Geschäftsführers wegen Untreue und Bankrott die letzten Stadien der Unternehmenskrise – die Liquiditätskrise und die Existenzkrise – von Bedeutung sind. Im Folgenden soll auf die Krisenmerkmale der drohenden bzw. eingetretenen Zahlungsunfähigkeit und der Überschuldung – Tatbestandsvoraussetzungen des Bankrotts – näher eingegangen werden.

§ 283 StGB setzt eine sog. „wirtschaftliche Krise"[251] voraus, welche durch die Merkmale der Überschuldung oder der drohenden oder eingetretenen Zahlungsunfähigkeit gekennzeichnet ist. Als Eröffnungsgründe für das Insolvenzverfahren sind diese Begriffe in der Insolvenzordnung (§§ 17 Abs. 2, 18 Abs. 2, 19 Abs. 2 InsO) legal definiert. Das führt zu der Frage, inwieweit die insolvenzrechtlichen Legaldefinitionen für die Auslegung der mit ihnen begrifflich übereinstimmenden Krisenmerkmale des § 283 StGB bindend sind.[252] Diese Frage ist noch nicht abschließend geklärt. Das Verhältnis von Insolvenz(Zivil-)Recht und Insolvenzstrafrecht ist ein zentrales Thema[253] des Wirtschaftsstrafrechts. Während im Schrifttum einerseits[254] dem Grundsatz der Einheitlichkeit der Rechtsordnung entsprechend eine strenge Zivilrechtsakzessorietät befürwortet wird, sprechen sich andere[255] für eine funktionale Akzessorietät aus, die den spezifisch strafrechtlichen Anforderungen Rechnung trägt. Vereinzelt[256] wird sogar eine eigenständige strafrechtliche Begriffsbildung gefordert. Die Rechtsprechung[257] spricht schlicht von Zivilrechtsakzessorietät. Aufgrund der Gleichheit der gesetzgeberischen Intention und des Schutzzwecks der Normen kann von einer grundsätzlich gleichen Auslegung der im Insolvenzstrafrecht und im Insolvenzrecht verwendeten Begriffe der Überschuldung, Zahlungsunfähigkeit und drohenden Zahlungsunfähigkeit ausgegangen werden.[258] Im Einzelnen:

Rn. 39; LK/Tiedemann Vor § 283 Rn. 55; Achenbach/Ransiek/Wegner, HWSt, VII 1/3; Weyand/Diversy, Insolvenzdelikte, Rn. 12.

250 A.A. Erdmann, S. 84 f.

251 Achenbach/Ransiek/Wegner, HWSt, VII 1/14.

252 Ausführlich dazu: Erdmann, S. 89 ff.

253 Wohlers/Kudlich, ZStW 118 (2006), 717 (733).

254 Vgl. nur Müller-Gugenberger/Bieneck, Wirtschaftsstrafrecht, § 75 Rn. 47 ff. m.w.N.

255 Vgl. nur S/S/Heine § 283 Rn. 50a m.w.N.

256 Penzlin, S. 146 ff., 213; Arens, wistra 2007, 450 (454 f.).

257 Vgl. BGH wistra 2007, 312.

258 So auch Hmb-Komm/Borchardt § 283 StGB Rn. 6 f. m.w.N.

1. Überschuldung

Überschuldung liegt vor, wenn das Vermögen des Schuldners die bestehenden Verbindlichkeiten nicht mehr deckt, vgl. § 19 Abs. 2 S. 1 InsO[259]. Im Gegensatz zum insolvenzrechtlichen Überschuldungsbegriff, der als Eröffnungsgrund nur für juristische Personen und Personengesellschaften ohne eine natürliche Person als uneingeschränkt haftenden Gesellschafter in Betracht kommt, sind die §§ 283 ff. StGB auf jeden Schuldner anwendbar[260].

Bei der Ermittlung der Überschuldung von Unternehmen ist zu beachten, dass die nach dem Grundsatz kaufmännischer Vorsicht erstellten handelsrechtlichen Bilanzen keine Berechnungsgrundlage[261] bieten. Vielmehr muss ein sog. *Überschuldungsstatus*[262] in Form einer stichtagsbezogenen Vermögensbilanz, die über die tatsächlichen Werte des Vermögens Auskunft gibt, erstellt werden. Der Grund liegt darin, dass zwischen der Handelsbilanz und dem Überschuldungsstatus ein erheblicher Unterschied besteht: Während die Handelsbilanz den Zweck verfolgt, durch Gegenüberstellung des Anfangs- und des Endbestandes den unternehmerischen Erfolg – das innerhalb des Bilanzzeitraumes erzielte Betriebsergebnis – darzustellen, soll sich aus dem Überschuldungsstatus der Stand des Vermögens eines Unternehmens, also dessen innerer tatsächlicher Wert ablesen lassen.[263] Erfahrungsgemäß ist in den Ermittlungsakten der Staatsanwaltschaften kein Überschuldungsstatus enthalten. Feststellungen zur Überschuldung basieren regelmäßig auf insoweit nicht aussagekräftigen Jahresbilanzen[264].

---

259 In der bis zum 17.10.2008 und ab dem 01.01.2014 geltenden Fassung. Zur Rechtslage zwischen dem 18.10.2008 und dem 31.12.2013 vgl. sogleich, S. 83 f.

260 BGH NStZ 2001, 485, bestätigt durch BVerfG ZInsO 2004, 738; Vgl. auch Weyand/Diversy, Insolvenzdelikte, Rn. 21; Pape/Uhlenbruck, Insolvenzrecht, Rn. 1059.

261 BGHSt 15, 306 (309); NK/Kindhäuser Vor §§ 283 bis 283d Rn. 92.

262 BGH NStZ 2009, 153; wistra 2005, 260; NJW 2000, 154 (156); Gottwald/Uhlenbruck/Gundlach, Insolvenzrechts-Handbuch, § 6 Rn. 44.

263 Vgl. Weyand/Diversy, Insolvenzdelikte, Rn. 38.

264 Vgl. auch BGH NJW 2000, 154 (156): „Es wird schon nicht deutlich, welche Form der Krise das LG angenommen hat. Während es einerseits im Urteil heißt, im Juni 1992 habe Zahlungsunfähigkeit gedroht, wird andererseits festgestellt, die Beschlüsse vom 29.06.1992 hätten die „bilanzielle und tatsächliche Überschuldung der T-GmbH & Co. KG" bewirkt. Dies lässt besorgen, dass das LG zwischen den eigenständigen Tatbeständen der Zahlungsunfähigkeit und der Überschuldung (...) nicht hinreichend unterschieden hat. Dies kann jedoch dahinstehen, da keine der beiden Krisenarten in der gebotenen Weise festgestellt ist. Zur Ermittlung einer Überschuldung der KG hätte es der Aufstellung eines Überschuldungsstatus bedurft (...). Ein solcher wird nicht mitgeteilt. Soweit das LG Erwägungen zur Überschuldung anstellt, basieren diese lediglich auf der insoweit nicht aussagekräftigen Jahresbilanz (...)."

Beispielsweise ist das *Stammkapital* eine *reine Rechnungsgröße* der Handelsbilanz, die mangels Charakter als Verbindlichkeit[265] im Rahmen einer Überschuldungsprüfung nicht in Ansatz gebracht werden darf.[266] Nur die Verbindlichkeiten des Schuldners, die bei der Eröffnung des Insolvenzverfahrens aus der Insolvenzmasse zu begleichen sind, gehören zu den Passiva eines Überschuldungsstatus. Zu beachten ist darüber hinaus, dass das auf der Passivseite der Handelsbilanz ausgewiesene Eigenkapital durch Verluste verbraucht und negativ werden kann. In diesem Fall ist auf der Passivseite der Handelsbilanz kein Minusbetrag auszuweisen, sondern auf der Aktivseite der Posten *„Nicht durch Eigenkapital gedeckter Fehlbetrag"* (vgl. § 268 Abs. 3 HGB). Dieser ist lediglich ein Korrekturposten zum Eigenkapital, der nur dazu dient, die Handelsbilanz auf der Aktivseite auszugleichen. Er stellt keinen Vermögensposten dar[267], sondern eine *rechnerische Größe*, die im Rahmen einer Überschuldungsprüfung ebenfalls nicht in Ansatz gebracht werden darf. Der nicht durch Eigenkapital gedeckte Fehlbetrag bezeichnet lediglich die bilanzielle Überschuldung und ist nicht mit dem insolvenzrechtlichen Tatbestand der Überschuldung gleichzusetzen.[268] Die Ansätze der Handelsbilanz müssen daraufhin überprüft werden, ob und gegebenenfalls in welchem Umfang stille Reserven oder sonstige daraus nicht ersichtliche Vermögenswerte vorhanden sind.

Um den stichtagsbezogenen Vermögensstand des Unternehmens zu ermitteln, ist im Rahmen der Erstellung des Überschuldungsstatus in einem ersten Schritt der Liquidationswert unter der Fragestellung zu ermitteln, wie die Aktiva im Falle der Zerschlagung des Unternehmens zu bewerten wären. Überwiegen die Aktiva die Passiva, ist eine Überschuldung zu verneinen; anderenfalls ist in einem zweiten Schritt aufgrund einer betriebswirtschaftlichen Prognose für das laufende und nachfolgende Geschäftsjahr[269] zu fragen, ob das Unternehmen nicht gleichwohl als fortführungsfähig anzusehen ist („going-concern-principle")[270]. Fällt die Prognose positiv aus, sind die Vermögensbestandteile an dem Preis zu orientieren, den ein fiktiver Käufer für das Unternehmen zu zahlen bereit wäre – sog. Fortführungswert. Zur gebotenen Beschränkung der strafrechtlichen Haftung sind – entgegen § 19 Abs. 2 S. 2 InsO[271], der eine Bewertung des Schuldnervermögens nach den Fortführungswerten nur bei überwie-

265 MüKo/Radtke Vorbem. §§ 283 ff. Rn. 67.

266 Harz/Baumgartner/Conrad, ZInsO 2005, 1304 (1310).

267 Winnefeld, Bilanz-Handbuch, Kapitel D, Rn. 815.

268 Vgl. MüKo-HGB/Reiner/Haußer § 268 Rn. 28.

269 Kühl § 283 Rn. 6.

270 Siehe dazu: Federmann, Bilanzierung nach Handelsrecht, Steuerrecht und IAS/IFRS, S. 204 f.

271 In der bis zum 17.10.2008 und ab dem 01.01.2014 geltenden Fassung.

gender Wahrscheinlichkeit der Fortführung vorsieht – die Fortführungswerte bereits dann zu Grunde zu legen, wenn das Weiterbestehen des Unternehmens nicht ganz unwahrscheinlich ist.[272] Falls auch nach dieser Berechnung die Verbindlichkeiten den Vermögensbestand übersteigen, ist von einer Überschuldung auszugehen.[273]

Die Aufstellung des Überschuldungsstatus orientiert sich somit an der insolvenzrechtlichen Prüfung der rechnerischen Überschuldung (§ 19 Abs. 2 S. 1 InsO[274]) und der Fortführungsprognose (§ 19 Abs. 2 S. 2 InsO[275]). Das Verhältnis der beiden Elemente und die Reihenfolge der Prüfung ist umstritten[276]. Aus der Begründung zum Regierungsentwurf der Insolvenzordnung und dem Bericht des Rechtsausschusses des Deutschen Bundestages zu § 23 Abs. 2 RegE (Überschuldung) ergibt sich jedoch, dass auch eine positive Prognose für die Fortführung des Unternehmens die Annahme einer Überschuldung nicht von vornherein ausschließt; sie erlaubt nur eine andere Art der Bewertung des Vermögens.[277] Der BGH hat dies bestätigt[278] und klargestellt, dass aus dem Aufbau der Norm des § 19 Abs. 2 InsO[279] ohne weiteres folgt, dass die Überschuldungsprüfung nach Liquidationswerten in Satz 1 den Regelfall und die nach Fortführungswerten in Satz 2, der eine positive Fortbestehensprognose voraussetzt, den Ausnahmefall darstellt[280].

Bei der Bewertung der einzelnen Vermögensgegenstände bestehen erhebliche Unsicherheiten.[281] Zur Wahrung des im Strafrecht geltenden Bestimmtheitsgebots des Art. 103 Abs. 2 GG kann von einer Überschuldung nur dann ausgegangen werden, wenn alle einschlägigen Bilanzierungs- und Wertansatzmethoden zu dem Ergebnis führen, dass die Passiva die Aktiva übersteigen.[282] In der Regel wird die strafrechtliche Beurteilung deshalb nur dann auf die Überschul-

---

272 Krekeler/Werner, Unternehmer und Strafrecht, Rn. 1369; Wabnitz/Janovsky/Beck, Handbuch des Wirtschafts- und Steuerstrafrechts, 6/101.

273 Vgl. NK/Kindhäuser Vor §§ 283 bis 283d Rn. 94 f.

274 In der bis zum 17.10.2008 und ab dem 01.01.2014 geltenden Fassung.

275 In der bis zum 17.10.2008 und ab dem 01.01.2014 geltenden Fassung.

276 Ausführlich dazu MüKo/Radtke Vor §§ 283 ff. Rn. 68 f. m.w.N.

277 Balz/Landfermann, Die neuen Insolvenzgesetze, S. 93.

278 BGHZ 171, 46.

279 In der bis zum 17.10.2008 und ab dem 01.01.2014 geltenden Fassung.

280 BGH ZIP 2006, 2171.

281 Vgl. Weyand/Diversy, Insolvenzdelikte, Rn. 38; näher FK-InsO/Schmerbach § 19 Rn. 7c.

282 OLG Düsseldorf wistra 1998, 360; Scharf/Wolfer, in: Kindler/Nachmann, Handbuch Insolvenzrecht in Europa, Rn. 513; MüKo/Radtke Vor §§ 283 ff. Rn. 62; ähnlich auch LK/Tiedemann Vor § 283 Rn. 158 unter Hinweis auf die in der strafrechtlichen Literatur h.M. und die strafgerichtliche Praxis.

dung gestützt, wenn die Passiva die Aktiva so augenfällig übersteigen, dass die Überschuldung unzweifelhaft erscheint; ist das nicht der Fall, wird zumeist die drohende oder eingetretene Zahlungsunfähigkeit als Merkmal für den Begriff der Krise herangezogen.[283]

Die unrichtige Handelsbilanz gilt nach einer aktuellen Entscheidung des BGH[284] auch als Indiz dafür, dass eine Überschuldung im insolvenzrechtlichen Sinne vorliegt, wenn die Handelsbilanz falsch ist und tatsächlich eine Überschuldung im handelsrechtlichen Sinne gegeben ist.

Im Zusammenhang mit der weltweiten Banken- und Finanzmarktkrise hat der Gesetzgeber die Vorschrift des § 19 Abs. 2 InsO durch das Gesetz zur Umsetzung eines Maßnahmenpakets zur Stabilisierung des Finanzmarktes (Finanzmarktstabilisierungsgesetz)[285] mit Wirkung zum 18.10.2008 wie folgt geändert:

> „Überschuldung liegt vor, wenn das Vermögen des Schuldners die bestehenden Verbindlichkeiten nicht mehr deckt, es sei denn, die Fortführung des Unternehmens ist nach den Umständen überwiegend wahrscheinlich."

Diese Änderung der Insolvenzordnung tritt am 31. Dezember 2013 außer Kraft. Ab 1. Januar 2014 erhält § 19 Abs. 2 InsO seine bis zum 17.10.2008 geltende Fassung zurück.[286]

Für beide Überschuldungsbegriffe kommt es zunächst auf die rechnerische Überschuldung an. Für den Zeitraum bis zum 17.10.2008 und ab dem 01.01.2014 ist in einem zweiten Schritt zu klären, ob eine positive Fortführungsprognose besteht. Ist dies der Fall, ist bei der Bewertung des Aktivvermögens nicht der Liquidationswert zugrunde zu legen, sondern der Fortführungswert. Bleibt auch dieser Wert unter den Passiva, liegt eine Überschuldung vor. Für den Zeitraum ab dem 18.10.2008 bis zum 31.12.2013 wird auf die Bewertung der Aktiva (nach Fortführungswerten) verzichtet. Eine allgemeine positive Fortführungsprognose lässt die Überschuldung entfallen.[287] Im Rahmen der Fortführungsprognose ist festzustellen, ob nach überwiegender Wahrscheinlichkeit die Finanzkraft des Unternehmens mittelfristig zur Fortführung ausreicht.[288] Als Zeitraum der gesetzlich nicht näher geregelten mittelfristigen Prognose wer-

283 Hellmann/Beckemper, Wirtschaftsstrafrecht, Rn. 255; Dannecker/Hagemeier, Insolvenzstrafrecht, Rn. 59.

284 BGH ZInsO 2008, 1019.

285 FMStG v. 17.10.2008, BGBl. I, 1982.

286 Art. 6 Abs. 3, Art. 7 Abs. 2 FMStG v. 17.10.2008, BGBl. I, 1989, das zuletzt durch Art. 1 des Gesetzes zur Erleichterung der Sanierung von Unternehmen vom 24.09.2009, BGBl. I, 3151, geändert worden ist.

287 FK-InsO/Schmerbach (5. Aufl.) § 19 Rn. 6d.

288 FK-InsO/Schmerbach (5. Aufl.) § 19 Rn. 7b.

den unterschiedliche Zeiträume genannt: zwölf Monate[289], das laufende und das nachfolgende Geschäftsjahr[290], ein bis zwei Jahre[291], eine Dauer von zwei bis drei Jahren[292] bzw. mindestens zwei Jahre oder mindestens bis zum Ablauf des nächsten Geschäftsjahres[293]. Diese Zeiträume können jedoch nur Richtwerte sein; entscheidend ist der betriebswirtschaftlich überschaubare Zeitraum, der auch von Branche zu Branche unterschiedlich sein kann.[294] Er ist für die Strafbarkeit des Geschäftsführers wegen Bankrott von Relevanz, denn der in die Prognose einbezogene Zeitraum kann die Strafbarkeit begründen oder entfallen lassen.

Die zeitlich befristete Änderung des Überschuldungsbegriffs führt zu einer nicht unerheblichen Reduzierung der Fälle der Überschuldung und damit auch zu einer erheblichen Einschränkung der Strafbarkeit wegen Bankrott. Dies ist vor dem Hintergrund der derzeitigen Finanzkrise zu werten. Die Finanzkrise hat zu erheblichen Wertverlusten insbesondere bei Aktien und Immobilien geführt. Die Wertverluste können bei Unternehmen, die von diesen Verlusten besonders massiv betroffen sind, zu einer bilanziellen Überschuldung führen. Um das ökonomisch unbefriedigende Ergebnis zu vermeiden, dass auch Unternehmen, bei denen eine überwiegende Wahrscheinlichkeit besteht, dass sie weiter erfolgreich am Markt agieren können, zwingend ein Insolvenzverfahren durchlaufen müssen, wurde der Überschuldungsbegriff zeitlich befristet geändert. Durch die Finanzkrise ausgelöste wertmäßige Schwankungen der Aktiva sollen ein Unternehmen nicht in die Insolvenz führen, falls eine positive Fortführungsprognose besteht. Vor dem Hintergrund dieser gesetzgeberischen Intention ist die mit der zeitlich befristeten Änderung des Überschuldungsbegriffs einhergehende eingeschränkte Strafbarkeit wegen Bankrott akzeptabel. Das Finanzmarktstabilisierungsgesetz ist ein Gesetz, das nur für eine bestimmte Zeit gelten soll, so dass gem. § 2 Abs. 4 StGB nur Taten, die während der Geltung dieses Gesetzes begangen werden, dieser Regelung unterfallen. Zuvor begangene Straftaten bleiben von der Gesetzesänderung unberührt; das Milderungsgebot des § 2 Abs. 3 StGB gilt nicht.[295]

---

289 Hess InsO § 19 Rn. 44.

290 Harz/Baumgartner/Conrad, ZInsO 2005, 1304 (1309).

291 OLG Naumburg ZInsO 2004, 512 (514).

292 Wimmer, NJW 1996, 2546 (2547).

293 Vgl. Breutigam/Blersch/Goetsch InsO § 19 Rn. 20; HK-InsO/Kirchhof § 19 Rn. 12; Kübler/Prütting-Pape InsO § 19 Rn. 16; MüKo-InsO/Drukarczyk/Schüler § 19 Rn. 56; Nerlich/Römermann/Mönning InsO § 19 Rn. 20; Uhlenbruck InsO § 19 Rn. 30.

294 FK-InsO/Schmerbach (5. Aufl.) § 19 Rn. 22.

295 Hierzu ausführlich LK/Dannecker § 2 Rn. 117 ff.

2. Zahlungsunfähigkeit

Zahlungsunfähigkeit liegt nach § 17 Abs. 2 S. 1 InsO vor, wenn der Schuldner nicht in der Lage ist, die fälligen Zahlungspflichten zu erfüllen. Auf die bis zum Inkrafttreten der InsO am 1. Januar 1999 für die Zahlungsunfähigkeit konstitutiven Merkmale der Wesentlichkeit, Dauerhaftigkeit und ernsthaften Einforderung wurde in der Legaldefinition verzichtet. Damit soll den bisherigen Tendenzen zu einer übermäßig einschränkenden Auslegung des Begriffs Zahlungsunfähigkeit entgegengewirkt[296] und die rechtzeitige Eröffnung des Insolvenzverfahrens[297] gewährleistet werden.

§ 17 Abs. 2 S. 2 InsO beinhaltet die widerlegbare Vermutung, dass Zahlungsunfähigkeit eingetreten ist, wenn der Schuldner seine Zahlungen eingestellt hat. Zahlungseinstellung in diesem Sinne liegt vor, wenn mindestens für die beteiligten Verkehrskreise nach außen hin erkennbar geworden ist, dass der Schuldner seine fälligen Zahlungspflichten wegen eines Mangels an Zahlungsmitteln nicht mehr erfüllen kann.[298] Die Einstellung aller Zahlungen ist nicht erforderlich[299]; die Nichtzahlung einer einzigen Schuld kann genügen, sofern diese – gemessen an der Gesamthöhe der Verbindlichkeiten des Schuldners – nicht unwesentlich ist.[300]

Eine vorübergehende Zahlungsstockung soll keine Zahlungsunfähigkeit begründen.[301] Wo die zeitliche Grenze zwischen einer bloßen Zahlungsstockung und Zahlungsunfähigkeit verläuft, wird unterschiedlich beurteilt. Vorgeschlagen werden: wenige Tage[302], zwei Wochen[303], zwei bis drei Wochen[304], unter Hinweis auf den Zeitmaßstab des § 64 GmbHG[305] drei Wochen[306], 30 Tage[307], ein Monat[308], sechs Wochen[309], zwei Monate[310] sowie drei Monate[311]. Unter Geltung

296 BT-Drs. 12/2443, S. 114.

297 Hess InsO § 17 Rn. 2.

298 BGH NJW-RR 2007, 1419; Hmb-Komm/Schröder § 17 Rn. 27 m.w.N.

299 Hess InsO § 17 Rn. 29 m.w.N.

300 BGH NJW-RR 2007, 1419; HK-InsO/Kirchhof § 17 Rn. 21 m.w.N.

301 BT-Drs. 12/2443, S. 114; Gottwald/Uhlenbruck/Gundlach, Insolvenzrechts-Handbuch, § 6 Rn. 11 m.w.N.

302 Kübler/Prütting/Pape § 17 Rn. 9.

303 FK-InsO/Schmerbach (4. Aufl.) § 17 Rn. 17.

304 Karsten Schmidt/Uhlenbruck/Uhlenbruck, Die GmbH in Krise, Sanierung und Insolvenz, Rn. 5.89; HK-InsO/Kirchhof § 17 Rn. 18.

305 In der bis zum 31.10.2008 geltenden Fassung.

306 Müller-Gugenberger/Bieneck, Wirtschaftsstrafrecht, § 76 Rn. 56; ebenfalls 3 Wochen: Bork, Einführung in das Insolvenzrecht, S. 47 Fn. 4.

307 Nerlich/Römermann/Mönning § 17 Rn. 20.

308 Harz/Baumgartner/Conrad, ZInsO 2005, 1304 (1307).

der Konkursordnung (KO) hielt der Bundesgerichtshof die Grenze für überschritten, wenn die fälligen Verbindlichkeiten nicht innerhalb eines Monats[312] getilgt werden konnten. Nach der neueren Rechtsprechung[313] ist eine bloße Zahlungsstockung anzunehmen, wenn der Zeitraum nicht überschritten wird, den eine kreditwürdige Person benötigt, um sich die benötigten Mittel zu leihen, wofür drei Wochen erforderlich, aber auch ausreichend erscheinen.

Zur Feststellung der Zahlungsunfähigkeit stehen zwei unterschiedliche Methoden zur Verfügung: die betriebswirtschaftliche und die kriminalistische Methode[314].

Bei der *betriebswirtschaftlichen Methode* wird ein Liquiditätsplan erstellt. Die Zahlungsunfähigkeit wird ausgehend von einem bestimmten Stichtag durch eine Gegenüberstellung der kurzfristig fälligen Verbindlichkeiten und der zu ihrer Tilgung vorhandenen oder herbeizuschaffenden Mittel (also die flüssigen Mittel und kurzfristig einziehbaren Forderungen)[315] festgestellt, wobei der Planungs- bzw. Prüfungszeitraum grundsätzlich drei Wochen[316] beträgt. Durch Saldierung der benötigten Mittel mit den vorhandenen Mitteln wird dann die Über- bzw. Unterdeckung ermittelt (sog. Liquidität zweiten Grades[317]). Der Liquiditätsgrad von 1,00 entspricht einer genauen Deckung der kurzfristigen Verbindlichkeiten durch flüssige Mittel und kurzfristige Forderungen. Werden die Verbindlichkeiten in Höhe eines bestimmten Prozentsatzes von den offenen, werthaltigen Forderungen nicht gedeckt, liegt Zahlungsunfähigkeit vor. Ganz geringfügige Liquiditätslücken bleiben bei der Beurteilung der Zahlungsunfähigkeit

309 Dannecker/Hagemeier, Insolvenzstrafrecht, Rn. 62 f.

310 Penzlin, NZG 1999, 1203 (1208).

311 Bittmann, Insolvenzstrafrecht, § 11 Rn. 59; Krekeler/Werner, Unternehmer und Strafrecht, Rn. 1375.

312 BGH ZIP 2002, 489 (491); 1999, 76 (78); 1995, 929 (931).

313 BGH ZInsO 2006, 1210; BGHZ 169, 17; 163, 134.

314 Reck, Insolvenzstraftaten und deren Vermeidung, B III 2 a) Rn. 65.

315 BGH NStZ 2009, 153; OLG Düsseldorf StV 2007, 38; NK/Kindhäuser Vor §§ 283 bis 283d Rn. 97; Andres/Leithaus InsO § 18 Rn. 2.

316 BGHZ 163, 134; Hmb-Komm/Schröder § 17 Rn. 35.

317 Je nach Umfang der einbezogenen Vermögensgegenstände unterscheidet man drei Liquiditätsgrade. Die Barliquidität gibt das Verhältnis der flüssigen Mittel zu den kurzfristigen Verbindlichkeiten an. Sie wird als Liquidität ersten Grades bezeichnet. Bei der Liquidität zweiten Grades werden die flüssigen Mittel um die kurzfristigen Forderungen ergänzt und mit den kurzfristigen Verbindlichkeiten ins Verhältnis gesetzt. Bei der Liquidität dritten Grades werden die flüssigen Mittel um die kurzfristigen Forderungen und die Vorräte ergänzt und mit den kurzfristigen Verbindlichkeiten ins Verhältnis gesetzt.

außer Betracht[318]. Die Geringfügigkeitsgrenze liegt bei maximal 25%[319]. Der Bundesgerichtshof[320] geht ab einer Liquiditätslücke von 10% regelmäßig von Zahlungsunfähigkeit aus, hat jedoch klargestellt, dass es sich hierbei nicht um eine starre Grenze handelt, sondern um ein Maß, das sich je nach den Umständen des Einzelfalls nach oben oder unten verändern kann.

Nach Auffassung des 9. Zivilsenats des BGH[321] ist der Begriff der Zahlungsunfähigkeit im Insolvenzrecht (§§ 17, 129 ff. InsO, § 64 GmbHG) einheitlich zu verstehen. Nach den hierzu vom Senat entwickelten Grundsätzen liegt Zahlungsunfähigkeit im Rechtssinne vor, wenn die innerhalb von drei Wochen nicht zu beseitigende Liquiditätslücke des Schuldners 10% überschreitet, sofern nicht ausnahmsweise mit an Sicherheit grenzender Wahrscheinlichkeit zu erwarten ist, dass die Liquiditätslücke demnächst vollständig oder fast vollständig beseitigt werden wird und den Gläubigern ein Zuwarten nach den besonderen Umständen des Einzelfalles zuzumuten ist.[322]

Demgegenüber knüpfte der 5. Strafsenat des BGH[323] in einer Entscheidung vom 19. April 2007 an die zum Konkursrecht entwickelte Definition der Zahlungsunfähigkeit an. Nach § 17 Abs. 2 InsO trete Zahlungsunfähigkeit ein, wenn der Schuldner nicht in der Lage sei, die fälligen Zahlungspflichten zu erfüllen. Hieran knüpfe die Insolvenzantragspflicht des § 64 Abs. 1 S. 1 GmbHG[324] und die einen diesbezüglichen Pflichtverstoß pönalisierende Strafvorschrift des § 84 Abs. 1 Nr. 2 GmbHG[325] an. Nach der Rechtsprechung des BGH bedeute Zahlungsunfähigkeit in diesem Sinne das nach außen in Erscheinung tretende, auf dem Mangel an Zahlungsmitteln beruhende, voraussichtlich dauernde Unvermögen des Unternehmens, seine sofort zu erfüllenden Geldschulden noch im Wesentlichen zu begleichen.

Zu diesem Urteil nahm der 1. Strafsenat des BGH in einer nur kurze Zeit später ergangenen Entscheidung[326] wie folgt Stellung: Nach § 17 Abs. 2 InsO sei der Schuldner zahlungsunfähig, wenn er nicht in der Lage sei, die fälligen Zah-

318 BT-Drs. 12/2443, S. 114; Nerlich/Römermann/Mönning § 17 Rn. 16.

319 Im Einzelnen dazu: Harz/Baumgartner/Conrad, ZInsO 2005, 1304 (1305); Penzlin, NZG 1999, 1203 (1205 f.).

320 BGHZ 173, 286; 169, 17; 163, 134; BGH ZInsO 2006, 1210; DZWIR 2006, 431.

321 BGH DZWIR 2006, 431; 2006, 25.

322 BGHZ 173, 286; 163, 134.

323 BGH wistra 2007, 308.

324 In der bis zum 31.10.2008 geltenden Fassung, § 15a Abs. 1 InsO in der Fassung m.W.v. 01.11.2008.

325 In der bis zum 31.10.2008 geltenden Fassung, § 15a Abs. 4 InsO in der Fassung m.W.v. 01.11.2008.

326 BGHR GmbHG § 64 Abs. 1 Zahlungsunfähigkeit 2.

lungspflichten zu erfüllen. Auf die Merkmale der „Dauer“ und der „Wesentlichkeit“ habe der Gesetzgeber der Insolvenzordnung bei der Umschreibung der Zahlungsunfähigkeit bewusst verzichtet, um der unter Geltung des alten Rechts verbreiteten Neigung zu begegnen, den Begriff der Zahlungsunfähigkeit stark einzuengen und damit eine über Wochen oder sogar Monate fortbestehende Illiquidität zur rechtlich unerheblichen Zahlungsstockung zu erklären. Mit dieser Legaldefinition sei auch die frühere Rechtsprechung überholt, wonach nur die von den Gläubigern „ernstlich eingeforderten“ Verbindlichkeiten maßgebend waren. Entscheidend sei allein der Zeitpunkt der Fälligkeit einer Forderung, der nur durch eine Stundungsvereinbarung hinausgeschoben werden könne. Die im Urteil des Bundesgerichtshofs vom 19. April 2007 unter Hinweis auf eine aus dem Jahr 1997 stammende Entscheidung zum alten Konkursrecht gewählte Formulierung, wonach Zahlungsunfähigkeit im Sinne von §§ 64, 84 GmbHG[327] das nach außen in Erscheinung tretende, auf dem Mangel an Zahlungsmitteln beruhende, voraussichtlich dauernde Unvermögen des Unternehmens sei, seine sofort zu erfüllenden Geldschulden noch im Wesentlichen zu begleichen, verstehe der Senat daher dahingehend, dass damit nur noch die Zahlungsstockung im Sinne des neuen Insolvenzrechts angesprochen werden sollte. Denn davon, dass der 5. Strafsenat die alte Rechtsprechung trotz der neuen Legaldefinition des § 17 Abs. 2 InsO für den Bereich des Strafrechts – unter Hintanstellung der Zivilrechtsakzessorietät der Strafnorm – perpetuieren und sich so über die Rechtsprechung des 9. Zivilsenats des Bundesgerichtshofs aus dem Jahre 2005 hinwegsetzen wollte, könne nicht ausgegangen werden.

Der 1. Strafsenat des BGH spricht sich damit für eine Übernahme der insolvenzrechtlichen Legaldefinitionen im Strafrecht aus und beantwortet erstmals ausdrücklich eine der zuletzt meist umstrittensten Fragen[328] im Wirtschaftsstrafrecht.

Ohne auf die Widersprüche zwischen den beiden Entscheidungen einzugehen, hat sich nunmehr auch der 5. Strafsenat[329] dieser zivilrechtsakzessorischen Lösung angeschlossen.

Zwischenzeitlich äußerte der 9. Zivilsenat des BGH[330] die Auffassung, der Sinn und Zweck des § 17 InsO verlange, an dem Erfordernis des „ernsthaften

327 In der bis zum 31.10.2008 geltenden Fassung.

328 So jedenfalls Wegner, wistra 2007, 386.

329 BGHSt 53, 24: „Die Zahlungsunfähigkeit im Sinne des § 17 Abs. 2 InsO (vgl. dazu BGHR GmbHG § 64 Abs. 1 Zahlungsunfähigkeit 2) ist hier ausreichend – auch mit Blick auf das Geständnis des sachkundigen Angeklagten – durch die vom Landgericht angeführten „wirtschaftskriminalistischen Beweisanzeichen“ (vgl. dazu ...) für den Zeitraum ab Ende Juli 2001 belegt.“

330 BGHZ 173, 286.

Einforderns“ als Voraussetzung einer die Zahlungsunfähigkeit begründenden oder zu dieser beitragenden Forderung festzuhalten. Von der Fälligkeit einer Forderung im Sinne des § 271 Abs. 1 BGB dürfe nicht schematisch auf die Zahlungsunfähigkeit im Sinne von § 17 InsO geschlossen werden. Eine Forderung sei vielmehr in der Regel dann im Sinne von § 17 Abs. 2 InsO fällig, wenn eine Gläubigerhandlung feststehe, aus der sich der Wille, vom Schuldner Erfüllung zu verlangen, im Allgemeinen ergibt.[331] Dies sei grundsätzlich schon bei der Übersendung einer Rechnung zu bejahen. Das Insolvenzgericht habe im Rahmen seiner Amtsermittlungspflicht (§ 5 Abs. 1 InsO) jedoch Tatsachenbehauptungen des Schuldners oder anderen Anhaltspunkten nachzugehen, die konkret als möglich erscheinen lassen, dass der Gläubiger sich dem Schuldner gegenüber mit einer nachrangigen Befriedigung unter – sei es auch zeitweiligem – Verzicht auf staatlichen Zwang einverstanden erklärt hat. An dieser Auffassung hat der 9. Zivilsenat des BGH in zwei weiteren Entscheidungen[332] festgehalten. Das Merkmal des „ernsthaften Einforderns“ diene dem Zweck, solche Forderungen auszunehmen, die rein tatsächlich – also auch ohne rechtlichen Bindungswillen oder erkennbare Erklärung – gestundet seien.

In nachfolgenden Entscheidungen[333] verzichtete der 9. Zivilsenat des BGH bei der Definition der Zahlungsunfähigkeit hingegen auf das Merkmal des ernsthaften Einforderns der Verbindlichkeiten.

Somit ist von einer einheitlichen Auslegung des Begriffs der Zahlungsunfähigkeit im Insolvenzrecht und im Strafrecht auszugehen.

Die in der Praxis gesammelten Erfahrungen zeigen, dass die Ermittlung des Eintritts der Zahlungsunfähigkeit infolge der buchhalterisch vorgegebenen monatlichen Abschlussweise letztlich auf den Ersten eines Monats begrenzt ist. Denn um den konkreten Eintritt der Zahlungsunfähigkeit zu ermitteln, müsste eine äußerst aufwändige, taggenaue Erfassung aller fälligen Zahlungsverpflichtungen und der zu ihrer Erfüllung an diesem Tag verfügbaren Finanzmittel erfolgen. Diese taggenaue Analyse lässt sich regelmäßig nicht oder nur mühsam aus den hierfür notwendigen Unterlagen des Unternehmens erstellen. Denn selbst die sorgfältigste Prüfung sämtlicher Buchhaltungsunterlagen, Bücher sowie Korrespondenzen ermöglicht oft nicht, den richtigen Tag zu bestimmen, zumal die Unterlagen in der Regel nicht in der erforderlichen Art und Weise vorhanden sind. Praktisch kann dieses Problem letztlich nur mit der Ermittlung des Zeitraums des Eintritts der Zahlungsunfähigkeit gelöst werden.

---

331 BGHZ 173, 286 (292).

332 BGH ZInsO 2008, 273; 2009, 1254.

333 BGH ZInsO 2009, 1909; 2009, 2148; 2010, 807.

Insbesondere wenn die Geschäftsunterlagen nicht vollständig und/oder nicht verlässlich sind, so dass sie keine genügende Basis für betriebswirtschaftliche Untersuchungen darstellen, findet die *wirtschaftskriminalistische Methode* zur Feststellung der Zahlungsunfähigkeit Anwendung.[334] Nicht zuletzt vor dem Hintergrund, dass die Erstellung eines Liquidationsplans den o.g. Schwierigkeiten begegnet und einen ähnlich hohen Aufwand wie ein Überschuldungsstatus erfordert, begnügt sich die Praxis – mit Billigung der Rechtsprechung – zumeist mit wirtschaftskriminalistischen Beweisanzeichen für die Zahlungsunfähigkeit.[335] Indizien für das Vorliegen von Zahlungsunfähigkeit sind z.B. die fehlende Begleichung fälliger Verbindlichkeiten, insbesondere solcher, deren Nichttilgung den Geschäftsbetrieb gefährden (Telefon- und Energiekosten, Löhne); die Nichtbegleichung fälliger Sozialversicherungsbeiträge, insbesondere fälliger Arbeitnehmeranteile; das Bestehen von Steuerschulden; das Überziehen von Kontokorrentlinien oder eine Vielzahl von Mahnungen und Vollstreckungsversuchen.[336] Gegenüber Lieferanten sind insbesondere die Ausweitung des Lieferantenkredites, der Übergang von der Bezahlung in vollen Beträgen zur Ratenzahlung, die Lieferung nur gegen Barzahlung oder Vorkasse, der Wechsel des Hauptlieferanten sowie Pfändungen von Lieferanten[337] als kriminalistische Anzeichen der Zahlungsunfähigkeit zu werten. Erfahrungsgemäß wird daher von einer Zahlungsunfähigkeit gesprochen, wenn viele Mahnungen über einen längeren Zeitraum vorliegen, der Gerichtsvollzieher ein- und ausgeht und festzustellen ist, dass illegale Kreditschöpfung stattfindet, mithin die Steuern und sozialen Abgaben nicht mehr abgeführt werden.[338]

3. Drohende Zahlungsunfähigkeit

Zahlungsunfähigkeit droht, wenn der Schuldner voraussichtlich nicht in der Lage sein wird, die bestehenden Zahlungspflichten im Zeitpunkt der Fälligkeit zu erfüllen, vgl. § 18 Abs. 2 InsO. Nach dem Willen des Gesetzgebers[339] soll die Definition auch für das Insolvenzstrafrecht größere Klarheit bringen. § 18

334 Bittmann/Volkmer, wistra 2005, 167.

335 Vgl. nur BGH DZWIR 2006, 304 (305); NStZ 2003, 546 (547); Hellmann/Beckemper, Wirtschaftsstrafrecht, Rn. 256; Ringstmeier, in: Runkel, AHB Insolvenzrecht, § 5 Rn. 83 f.

336 Weyand/Diversy, Insolvenzdelikte, Rn. 51; PK-HWF/Mitter § 17 Rn. 17; Pape, WM 2008, 1949 (1956).

337 Reck, Insolvenzstraftaten und deren Vermeidung, Rn. 104.

338 So Reck, GmbHR 1999, 267 (270).

339 BT-Drs. 12/2443, S. 114.

Abs. 2 InsO führt allerdings zu einer problematischen Vorverlagerung der Strafbarkeit[340], da bereits eine näher zu bestimmende Wahrscheinlichkeit der zukünftigen Zahlungsunfähigkeit genügt. Der allein antragsberechtigte Schuldner löst mit dem Insolvenzantrag die objektive Bedingung der Strafbarkeit nach § 283 Abs. 6 StGB aus, mit der Folge, dass der mit der InsO bezweckte Anreiz zur frühzeitigen Antragstellung möglicherweise vereitelt wird.[341] Insofern besteht im Insolvenzstrafrecht weitgehend Einigkeit darüber, dass ein restriktives Verständnis[342] der drohenden Zahlungsunfähigkeit geboten ist.

Die in § 17 Abs. 2 InsO vorgegebenen Kriterien der Zahlungsunfähigkeit müssen mit überwiegender Wahrscheinlichkeit[343] eintreten. Demgemäß bedarf es einer Prognose über die gesamte Entwicklung der Finanzlage des Schuldners[344] in einem bestimmten Zeitraum. Anders als bei der (eingetretenen) Zahlungsunfähigkeit werden bei der bevorstehenden Zahlungsunfähigkeit auch diejenigen Zahlungspflichten des Schuldners in die Betrachtung einbezogen, die schon bestehen, aber noch nicht fällig sind.[345] Neben den zu erwartenden Einnahmen sind auch die zukünftigen, noch nicht begründeten Zahlungspflichten mitzuberücksichtigen.[346] Außer Betracht bleiben (zu erwartende) vorübergehende Zahlungsstockungen und ganz geringfügige Liquiditätslücken[347]. Der Prognosezeitraum ist streitig[348], überwiegend wird auf den letzten Fälligkeitstermin der zum Zeitpunkt der Prognose bereits bestehenden Verbindlichkeiten abgestellt.

Die Feststellung der drohenden Zahlungsunfähigkeit bereitet wegen der prognostischen Elemente erhebliche Schwierigkeiten; auf einen vom Schuldner einzureichenden Finanzplan kann nicht stets zurückgegriffen werden.[349] Vor allem wenn fehlende Buchführungsunterlagen die Rekonstruktion der internen Prognose unmöglich machen, richtet sich die externe Prognose und damit auch der Nachweis der drohenden Zahlungsunfähigkeit (sowie ihrer Erkennbarkeit für

---

340 Kühl § 283 Rn. 8.

341 Vgl. Krekeler/Werner, Unternehmer und Strafrecht, Rn. 1378.

342 MüKo/Radtke Vor §§ 283 ff. Rn. 86 m.w.N.

343 BGH NJW 2010, 2894 (2899); BGH wistra 1991, 26; Tiedemann, Wirtschaftsstrafrecht BT, Rn. 414 m.w.N.

344 Fischer Vor § 283 Rn. 11.

345 BT-Drs. 12/2443, S. 114; HK-InsO/Kirchhof § 18 Rn. 6 f.

346 Balz/Landfermann, Die neuen Insolvenzgesetze, S. 91; Hmb-Komm/Schröder § 18 Rn. 6 m.w.N.

347 Hess InsO § 18 Rn. 4.

348 FK-InsO/Schmerbach § 18 Rn. 8a-c m.w.N.

349 MüKo/Radtke Vor §§ 283 ff. Rn. 90.

den Schuldner) an äußeren Anzeichen aus, welche die sinkende Liquidität und abnehmende Kreditwürdigkeit anzeigen.[350]

Die Ermittlungsbehörden verzichten bei der Feststellung der wirtschaftlichen Krise offenbar weitgehend auf das Merkmal der drohenden Zahlungsunfähigkeit. Dies legt das Bundeslagebild Wirtschaftskriminalität[351] nahe, das insbes. an die kriminalpolizeiliche Sachbearbeitung gerichtet ist und folgende Begriffsbestimmung zum Bankrott (§ 283 StGB) – PKS-Schlüssel 5610 – enthält:

> „In einer krisenhaften Situation – d.h. der Täter bzw. seine Firma ist *überschuldet* oder *zahlungsunfähig* – verringert der Täter die Insolvenzmasse entweder vorsätzlich zum Nachteil seiner Gläubiger oder führt durch übermäßigen persönlichen Aufwand oder unkaufmännisches Verhalten die Insolvenz herbei." [Hervorhebungen nicht im Original]

III. Die objektive Strafbarkeitsbedingung

Gemäß § 283 Abs. 6 StGB ist die Tat nur dann strafbar, wenn der Täter seine Zahlungen eingestellt hat oder über sein Vermögen das Insolvenzverfahren eröffnet oder der Eröffnungsantrag mangels Masse abgewiesen worden ist – sog. „Zusammenbruch"[352]. Es handelt sich um eine objektive Strafbarkeitsbedingung[353], auf die sich weder Vorsatz noch Fahrlässigkeit erstrecken muss. Die Bankrotthandlung muss – außer im Fall des § 283 Abs. 2 StGB – für den „Zusammenbruch" nicht ursächlich geworden sein; es genügt ein gewisser zeitlicher und tatsächlicher Zusammenhang[354] zwischen der Tathandlung und der Strafbarkeitsbedingung. Ein solcher Zusammenhang ist in der Rechtsprechung angenommen worden, wenn die Gläubiger oder wenigstens ein Teil von ihnen sowohl durch die Bankrotthandlung benachteiligt als auch durch die Zahlungseinstellung oder Insolvenzanmeldung betroffen sind.[355] Das ist der Fall, wenn Forderungen mehrerer Gläubiger schon zur Zeit der Bankrotthandlung bestanden haben und zur Zeit der Zahlungseinstellung oder Insolvenzeröffnung noch nicht getilgt waren; auch genügt es, dass die Insolvenzmasse durch die Bankrotthand-

---

350 LK/Tiedemann Vor § 283 Rn. 142.

351 BKA, Bundeslagebild Wirtschaftskriminalität 2004, S. 84.

352 Hellmann/Beckemper, Wirtschaftsstrafrecht, Rn. 272.

353 NK/Kindhäuser Vor §§ 283 bis 283d Rn. 101.

354 BGH wistra 2007, 463: „rein äußerlicher Zusammenhang"; Fischer Vor § 283 Rn. 17 m.w.N.

355 Vgl. nur BGH, Beschl. v. 30.08.2007 – 3 StR 170/07 (juris); BGHSt 1, 186 (191) m.w.N.

lung geschmälert wird.[356] Nicht erforderlich ist, dass einer der in § 283 Abs. 6 StGB genannten Umstände bereits vorliegt, wenn die strafbare Handlung begangen wird; es reicht aus, dass die Strafbarkeitsbedingung erst später eintritt und damit ein zwar zunächst tatbestandsmäßiges, aber mangels Vorliegens der objektiven Strafbarkeitsbedingung strafrechtlich irrelevantes Verhalten nachträglich strafbar macht.[357] Als erste mögliche objektive Strafbarkeitsbedingung nennt § 283 Abs. 6 StGB die Zahlungseinstellung.

1. Zahlungseinstellung

Die Zahlungseinstellung unterscheidet sich von der Zahlungsunfähigkeit dadurch, dass sie nicht die wirtschaftliche Lage des Täters beschreibt, sondern sein nach außen in Erscheinung tretendes faktisches Verhalten[358]. Zahlungseinstellung liegt vor, wenn der Täter nach außen erkennbar aufgehört hat, seine fälligen Geldschulden gegenüber seinen Gläubigern aufgrund eines tatsächlichen oder angeblich dauernden Mangels an den zur Zahlung erforderlichen Mitteln[359] zu begleichen.

Anders als bei der Zahlungsunfähigkeit liegt Zahlungseinstellung auch dann vor, wenn der Täter nur zahlungsunwillig ist oder sich irrtümlich für zahlungsunfähig hält und deshalb nicht mehr zahlt[360]. Unter Berücksichtigung der für die Zahlungsunfähigkeit geforderten Deckungslücke und im Hinblick darauf, dass die Strafbarkeit von dem Eintritt der objektiven Strafbarkeitsbedingung abhängt, kann Zahlungseinstellung erst angenommen werden, wenn der Schuldner den überwiegenden Teil[361] seiner fälligen Geldschulden nicht mehr begleicht.

2. Eröffnung des Insolvenzverfahrens/Abweisung des Eröffnungsantrags mangels Masse

Bei den objektiven Strafbarkeitsbedingungen der Eröffnung des Insolvenzverfahrens und der Abweisung des Eröffnungsantrags mangels Masse ist ausschließlich der formale Akt (§§ 26, 27 InsO) und seine Rechtskraft maßgeb-

356 Vgl. BGH, Urt. v. 04.04.1979 – 3 StR 488/78 – m.w.N., insoweit nicht in BGHSt 28, 371 abgedruckt.

357 Weyand/Diversy, Insolvenzdelikte, Rn. 56.

358 Müller-Gugenberger/Bieneck, Wirtschaftsstrafrecht, § 76 Rn. 85.

359 NK/Kindhäuser Vor §§ 283 bis 283d Rn. 104.

360 S/S/Heine § 283 Rn. 60.

361 MüKo/Radtke Vor §§ 283 ff. Rn. 97.

lich[362]. Der rechtskräftige Beschluss des Insolvenzgerichts ist für das Strafverfahren bindend; dem Strafrichter steht insoweit eine Nachprüfung nicht zu.[363]

Während die Strafbarkeitsbedingung nicht ausgelöst wird, wenn die Beschwerde gegen die Ablehnung der Eröffnung des Insolvenzverfahrens oder gegen die Eröffnung des Insolvenzverfahrens (§ 34 InsO) erfolgreich ist, hebt die nachträgliche Einstellung des Insolvenzverfahrens (§§ 207, 211 ff. InsO) die Wirkung der Eröffnung selbst dann nicht auf, wenn sie zu Unrecht erfolgt war.[364]

Für die Zulässigkeit der Strafverfolgung genügt der Eintritt *einer* der objektiven Strafbarkeitsbedingungen. Sind mehrere gegeben, so kann die evidente Alternative dem Strafverfahren zugrunde gelegt werden; mit dem Eintritt der zeitlich ersten Strafbarkeitsbedingung beginnt jedoch der Lauf der Frist für die Strafverfolgungsverjährung, soweit nicht die Bankrotthandlung erst danach begangen wurde.[365]

IV. Tathandlungen des Bankrotts

1. Unterscheidung zwischen bestandsbezogenen und informationsbezogenen Bankrotthandlungen

Innerhalb des § 283 Abs. 1 StGB lassen sich bestandsbezogene und informationsbezogene Tathandlungen[366] unterscheiden. Zu den bestandsbezogenen Tathandlungen gehören diejenigen Verhaltensweisen, durch die eine Verringerung des Vermögensbestands herbeigeführt[367] wird (§§ 283 Abs. 1 Nr. 1, 1. Alt. und 3. Alt.; Nr. 2; Nr. 3 und Nr. 8, 1. Alt. StGB). Zu den informationsbezogenen Tathandlungen gehören solche, durch die der Täter unrichtige Informationen über seinen Vermögensbestand gibt oder die ihm obliegende Darstellung seines Vermögensbestands unrichtig, mangelhaft oder überhaupt nicht ausführt[368] (§§ 283 Abs. 1 Nr. 1, 2. Alt.; Nr. 4 bis 7 und Nr. 8, 2. Alt. und 3. Alt. StGB). Dies gilt auch, soweit der Täter im Rahmen von § 283 Abs. 2 StGB durch diese Handlungen seine Überschuldung oder Zahlungsunfähigkeit herbeiführt.

---

362 LPK-StGB § 283 Rn. 54.

363 Kühl § 283 Rn. 28.

364 Vgl. Krekeler/Werner, Unternehmer und Strafrecht, Rn. 1428.

365 Müller-Gugenberger/Bieneck, Wirtschaftsstrafrecht, § 76 Rn. 89.

366 Bittmann, Insolvenzstrafrecht, § 12 Rn. 10.

367 Vgl. MüKo/Radtke Vor §§ 283 ff. Rn. 28.

368 NK/Kindhäuser Vor §§ 283 bis 283d Rn. 5.

Bei den informationsbezogenen Tathandlungen, mit denen Verstöße gegen Buchführungs- und Bilanzierungsvorschriften wegen der besonderen Gefahr von Fehleinschätzungen mit schwerwiegenden wirtschaftlichen Folgen als eigenständiges Unrecht erfasst werden, wird der Vermögensbestand zwar unzutreffend oder gar nicht dargestellt, tatsächlich aber nicht verändert. Eine Parallele zum Vermögensschädigungsdelikt[369] der Untreue lässt sich hier nicht ziehen. Bei der nachfolgenden Betrachtung bleiben die informationsbezogenen Tathandlungen daher unberücksichtigt.

2. Die für eine strafrechtliche „Doppelhaftung“ in Betracht kommenden Bankrotthandlungen

Als bestandsbezogene Tathandlungen, die für eine Überschneidung mit dem Tatbestand der Untreue in Betracht kommen, sind zu erörtern:

a) § 283 Abs. 1 Nr. 1, 1. Alt. StGB

Das Beiseiteschaffen von Vermögensbestandteilen, die im Falle der Eröffnung des Insolvenzverfahrens zur Insolvenzmasse gehören, § 283 Abs. 1 Nr. 1, 1. Alt. StGB.

Gemäß § 35 InsO erfasst das Insolvenzverfahren das gesamte Vermögen, das dem Schuldner zur Zeit der Verfahrenseröffnung gehört und das er während des Verfahrens erlangt[370], also alle geldwerten beweglichen und unbeweglichen Sachen sowie Forderungen und sonstige Rechte[371]. Gegenstände, die nach den §§ 811, 850 ff. ZPO unpfändbar sind, somit nicht der Zwangsvollstreckung unterliegen, gehören nicht zur Insolvenzmasse (§ 36 Abs. 1 InsO). Davon ausgenommen sind gem. § 36 Abs. 2 InsO die Geschäftsbücher[372] des Schuldners und die nach § 811 Abs. 1 Nr. 4 und 9 ZPO an sich unpfändbaren Gegenstände (unentbehrliche Mittel zum Betreiben einer Landwirtschaft oder einer Apotheke).

---

369 Wessels/Hillenkamp, BT/2, Rn. 747 f.

370 Für die Insolvenz von Gesellschaften und juristischen Personen hat die Einbeziehung des Neuerwerbs in die Masse kaum praktische Bedeutung, da bereits unter Geltung der KO anerkannt war, dass Gegenstände, die der Verwalter mit Mitteln der Insolvenzmasse erwirbt, keinen Neuerwerb darstellen. Diese gehörten schon nach dem Konkursrecht kraft Surrogation zur Masse. Vgl. dazu MüKo-InsO/Lwowski/ Peters § 35 Rn. 6.

371 Fischer § 283 Rn. 3; im Einzelnen dazu: Bittmann, Insolvenzstrafrecht, § 12 Rn. 96.

372 Geschäftsbücher gehören – obwohl nach § 811 Abs. 1 Ziff. 11 ZPO unpfändbar – gleichwohl zur Insolvenzmasse, vgl. dazu Nerlich/Römermann/Andres § 36 Rn. 40.

Die Arbeitskraft des Schuldners und der dessen Namen enthaltende Firmenname sind keine Vermögensbestandteile[373].

Der Aussonderungsbefugnis (§ 47 InsO) Dritter unterliegende Gegenstände, z.B. unter einfachem Eigentumsvorbehalt bezogene Waren sowie Gegenstände, die vom Insolvenzverwalter freigegeben sind oder nach der Eröffnung des Insolvenzverfahrens aus freien Mitteln erworben wurden, gehören auch nicht zur Insolvenzmasse.[374] An sicherungsübereigneten (§ 930 BGB) oder verpfändeten (§§ 1204 ff. BGB) Gegenständen steht dem jeweiligen Gläubiger ein Recht auf abgesonderte Befriedigung (§§ 50, 51 InsO) zu. Sie zählen zur Insolvenzmasse, da sie Eigentum des Schuldners bleiben.[375]

Unter Beiseiteschaffen ist jede Handlung zu verstehen, die einen Vermögensbestandteil durch räumliches Verschieben oder durch Veränderung der rechtlichen Lage dem Zugriff der Gläubiger entzieht oder diesen Zugriff erheblich erschwert,[376] bspw. durch Verstecken, Verarbeiten, Verbrauchen, Übereignen oder Verpfänden einer Sache, Abtretung oder heimliches Einziehen einer Forderung.[377] Ob es sich um eine rechtsgeschäftliche oder rein tatsächliche Verfügung handelt, ist gleichgültig[378]. Bei der Veräußerung von Vermögensbestandteilen liegt ein Beiseiteschaffen noch nicht mit dem schuldrechtlichen Verpflichtungsgeschäft vor, sondern erst mit der dinglichen Veränderung[379]; bei Grundstücken muss die Eintragung ins Grundbuch erfolgt sein.

Da im Falle der Insolvenz der Insolvenzverwalter die Interessen der Gläubigergesamtheit wahrnimmt, ist daher die Prüfung bezogen auf die rechtlichen und tatsächlichen Zugriffsmöglichkeiten eines (gedachten) Insolvenzverwalters unter Berücksichtigung seiner Auskunftsrechte gegenüber dem Schuldner (§ 97 InsO) unmittelbar nach der Tathandlung durchzuführen.[380] Eine erhebliche Erschwerung des Zugriffs auf Vermögensbestandteile kann sich insbesondere aus erheb-

---

373 S/S/Heine § 283 Rn. 3 m.w.N.

374 Vgl. NK/Kindhäuser § 283 Rn. 8 m.w.N. und Bsp.

375 LK/Tiedemann § 283 Rn. 21.

376 Wabnitz/Janovsky/Köhler, Handbuch des Wirtschafts- und Steuerstrafrechts (2. Aufl.), 7/140; BGH NJW 2010, 2894 (2896): Änderung der rechtlichen Zuordnung des Vermögensgegenstandes oder Zugriffserschwerung aufgrund tatsächlicher Umstände, z.B. wenn der Schuldner Geld von einem Girokonto in bar abhebt und auf ein eigenes, nur ihm bekanntes Konto im In- oder Ausland einzahlt.

377 Achenbach/Ransiek/Wegner, HWSt, VII 1/105.

378 Wessels/Hillenkamp, BT/2, Rn. 464.

379 MüKo/Radtke § 283 Rn. 13 m.w.N.

380 BGH NJW 2010, 2894 (2896).

lichen zeitlichen Verzögerungen oder der Notwendigkeit hoher finanzieller Aufwendungen für die Rechtsverfolgung im Ausland ergeben.[381]

Eine strenge Auslegung des Beiseiteschaffens von Vermögensbestandteilen würde dazu führen, dass jedes Handeln – auch dann, wenn es normalen Vorgängen im Rahmen des betrieblichen Ablaufs entspricht – tatbestandsmäßig wäre.[382] Daher muss das Beiseiteschaffen den Anforderungen einer ordnungsgemäßen Wirtschaft widersprechen[383], auch wenn dies aus dem Gesetzeswortlaut nicht unmittelbar hervorgeht. Unter den Anforderungen einer ordnungsgemäßen Wirtschaft ist jede wirtschaftlich vernünftige Zielsetzung zu verstehen, d.h. die Erfüllung handelsrechtlicher Anforderungen an ein ordentliches kaufmännisches Verhalten; die genauen Anforderungen hängen von der inneren und äußeren Situation des betroffenen Unternehmens, der Nähe zur Überschuldung und Zahlungsunfähigkeit im Unternehmensgegenstand sowie der Branchenüblichkeit ab.[384] Bei der Beurteilung des Widerspruchs zu den Anforderungen einer ordnungsgemäßen Wirtschaft ist eine ex-ante-Betrachtung der Vertretbarkeit der entsprechenden Vorgehensweise[385] vorzunehmen. Der Täter macht sich beispielsweise nicht strafbar, wenn er fällige Verbindlichkeiten erfüllt[386].

b) § 283 Abs. 1 Nr. 1, 3. Alt. StGB

Die Alternativen Zerstören, Beschädigen oder Unbrauchbarmachen in einer den Anforderungen einer ordnungsgemäßen Wirtschaft widersprechenden Weise (§ 283 Abs. 1 Nr. 1, 3. Alt. StGB) haben als Unterfälle des Beiseiteschaffens in der Praxis nur sehr geringe Bedeutung[387] – wie bereits der RegE (BT-Drs. 7/3441 S. 34) einräumt. Im Grunde bleiben nur mutwillige Handlungen[388], die dem Täter im Hinblick auf die wirtschaftlichen Interessen in der unternehmerischen Krisensituation normalerweise fern liegen[389] und auf anderen Motiven beruhen als die übrigen, in der Regel aus Eigennutz heraus begangenen Bankrott-

381 BGH NJW 2010, 2894 (2897).

382 Weyand/Diversy, Insolvenzdelikte, Rn. 66.

383 H.M., vgl. nur Pelz, Strafrecht in Krise und Insolvenz, Rn. 252 m.w.N.

384 Hmb-Komm/Borchardt § 283 StGB Rn. 12.

385 MüKo/Radtke § 283 Rn. 21.

386 NK/Kindhäuser § 283 Rn. 15 m.w.N.

387 Achenbach/Ransiek/Wegner, HWSt, VII 1/109; Hmb-Komm/Borchardt § 283 StGB Rn. 16.

388 Wabnitz/Janovsky/Köhler, Handbuch des Wirtschafts- und Steuerstrafrechts (2. Aufl.), 7/142.

389 Hellmann/Beckemper, Wirtschaftsstrafrecht, Rn. 269.

handlungen[390]. Auf diese Tatbestandsalternativen soll daher nicht näher eingegangen werden.

c) § 283 Abs. 1 Nr. 2, 1. Alt. StGB

Weitere bestandsbezogene Tathandlungen sind das Eingehen von Verlustgeschäften, Spekulationsgeschäften oder Differenzgeschäften mit Waren oder Wertpapieren in einer den Anforderungen einer ordnungsgemäßen Wirtschaft widersprechenden Weise – § 283 Abs. 1 Nr. 2, 1. Alt. StGB. Diese Geschäfte werden auch als Risikogeschäfte[391] bezeichnet.

Verlustgeschäfte sind solche, die von vornherein auf Vermögensminderung angelegt sind und die tatsächlich zu einer Vermögenseinbuße führen.[392] Entscheidend ist, dass die Verlustgefahr bereits von Anfang an abzusehen war; Geschäfte, die erst im Nachhinein Verluste bringen, werden von der Vorschrift nicht erfasst[393]. Beispiele sind die Ausführung eines Auftrages, obwohl der vereinbarte Erlös nach der Vorauskalkulation nicht die Kosten deckt oder Unter-Preis-Verkäufe, soweit nicht bereits § 283 Abs. 1 Nr. 3 StGB eingreift.[394]

Als Spekulationsgeschäfte sind Geschäfte anzusehen, bei denen ein besonders hohes Risiko in der Hoffnung eingegangen wird, einen das übliche Maß übersteigenden Gewinn zu erzielen, wobei um dieses Preises Willen auch ein möglicher größerer Verlust hingenommen werden soll.[395] Hierzu gehören z.B. die Beteiligung an einem unseriösen Unternehmen mit dem Ziel des Ausgleichs bereits erlittener Verluste, die Spekulation mit Waren auf ausländischen Märkten oder die Kreditgewährung ohne Bonitätsprüfung.[396]

Differenzgeschäfte mit Waren oder Wertpapieren definiert § 764 BGB a.F.[397] als einen auf Lieferung von Waren oder Wertpapieren lautenden Vertrag, der in der Absicht geschlossen wird, dass der Unterschied zwischen dem vereinbarten Preis und dem Börsen- oder Marktpreis der Lieferungszeit von dem verlierenden Teil an den gewinnenden gezahlt werden soll. Dem Täter muss es bei Vertragsschluss auf die Zahlung der Differenz zwischen An- und Verkaufspreis ankommen, nicht auf die Lieferung der Waren.[398] Unter Waren sind alle beweg-

390 Vgl. LK/Tiedemann § 283 Rn. 44.
391 Kühl § 283 Rn. 12.
392 Krekeler/Werner, Unternehmer und Strafrecht, Rn. 1389.
393 BT-Drs. 7/5291, S. 18.
394 Weyand/Diversy, Insolvenzdelikte, Rn. 73.
395 LPK-StGB § 283 Rn. 16.
396 NK/Kindhäuser § 283 Rn. 30 m.w.N.
397 Aufgehoben durch Art. 9 Gesetz vom 21.06.2002 (BGBl I, 2010).
398 S/S/Heine § 283 Rn. 11.

lichen Sachen zu verstehen, die Gegenstand des Handelsverkehrs sein können, wie in- und ausländische Währung, Öl, Getreide, Metalle etc.[399] Ebenfalls am Handelskauf (§§ 373 ff. HGB) orientiert ist der Begriff des Wertpapiers; umfasst sind alle Inhaberpapiere.[400] Nicht zu den Differenzgeschäften zählen Finanztermingeschäfte[401] (§§ 2 Abs. 2, 37e WpHG).

Die Risikogeschäfte sind bereits mit ihrem Abschluss tatbestandsmäßig eingegangen[402]. Sie müssen den Anforderungen einer ordnungsgemäßen Wirtschaft widersprechen. Da jede Teilnahme am Geschäftsverkehr ein gewisses unternehmerisches Risiko beinhaltet, ist insbesondere bei Verlustgeschäften gründlich zu prüfen, ob der Unternehmer tatsächlich und ausschließlich einen riskanten Versuch unternommen hat, sein kriselndes Unternehmen noch für eine gewisse Zeit über Wasser zu halten oder ob durchaus gute Gründe für die getroffene Entscheidung vorhanden waren; Spekulations- und Differenzgeschäfte dürften demgegenüber regelmäßig dem Gebaren eines ordentlichen Kaufmannes widersprechen.[403] Allerdings entfällt die Strafbarkeit, wenn das Risikogeschäft erfolgreich abgewickelt werden konnte, denn dann stehen die Gläubiger letztlich besser da als zuvor; das an sich tatbestandsmäßige Handeln verletzt in diesem Fall nicht den eigentlichen Schutzzweck der Norm.[404]

d) § 283 Abs. 1 Nr. 2, 2. Alt. StGB

Tatbestandsmäßig i.S.d. zweiten Alternative des § 283 Abs. 1 Nr. 2 StGB handelt derjenige, der in einer den Anforderungen einer ordnungsgemäßen Wirtschaft widersprechenden Weise durch unwirtschaftliche Ausgaben, Spiel oder Wette übermäßige Beträge verbraucht oder schuldig wird.

Unwirtschaftliche Ausgaben sind solche Aufwendungen, die das Maß des Notwendigen und Üblichen überschreiten und zum Gesamtvermögen und Einkommen des Schuldners in keinem angemessenen Verhältnis stehen[405]. Es ist auf das Vermögen abzustellen, das bei Insolvenz in die Insolvenzmasse fiele[406]. In der Regel handelt es sich um Ausgaben im privaten Bereich; jedoch werden auch Aufwendungen für Geschäftszwecke (Kosten für Werbung, Repräsentati-

399 Pelz, Strafrecht in Krise und Insolvenz, Rn. 269.
400 LPK-StGB § 283 Rn. 17.
401 Krekeler/Werner, Unternehmer und Strafrecht, Rn. 1391.
402 NK/Kindhäuser § 283 Rn. 34.
403 Weyand/Diversy, Insolvenzdelikte, Rn. 74.
404 Achenbach/Ransiek/Wegner, HWSt, VII 1/116.
405 BT-Drs. 7/3441, S. 34.
406 MüKo/Radtke § 283 Rn. 28.

onsausgaben usw.) erfasst.[407] Die Rechtsprechung hat beispielsweise Luxusanschaffungen wie den Kauf von Yachten oder hochwertigen Fahrzeugen, teure Urlaubsreisen und kostspielige Barbesuche als unwirtschaftliche Ausgaben angesehen, nicht jedoch die Zahlung üblicher Löhne und Gehälter sowie üblicher Betriebskosten oder die Entnahme angemessenen Unterhalts, angemessener Lebensversicherungsprämien oder erfolgversprechende Sanierungsversuche.[408] Geschäftlich bedingte Ausgaben müssen als zulässig erachtet werden, solange sie ex-ante betrachtet nicht als eindeutig unvertretbar erscheinen.[409]

Spiel und Wette sind i.S.d. § 762 BGB zu verstehen, hierunter fällt vor allem die Teilnahme an einer Lotterie sowie an Fußballtoto und Zahlenlotto, aber auch die progressive Kundenwerbung nach dem Schneeballsystem.[410]

Als Tathandlung setzen beide Alternativen das Verbrauchen oder Schuldigwerden übermäßiger Beträge voraus. Verbrauch meint hierbei die tatsächliche Ausgabe.[411] Zur Verwirklichung des Tatbestandes genügt es allerdings, wenn der Täter die Beträge schuldig wird, also sein Vermögen mit einer Verbindlichkeit belastet; diese muss einklagbar sein.[412] Ob die Beträge übermäßig sind, ist durch Ermittlung der Relation zwischen den Ausgaben und den Vermögensverhältnissen des Täters zum Tatzeitpunkt[413] feststellbar. Die aufgewendeten Beträge sind übermäßig, wenn sie die durch die wirtschaftliche Lage des Täters gesteckten Grenzen übersteigen und zu dessen Vermögen in keinem angemessenen Verhältnis stehen.[414]

e) § 283 Abs. 1 Nr. 3 StGB

Als bestandsbezogene Tathandlung kommt des Weiteren die sog. Waren- und Wertpapierverschleuderung[415] nach § 283 Abs. 1 Nr. 3 StGB in Betracht. Diese setzt voraus, dass der Täter Waren oder Wertpapiere auf Kredit beschafft und sie oder die aus diesen Waren hergestellten Sachen erheblich unter ihrem Wert in einer den Anforderungen einer ordnungsgemäßen Wirtschaft widersprechenden Weise veräußert oder sonst abgibt.

407 Kühl § 283 Rn. 13 m.w.N.
408 Pelz, Strafrecht in Krise und Insolvenz, Rn. 275 f. m.w.N.
409 Achenbach/Ransiek/Wegner, HWSt, VII 1/117.
410 LK/Tiedemann § 283 Rn. 63 m.w.N.
411 NK/Kindhäuser § 283 Rn. 38.
412 Vgl. Weyand/Diversy, Insolvenzdelikte, Rn. 75.
413 Achenbach/Ransiek/Wegner, HWSt, VII 1/120.
414 S/S/Heine § 283 Rn. 14.
415 Krekeler/Werner, Unternehmer und Strafrecht, Rn. 1398.

Der Begriff der Waren und Wertpapiere stimmt mit dem Bezugsobjekt des Differenzgeschäftes der ersten Alternative von Nr. 2 überein und ist zivilrechtlich auszulegen.[416] Diese Tatobjekte sind beschafft, wenn der Täter durch Rechtsgeschäft die tatsächliche Verfügungsgewalt erlangt hat, sei es auch nur in anfechtbarer Weise, z.B. durch (Kredit-)Betrug.[417]

Kreditiert sind die Waren oder Wertpapiere, wenn sie spätestens im Zeitpunkt der Veräußerung oder sonstigen Abgabe noch nicht voll bezahlt sind; auch die Einräumung eines Zahlungszieles stellt eine Kreditgewährung i.S.d. Nr. 3 dar.[418] Kredit- und Abgabegeschäft müssen sich auf dieselben Waren oder Wertpapiere beziehen[419]. Soweit die kreditierten Waren durch den Empfänger weiterverarbeitet worden sind, fallen diese Surrogate gleichermaßen unter den Schutz der Bestimmung; im Hinblick auf die vielfältigen Verarbeitungsmöglichkeiten von Rohstoffen oder Halbfertigprodukten ist auch diese Alternative von besonderer praktischer Bedeutung.[420]

Veräußern ist jede Handlung, durch die der Täter sein Recht an den Waren oder Wertpapieren aufgibt, womit auch unentgeltliche Eigentumsübertragungen erfasst sind.[421] Sonstiges Abgeben ist die Besitzüberlassung ohne Eigentumsübertragung, z.B. die Verpfändung oder die Bestellung eines kaufmännischen Zurückbehaltungsrechts.[422]

Für die Veräußerung oder sonstige Abgabe erheblich unter Wert ist auf den Verkaufswert, den Marktpreis im Zeitpunkt dieser Handlung[423], abzustellen. Ist ein solcher nicht feststellbar, so ist vom üblichen Preis[424] auszugehen. Die Unterschreitung des Wertes ist erheblich, wenn sie dem Sachkundigen ins Auge springt; dem Einkaufspreis kommt nur indizielle Bedeutung für die Ermittlung der Marktlage zu.[425]

Eine weitere Voraussetzung ist, dass die Veräußerung den Anforderungen einer ordnungsgemäßen Wirtschaft widerspricht. Bei einem Unternehmen ist der konkrete Unternehmensgegenstand, aber auch die Branchenüblichkeit zu berücksichtigen und damit letztlich die Möglichkeit zur Rechtfertigung von der

---

416 LK/Tiedemann § 283 Rn. 73.
417 LPK-StGB § 283 Rn. 22.
418 Vgl. Achenbach/Ransiek/Wegner, HWSt, VII 1/123.
419 Kühl § 283 Rn. 14.
420 Weyand/Diversy, Insolvenzdelikte, Rn. 77.
421 MüKo/Radtke § 283 Rn. 35.
422 S/S/Heine § 283 Rn. 21.
423 LK/Tiedemann § 283 Rn. 78.
424 Kühl, a.a.O.
425 LPK-StGB § 283 Rn. 23.

Absatzseite her.[426] Räumungsverkäufe, um Waren für die neue Saison Platz zu machen, sind ebenso wenig tatbestandsmäßig wie übliche Lockvogel-Angebote oder Versuche, den Kundenkreis durch günstige Angebote auszudehnen, sich einen neuen Markt zu erschließen oder Konkurrenten auszuschalten.[427]

f) § 283 Abs. 1 Nr. 8, 1. Alt. StGB

Bestandsbezogene Tathandlungen, durch die der Täter in einer anderen, den Anforderungen einer ordnungsgemäßen Wirtschaft grob widersprechenden Weise seinen Vermögensstand verringert, fallen unter § 283 Abs. 1 Nr. 8, 1. Alt. StGB. Mit dieser Generalklausel[428] sollen komplexe Konstellationen erfasst werden, in denen der Täter ganz elementare Regeln des Wirtschaftslebens verletzt bzw. den Rahmen des wirtschaftlich Vertretbaren ganz offensichtlich verlässt.[429] Ein Beispiel für das außer Acht lassen elementarster kaufmännischer Grundsätze ist das Wirtschaften ohne jeden Überblick über die Verbindlichkeiten oder die Gewinn- und Verlustsituation[430].

Die Vorschrift des § 283 Abs. 1 Nr. 8 StGB findet in der Praxis der Ermittlungsbehörden jedoch nur selten Anwendung[431]. Nicht allein deshalb, weil mit ihr erhebliche Nachweisprobleme verbunden sind, sondern vor allem, weil hinsichtlich ihrer tatbestandlichen Voraussetzungen vor dem Hintergrund des Bestimmtheitsgebotes (Art. 103 Abs. 2 GG) Bedenken bestehen.[432] Die Grenze zwischen einem (erlaubten) üblichen Geschäftsgebaren, das naturgemäß auch risikobehaftetes Handeln mit umfasst, und nicht zu rechtfertigenden kaufmännischen Entscheidungen ist unscharf; zudem liegt es am einzelnen Kaufmann, inwieweit er größere Risikofreude zeigt als ein Konkurrent.[433] Wegen der geringen Bedeutung in der Rechtsanwendungspraxis soll auf diese Tatbestandsalternative nicht näher eingegangen werden.

g) § 283 Abs. 2 StGB

Wer durch eine der in Absatz 1 bezeichneten Handlungen seine Überschuldung oder Zahlungsunfähigkeit herbeiführt, wird gem. § 283 Abs. 2 StGB bestraft.

---

426 Reck, Insolvenzstraftaten und deren Vermeidung, Rn. 410.

427 Pelz, Strafrecht in Krise und Insolvenz, Rn. 285.

428 Tiedemann, Wirtschaftsstrafrecht BT, Rn. 429.

429 Achenbach/Ransiek/Wegner, HWSt, VII 1/166.

430 BGH NJW 1981, 354 (355).

431 Weyand/Diversy, Insolvenzdelikte, Rn. 106 m.w.N.

432 Achenbach/Ransiek/Wegner, a.a.O.

433 Weyand/Diversy, a.a.O., Rn. 107.

Die hier als Erfolg fungierende wirtschaftliche Krise ist hinsichtlich der Zahlungsunfähigkeit enger als in Absatz 1 definiert; Zahlungsunfähigkeit darf nicht nur drohen, sondern muss eingetreten sein.[434] Zwischen der Bankrotthandlung und der Krise muss ein Kausalzusammenhang bestehen, wobei es ausreicht, dass die Tathandlung für den Eintritt der Krise mitursächlich war.[435]

In der Praxis hat § 283 Abs. 2 StGB nur geringe Bedeutung[436]. Zu den nicht unerheblichen Nachweisschwierigkeiten kommt hinzu, dass § 283 Abs. 2 StGB regelmäßig mit schwerwiegenderen Delikten zusammentrifft, z.B. § 263 StGB, § 370 AO, und entsprechende Vorwürfe regelmäßig über §§ 154, 154a StPO ausgeblendet werden.[437]

V. Der Bankrott – ein Sonderdelikt

Während die Insolvenzordnung vom Schuldner spricht, kennzeichnen die Insolvenzdelikte den Täter nicht näher. Gleichwohl ist anerkannt, dass der Bankrott ein Sonderdelikt[438] ist, das sich nur an Schuldner[439] wendet. Dies ergibt sich zum einen daraus, dass allein derjenige, der Verbindlichkeiten durch geldwerte Leistungen erfüllen muss, dieser Verpflichtung aber nicht nachkommt, sich in der erforderlichen wirtschaftlichen Krise befindet und die objektive Strafbarkeitsvoraussetzung des § 283 Abs. 6 StGB verwirklichen kann[440], wonach der Täter „seine" Zahlungen eingestellt haben muss, über „sein" Vermögen das Insolvenzverfahren eröffnet oder ein entsprechender Eröffnungsantrag mangels Masse abgewiesen worden sein muss. Zum anderen ergibt sich dies aus der schuldnerischen Sonderstellung nach Eintritt der Vermögenskrise, für die ein besonderer Anreiz zur Tat und ein besonderes Näheverhältnis zur Insolvenzmasse charakteristisch sind.[441] Zudem bestätigt der Umkehrschluss aus § 283d StGB (Schuldnerbegünstigung), der gerade Einwirkungen einer vom Schuldner verschiedenen Person („Bestandteile des Vermögens eines anderen") auf der (potentiellen) Insolvenzmasse angehörende Vermögensbestandteile des Schuldners

434 NK/Kindhäuser § 283 Rn. 96.

435 Hellmann/Beckemper, Wirtschaftsstrafrecht, Rn. 278.

436 Pelz, Strafrecht in Krise und Insolvenz, Rn. 211.

437 Achenbach/Ransiek/Wegner, HWSt, VII 1/171.

438 BGH wistra 2009, 275; Hmb-Komm/Borchardt § 283 StGB Rn. 4 m.w.N.; NK/Kindhäuser Vor §§ 283 bis 283d Rn. 37 m.w.N.

439 Die hier ausgeklammerten Tatbestandsalternativen des § 283 Abs. 1 Nr. 5-7 StGB setzen zudem die Kaufmannseigenschaft des Täters voraus.

440 Vgl. Weyand/Diversy, Insolvenzdelikte, Rn. 21.

441 Vgl. BGHSt 34, 221 (226).

(vgl. § 283d Abs. 4 StGB) verlangt, die Einordnung des § 283 StGB als Sonderdelikt.[442]

Schuldner sind Personen, die einem anderen zu einer vermögenswerten Leistung oder zur Duldung einer Zwangsvollstreckung verpflichtet sind.[443] Die GmbH als solche hat selbstständig ihre Rechte und Pflichten, § 13 Abs. 1, 1. Hs. GmbHG, ist also mit eigener Rechtspersönlichkeit[444] ausgestattet. Da der Geschäftsführer die GmbH gerichtlich und außergerichtlich vertritt (§ 35 Abs. 1 S. 1 GmbHG) und die im Namen der GmbH vom Geschäftsführer vorgenommenen Rechtsgeschäfte die Gesellschaft berechtigen und verpflichten (§ 164 Abs. 1 BGB), ist die GmbH selbst Schuldnerin im Sinne des § 283 StGB.

1. Die Zurechnung der strafbarkeitsbegründenden besonderen persönlichen Merkmale gem. § 14 Abs. 1 Nr. 1, 1. Alt. StGB

Die Schuldnereigenschaft ist ein besonderes persönliches Merkmal[445] i.S.d. § 14 StGB. Auch die wirtschaftliche Krise und die objektive Strafbarkeitsbedingung des § 283 Abs. 6 StGB sind besondere persönliche Merkmale, welche die Strafbarkeit begründen.[446] Diese Merkmale muss sich der Geschäftsführer gem. § 14 Abs. 1 Nr. 1, 1. Alt. StGB zurechnen lassen, wenn er als vertretungsberechtigtes Organ der GmbH handelt und die weiteren Voraussetzungen (Überschuldung, drohende oder eingetretene Zahlungsunfähigkeit der GmbH; Zahlungseinstellung durch die GmbH oder Eröffnung des Insolvenzverfahrens über das Vermögen der GmbH oder Abweisung des Eröffnungsantrags mangels Masse) erfüllt sind. Soweit § 14 StGB vom „vertretungsberechtigten" Organ spricht, ist damit das Organ gemeint, das für die juristische Person nach innen und außen die Geschäfte führt[447], bei einer GmbH also der Geschäftsführer. Ob durch das konkrete strafrechtlich relevante Verhalten eine (rechtswirksame) Vertretung der juristischen Person stattfindet, ist grundsätzlich irrelevant[448]; hinreichende Bedingung ist der Vertretungsbezug, das Handeln „als" Organ. Der umstrittenen Frage, wann der Vertretungsbezug vorliegt, ist das Kapitel E. gewidmet. Vorab ist

442 MüKo/Radtke Vor §§ 283 ff. Rn. 23; ausführlich dazu unter Berücksichtigung der historischen Zusammenhänge: Hager, S. 137 f.

443 BGH NStZ 2001, 485; NK/Kindhäuser Vor §§ 283 bis 283d Rn. 38 m.w.N.

444 BGHSt 34, 379 (385); Scholz/Emmerich § 13 Rn. 3.

445 Kühl § 283 Rn. 3.

446 Fischer Vor § 283 Rn. 21 m.w.N.

447 LK/Schünemann § 14 Rn. 45.

448 MüKo/Radtke § 14 Rn. 71 unter Hinweis auf die allg. Meinung.

noch die Täterqualifikation des Geschäftsführers im Insolvenz(eröffnungs-)verfahren zu untersuchen.

2. Die Täterqualifikation im Insolvenz(eröffnungs-)verfahren

Wie bereits dargestellt, geht die Verwaltungs- und Verfügungsbefugnis des Geschäftsführers im Insolvenz(eröffnungs-)verfahren unter bestimmten Voraussetzungen auf den (vorläufigen) Insolvenzverwalter über. Der Geschäftsführer verliert dadurch die Rechtsmacht, die er benötigt, um über die zur Insolvenzmasse gehörenden Gegenstände des Gesellschaftsvermögens wirksam verfügen zu können. Inwieweit sich dies auf die Täterqualifikation des Geschäftsführers nach §§ 283, 14 StGB auswirkt, ist Gegenstand der nachfolgenden Untersuchung. Der Zeitraum, innerhalb dessen eine Bankrotthandlung nach § 283 Abs. 1 und Abs. 6 StGB strafbar ist, beginnt mit dem Eintritt der Überschuldung oder der drohenden Zahlungsunfähigkeit und endet durch den Abschluss der Krise.[449] Somit werden auch Bankrotthandlungen nach Zahlungseinstellung oder Insolvenzeröffnung sowie nach Abweisung des Eröffnungsantrags mangels Masse erfasst. Die bankrottstrafrechtliche Haftung des Geschäftsführers endet jedenfalls mit der Beendigung der GmbH oder mit der nicht nur kurzfristigen Wiederherstellung der Liquidität der Gesellschaft.[450]

Hinsichtlich der Täterqualifikation des Geschäftsführers im Insolvenz(eröffnungs-)verfahren ist zu differenzieren, um welche Bankrotthandlung es sich handelt.

Das Beiseiteschaffen von Vermögensbestandteilen i.S.d. § 283 Abs. 1 Nr. 1, 1. Alt. StGB umfasst jede Handlung, die einen Vermögensbestandteil durch räumliches Verschieben oder durch Veränderung der rechtlichen Lage dem Zugriff der Gläubiger entzieht oder diesen Zugriff erheblich erschwert. Soweit es sich um eine rechtsgeschäftliche Verfügung handelt, wird auf die Ausführungen zum Übergang der Verwaltungs- und Verfügungsbefugnis auf den (vorläufigen) Insolvenzverwalter im Insolvenz(eröffnungs-)verfahren verwiesen[451]. Der Geschäftsführer verliert die Täterqualifikation, wenn die Verfügungsbefugnis auf den (vorläufigen) Insolvenzverwalter übergeht. Im Falle einer rein tatsächlichen Verfügung kommt der Geschäftsführer weiterhin als tauglicher Täter eines

449 Fischer Vor § 283 Rn. 16.
450 Vgl. Fischer, a.a.O.
451 C.III.1.b)-d).

Bankrotts i.S.d. §§ 283 Abs. 1 Nr. 1, 1. Alt., 14 Abs. 1 Nr. 1, 1. Alt. StGB in Betracht.

Verlustgeschäfte, Spekulationsgeschäfte und Differenzgeschäfte mit Waren oder Wertpapieren i.S.d. § 283 Abs. 1 Nr. 2, 1. Alt. StGB sind bereits mit ihrem Abschluss tatbestandsmäßig eingegangen. Auch insoweit wird auf die obigen Ausführungen[452] verwiesen. Der Geschäftsführer ist im Insolvenz(eröffnungs-)verfahren uneingeschränkt verpflichtungsbefugt und damit unabhängig vom Übergang der Verwaltungs- und Verfügungsbefugnis auf den (vorläufigen) Insolvenzverwalter tauglicher Täter i.S.d. §§ 283 Abs. 1 Nr. 2, 1. Alt., 14 Abs. 1 Nr. 1, 1. Alt. StGB.

Tathandlung des § 283 Abs. 1 Nr. 2, 2. Alt. StGB ist das Verbrauchen oder Schuldigwerden übermäßiger Beträge durch unwirtschaftliche Ausgaben, Spiel oder Wette. Verbrauch meint die tatsächliche Ausgabe, so dass der Geschäftsführer im Insolvenz(eröffnungs-)verfahren auch insoweit als Täter zu qualifizieren ist. Das Schuldigwerden übermäßiger Beträge setzt voraus, dass der Geschäftsführer das Gesellschaftsvermögen mit einer Verbindlichkeit belastet. Wegen der uneingeschränkten Verpflichtungsbefugnis im Insolvenz(eröffnungs-)verfahren kommt der Geschäftsführer auch hier als tauglicher Täter i.S.d. § 283 Abs. 1 Nr. 2, 2. Alt. i.V.m. § 14 Abs. 1 Nr. 1, 1. Alt. StGB in Betracht.

Bei einer Waren- oder Wertpapierverschleuderung i.S.d. § 283 Abs. 1 Nr. 3 StGB muss der Geschäftsführer Waren oder Wertpapiere auf Kredit beschafft, d.h. durch Rechtsgeschäft die tatsächliche Verfügungsgewalt erlangt haben, und diese oder die aus den Waren hergestellten Sachen erheblich unter ihrem Wert veräußert oder sonst abgegeben haben. Die Veräußerung setzt die Eigentumsübertragung voraus. Insoweit fehlt dem Geschäftsführer die Täterqualifikation i.S.d. §§ 283 Abs. 1 Nr. 3, 14 Abs. 1 Nr. 1, 1. Alt. StGB, wenn im Insolvenzeröffnungsverfahren ein „starker“ vorläufiger Insolvenzverwalter bestellt und zugleich ein allgemeines Verfügungsverbot erlassen wurde oder wenn die Verfügungsbefugnis durch die Eröffnung des Insolvenzverfahrens auf den (endgültigen) Insolvenzverwalter übergegangen ist (§ 80 Abs. 1 InsO). Auch dann, wenn eine „schwache“ vorläufige Insolvenzverwaltung angeordnet ist und ein besonderes Verfügungsverbot über einzelne werthaltige Gegenstände des Gesellschaftsvermögens erlassen wurde, fehlt dem Geschäftsführer hinsichtlich dieser Gegenstände die Täterqualifikation. Wird im Rahmen der „schwachen“ vorläufigen Insolvenzverwaltung ein allgemeiner Zustimmungsvorbehalt angeordnet, fehlt dem Geschäftsführer die (vorbehaltlose) Verfügungsbefugnis und damit auch die Täterqualifikation. Im Falle eines besonderen Zustimmungsvorbehalts verliert der Geschäftsführer die Verfügungsbefugnis bezüglich einzelner

452 C.III.1.e).

oder bestimmter Arten von Rechtsgeschäften. Insoweit fehlt ihm ebenfalls die Täterqualifikation.

Als Zwischenergebnis kann festgehalten werden, dass der Übergang der Verwaltungs- und Verfügungsbefugnis auf den (vorläufigen) Insolvenzverwalter im Insolvenz(eröffnungs-)verfahren nicht nur auf die Täterqualifikation des Geschäftsführers nach § 266 Abs. 1, 1. Alt. StGB Einfluss hat, sondern auch auf die Täterqualifikation nach §§ 283 Abs. 1 Nr. 1, 1. Alt. und Nr. 3 i.V.m. 14 Abs. 1 Nr. 1, 1. Alt. StGB. Der Geschäftsführer ist im Insolvenz(eröffnungs-)verfahren mit den genannten Einschränkungen tauglicher Täter eines Bankrotts.

E. Handeln „als" Geschäftsführer

Nachdem herausgearbeitet wurde, unter welchen Voraussetzungen eine Strafbarkeit des Geschäftsführers wegen Untreue und Bankrott in Betracht kommt und in welchen Fällen die Strafbarkeit und damit auch die strafrechtliche „Doppelhaftung" entfällt, soll nun der Frage nachgegangen werden, wann der Geschäftsführer als vertretungsberechtigtes Organ der GmbH handelt.

Nach dem Wortlaut des § 14 Abs. 1 Nr. 1, 1. Alt. StGB ist ein Gesetz, nach dem besondere persönliche Eigenschaften, Verhältnisse oder Umstände (besondere persönliche Merkmale) die Strafbarkeit begründen, auch auf den Vertreter anzuwenden, wenn diese Merkmale zwar nicht bei ihm, aber bei dem Vertretenen vorliegen und der Vertreter als vertretungsberechtigtes Organ einer juristischen Person handelt. Insoweit setzt § 14 Abs. 1 Nr. 1, 1. Alt. StGB einen Vertretungsbezug des strafrechtlich relevanten Verhaltens voraus. Die Anforderungen an den Vertretungsbezug sind streitig, der sog. „Interessenformel" der Rechtsprechung steht eine objektiv-funktionale Betrachtungsweise des Schrifttums gegenüber.

Im Folgenden wird die Rechtsprechung zur sog. „Interessenformel" analysiert und aufgezeigt, wie diese sich entwickelt hat. Dabei soll ein kurzer Abriss der Entstehungsgeschichte des § 14 StGB dem Verständnis der Rechtsprechung dienen, die – wie in den nachfolgenden Abschnitten herausgearbeitet wird – auf den früheren Sondervorschriften der §§ 244 KO, 83 GmbHG beruht. Anschließend wird die objektiv-funktionale Betrachtungsweise des Schrifttums in ihren unterschiedlichen Ausprägungen ausführlich erörtert.

I. Die Entstehungsgeschichte des § 14 StGB

Vor Einführung des § 14 StGB sind entstehende Strafbarkeitslücken teils hingenommen[453], teils durch Sondervorschriften[454] für bestimmte Materien des Nebenstrafrechts geschlossen worden, teilweise ist die strafrechtliche Verantwortlichkeit im Wege der Auslegung mit Hilfe einer sog. „faktischen Betrachtungsweise"[455] auf das Handeln von Vertretern erstreckt worden.

---

453 Z.B. im Geltungsbereich des § 288 StGB: RGSt 16, 121; 60, 234; 63, 134.

454 Aufzählung in: BT-Drs. IV/650, S. 127 sowie im Umdruck J 35 = Anhang Nr. 50 Band 4 der Niederschriften über die Sitzungen der Großen Strafrechtskommission, S. 558.

455 Roxin, AT II, § 27 Rn. 89; kurzer Überblick zur Rechtsprechung bei Dierlamm, NStZ 1996, 153 ff.; Wiesener, S. 146 ff.

Das Strafgesetzbuch für das Deutsche Reich vom 15. Mai 1871[456] regelte das Konkursstrafrecht in den §§ 281-283. Als die Konkursordnung vom 10. Februar 1877[457] erlassen wurde, nahm der Gesetzgeber diese Tatbestände aus dem Strafgesetzbuch heraus; an ihre Stelle traten die §§ 209-214 KO.

Eine Sondervorschrift war § 214 KO. Der Gesetzgeber hatte eine Entscheidung des preußischen Obertribunals vom 9. November 1874[458] zum Anlass genommen, in der Konkursordnung vom 10. Februar 1877 durch § 214 KO[459] (später § 244 KO[460]) zu regeln, dass die Strafvorschriften der §§ 209-211 KO (später §§ 239-241 KO)

> „... gegen die Mitglieder des Vorstandes einer Aktiengesellschaft oder eingetragenen Genossenschaft und gegen die Liquidatoren einer Handelsgesellschaft oder eingetragenen Genossenschaft, welche ihre Zahlungen eingestellt hat, oder über deren Vermögen das Konkursverfahren eröffnet worden ist, Anwendung [finden], wenn sie *in dieser Eigenschaft* die mit Strafe bedrohten Handlungen begangen haben." [Hervorhebungen nicht im Original]

Das preußische Obertribunal hatte die Frage zu entscheiden, ob ein Vorstandsmitglied einer in Konkurs gefallenen eingetragenen Genossenschaft, das Bankrotthandlungen gem. §§ 281, 283 StGB a.F. (heute in modifizierter Form §§ 283, 283b StGB) begangen hatte, aus diesen Vorschriften ungeachtet des Umstandes bestraft werden kann, dass z.B. die unordentliche Buchführung nicht „seinen" Vermögensstand betraf und das Vorstandsmitglied auch nicht „seine" Zahlungen eingestellt hatte, sondern diese Strafbarkeitsvoraussetzungen nur in Bezug auf die Genossenschaft selbst erfüllt waren. Es hat diese Frage verneint und eine Strafbarkeit des Vorstandsmitglieds mit der rein grammatischen Auslegung abgelehnt, tauglicher Täter des Bankrotts könne nur derjenige sein, der seine (scil. eigenen) Zahlungen eingestellt habe.[461]

Eine weitere Sondervorschrift war § 81 GmbHG. Das Gesetz betreffend die Gesellschaften mit beschränkter Haftung (GmbHG) trat am 20. April 1892 in Kraft und beinhaltete folgende Regelung[462] (später § 83 GmbHG[463]):

> „Die Strafvorschriften der §§ 209 bis 211 der Konkursordnung finden gegen die Geschäftsführer einer Gesellschaft mit beschränkter Haftung, welche ihre Zahlungen eingestellt hat oder über deren Vermögen das Konkursverfahren eröffnet worden ist,

---

456 RGBl 1871, 127 ff.
457 RGBl 1877, 351 ff.
458 GA 23 (1875), 31 ff.
459 RGBl 1877, 389.
460 RGBl 1898, 658.
461 Preußisches Obertribunal GA 23 (1875), 31 (45 f.); dazu: LK/Schünemann § 14 Rn. 2.
462 RGBl 1892, 499.
463 RGBl 1898, 867.

Anwendung, wenn sie *in dieser Eigenschaft* die mit Strafe bedrohten Handlungen begangen haben." [Hervorhebungen nicht im Original]

Da die Sondervorschriften im Einzelnen wesentliche Unterschiede aufwiesen und die Rechtsprechung, die beim Fehlen von Sondervorschriften mit der Frage der strafrechtlichen Haftung von Vertretern befasst war, nicht einheitlich war, entwickelte sich das Bedürfnis nach einer allgemeinen Regelung.[464] Diese sollte nicht nur die bestehenden Strafbarkeitslücken schließen und Zweifelsfragen beseitigen, sondern auch der Vereinfachung und Vereinheitlichung der strafrechtlichen Sondervorschriften dienen.

Das Einführungsgesetz zum Gesetz über Ordnungswidrigkeiten (EGOWiG) vom 24. Mai 1968 schuf mit § 50a StGB[465] die Vorläufernorm des seit 1. Januar 1975 geltenden § 14 StGB[466], der durch das Zweite Gesetz zur Bekämpfung der Wirtschaftskriminalität (2. WiKG)[467] vom 15. Mai 1986 geringfügig[468] geändert worden ist. § 50a StGB geht wiederum auf § 14 E 1962[469] zurück, der folgenden Wortlaut hatte:

„Handeln für einen anderen

(1) Handelt jemand als vertretungsberechtigtes Organ einer juristischen Person, als Mitglied eines solchen Organs oder als gesetzlicher Vertreter eines anderen, so ist ein Gesetz, nach dessen Tatbestand besondere persönliche Eigenschaften, Verhältnisse oder Umstände (besondere persönliche Merkmale) die Strafbarkeit begründen, auch auf den Vertreter anzuwenden, wenn diese Merkmale zwar nicht bei ihm, aber bei dem Vertretenen vorliegen.

(2) Absatz 1 ist auch dann anzuwenden, wenn die Rechtshandlung, welche die Vertretungsbefugnis begründen sollte, unwirksam ist."

Dieser Entwurf ist durch den Sonderausschuss für die Strafrechtsreform auf vertretungsberechtigte Gesellschafter einer Personenhandelsgesellschaft und Beauftragte ausgedehnt worden.[470] Dies geschah im Zusammenhang mit der Einführung eines neuen Gesetzes über Ordnungswidrigkeiten (OWiG), in dem die auf diesem Gebiet besonderes wichtige Problematik des Handelns für einen anderen in einer dem Strafrecht entsprechenden Weise geregelt werden sollte.[471] Ursprünglich war vorgesehen, den neuen § 50a StGB im Bereich des OWiG für

464 Vgl. BT-Drs. IV/650, S. 127.

465 EGOWiG v. 24.05.1968, BGBl I, 506.

466 EGStGB v. 02.03.1974, BGBl I, 469.

467 BGBl I 1986, 721.

468 § 14 Abs. 2 Nr. 2 i.d.F. d. Art. 1 Nr. 2 G. v. 15.05.1986 I 721 m.W.v. 01.08.1986.

469 BT-Drs. IV/650, S. 126 ff.

470 Sa § 14 in Gegenüberstellung zu § 14 E 1962 und § 13 AE, abgedruckt in: Alternativ-Entwurf eines Strafgesetzbuches, Allgemeiner Teil, S. 50.

471 LK/Schünemann § 14 Vor Rn. 1.

entsprechend anwendbar zu erklären.[472] Schließlich hat der Gesetzgeber eine gleichlautende selbstständige Vorschrift in das OWiG aufgenommen (ursprünglich § 10, heute § 9 OWiG).

Mit der Einführung des § 50a in das Strafgesetzbuch sind die §§ 244 KO[473], 83 GmbHG[474] aufgehoben worden. Gleichwohl beruht die Interessenformel auf der Rechtsprechung zu diesen Vorschriften, wie die nachfolgende Rechtsprechungsanalyse zeigen soll.

II. Die sog. „Interessenformel" der Rechtsprechung

Im Folgenden soll der Entwicklungsweg der Interessenformel nachgezeichnet werden.

1. Analyse der Rechtsprechung des Reichsgerichts zu den Vorläufer-Vorschriften des § 14 StGB

a) RGSt 42, 278

Der soweit ersichtlich ersten grundlegenden Entscheidung zu § 83 GmbHG aus dem Jahre 1909 lag die Fragestellung zugrunde, unter welchen Voraussetzungen der Geschäftsführer einer GmbH in dieser Eigenschaft durch Aufwand übermäßige Summen verbraucht. Die Strafkammer des Landgerichts Magdeburg hatte den Angeklagten u.a. eines Vergehens nach § 240 Nr. 1 KO[475] schuldig erachtet, weil er als Geschäftsführer einer Privattelefongesellschaft mbH, über deren Vermögen das Konkursverfahren eröffnet war, durch Aufwand übermäßige Summen verbraucht habe. Der Angeklagte war gleichzeitig Gesellschafter und schließlich einziger Gesellschafter der GmbH. Er griff das Urteil an, indem er geltend machte, die Bestimmung des § 83 GmbHG könne nach ihrem Wortlaut: „in dieser Eigenschaft" nur dahin verstanden werden, dass der übermäßige Auf-

472 Entwurf des Einführungsgesetzes zum Ordnungswidrigkeitengesetz (EEGOWiG), BT-Drs. V/1319, S. 62.

473 Gemäß Art. 40 Nr. 3 EGOWiG v. 24.05.1968.

474 Gemäß Art. 150 Abs. 2 Nr. 7 EGOWiG v. 24.05.1968.

475 [Einfacher Bankrott]. Schuldner, welche ihre Zahlungen eingestellt haben, oder über deren Vermögen das Konkursverfahren eröffnet worden ist, werden wegen einfachen Bankrotts mit Freiheitsstrafe bis zu fünf Jahren oder mit Geldstrafe bestraft, wenn sie durch Aufwand, Spiel oder Wette oder durch Differenzhandel mit Waren oder Börsenpapieren übermäßige Summen verbraucht haben oder schuldig geworden sind.

wand des Geschäftsführers in geschäftlichem Interesse gemacht sei. Diese Voraussetzung fehle hier, da er mit den dem Gesellschaftsvermögen entnommenen Geldern nur persönlichen Aufwand betrieben habe; es handle sich überall nur um Ausgaben, die er in seiner Eigenschaft als Privatmann, nicht aber als Geschäftsführer gemacht habe.

Das Reichsgericht[476] legte die Formulierung „in dieser Eigenschaft" in § 83 GmbHG wie folgt aus:

> „Durch diesen Zusatz wird zum Ausdruck gebracht, dass die Konkurshandlungen *mit Bezug auf das Vermögen und den Geschäftsbetrieb der Gesellschaft* vorgenommen sein müssen. Es scheiden also alle die Handlungen aus, welche sich auf das Privatvermögen des Gesellschafters oder seinen privaten Geschäftsbetrieb beziehen." [Hervorhebungen nicht im Original]

Nach Auffassung des Reichsgerichts muss die Konkurshandlung also mit Bezug auf das Vermögen und den Geschäftsbetrieb der Gesellschaft vorgenommen sein. Hierzu ist im Weiteren[477] ausgeführt:

> „Es kann also der in guten Vermögensverhältnissen befindliche Geschäftsführer einer notleidenden Gesellschaft wegen des bezeichneten Konkursvergehens nur dann in Anspruch genommen werden, wenn er *mit Mitteln der Gesellschaft und auf deren Rechnung* Spiel, Wette oder Differenzgeschäfte betrieben, oder wenn er durch Aufwand *für Geschäftszwecke*, Reklame, Einrichtung usw. übermäßige Summen verbraucht hat. Zum Aufwande für Geschäftszwecke gehört auch der Aufwand für Gehalte der Angestellten, für Tantiemen, Gratifikationen und dgl. [...]. *Wozu der Angeklagte derartige übermäßig hohe Summen nachher verwendete, ist gleichgültig*, da der *Aufwand* nicht in dem den persönlichen Verhältnissen des Angeklagten nicht entsprechenden Gebrauch des bezogenen Gehaltes, sondern *schon in dem Bezuge des Gehaltes aus der Gesellschaftskasse* lag [...]. Als Aufwand kommt nur in Frage, was der Gesellschaftskasse *mit Rücksicht auf den Geschäftsbetrieb im unmittelbaren oder doch mittelbaren Zusammenhange mit diesem und zur Verwendung im Interessenkreise der Gesellschaft* entnommen wird z.B. für Herstellung von Geschäftsräumen, Reklame, Gehalte, für Spiel, Wette, Differenzgeschäfte auf Rechnung der Gesellschaft." [Hervorhebungen nicht im Original]

Nur die Entnahmen, die mit dem Geschäftsbetrieb im Zusammenhang stehen und zur Verwendung im Interessenkreis der Gesellschaft entnommen werden, wertete das Reichsgericht als Aufwand im Sinne des § 240 Nr. 1 KO. Die Tatbestandsmerkmale „Spiel", „Wette" und „Differenzhandel mit Waren oder Börsenpapieren" setzen nach Auffassung des Reichsgerichts voraus, dass sie mit Mitteln der Gesellschaft und auf deren Rechnung betrieben werden. Die Formulierung des Reichsgerichts: „im Interessenkreise der Gesellschaft" – Anknüp-

476 RGSt 42, 278 (280).
477 RGSt 42, 278 (280 ff.).

fungspunkt der sog. Interessenformel des BGH – bezieht sich also ausschließlich auf das Tatbestandsmerkmal „Aufwand“ im Sinne des § 240 Nr. 1 KO. Hervorzuheben ist auch, dass nach Auffassung des Reichsgerichts gleichgültig ist, wozu der Geschäftsführer die übermäßig hohen Summen verwendet, da der Aufwand bereits in dem Bezug – in diesem Fall des Gehaltes aus der Gesellschaftskasse – liegt.

Zur Abgrenzung zwischen Untreue und Bankrott ist den Urteilsgründen[478] zu entnehmen:

> „Dass hierin gleichzeitig ein absichtliches Verfügen zum Nachteile der Gesellschaft liegen kann, ist richtig (vgl. Entsch. des RG's in Strafs. Bd. 38 S. 363). Was jedoch der Geschäftsführer aus dem Gesellschaftsvermögen rechtswidrig und ohne allen Zusammenhang mit dem Interessenkreise der Gesellschaft sich zueignet, stiehlt, unterschlägt, seines Vorteils wegen veruntreut, kann nicht als Aufwand im Sinne des § 240 Nr. 1 KO erachtet werden. Die Begriffe „Aufwand“ und „rechtswidrige Zueignung“ schließen sich insoweit aus. Der Geschäftsführer, der Gesellschaftsgelder sich im Wege des Diebstahls, der Unterschlagung, der Untreue aneignet, kann sich nach §§ 242, 246, 266 Abs. 1 und 2 StGB schuldig machen, aber nicht nach § 83 GmbHG und § 240 Nr. 1 KO, er verbraucht nicht „durch Aufwand“ übermäßige Summen aus dem Gesellschaftsvermögen.“ Er würde aber insoweit auch nicht „in seiner Eigenschaft“ als Geschäftsführer die fragliche Handlung begehen; denn, wie oben bemerkt, setzt dies voraus, dass die Konkurshandlung – unordentliche Buchführung, unterlassene Bilanzziehung, Spiel, Wette, Verbrauch übermäßiger Summen durch Aufwand – mit Bezug auf das Vermögen und den Geschäftsbetrieb der Gesellschaft vorgenommen wurde. Letztere Voraussetzung würde hier mindestens fehlen.“

Die Veruntreuung von Gesellschaftsgeldern und Aufwand im Sinne des § 240 Nr. 1 KO schlossen sich nach Auffassung des Reichsgerichts gegenseitig aus.

b) RGSt 60, 234

An diese Entscheidung anknüpfend, bestätigte das Reichsgericht[479] in einem Urteil aus dem Jahre 1926, dass die strafrechtliche Haftung des Geschäftsführers als gesetzlicher Vertreter der Schuldnerin, der GmbH, gem. § 83 GmbHG an die Voraussetzung geknüpft sei, dass er die in Betracht kommende Bankrotthandlung gerade „in dieser Eigenschaft“, d.h. in der des Geschäftsführers, vorgenommen habe. Eine gleichartige äußere Betätigung, die der Geschäftsführer nicht als solcher, sondern in Ausübung seiner eigenen, nicht für die Gesellschaft vorgenommenen, Geschäfte entwickelt, erfülle jene Voraussetzung des § 83

---

478 RGSt 42, 278 (282).
479 RGSt 60, 234 (236).

GmbHG nicht. In Betracht komme nur eine Konkurshandlung, die der Geschäftsführer *mit Bezug auf das Vermögen und den Geschäftsbetrieb der GmbH* vornehme.

Der Geschäftsführer einer in Konkurs befindlichen GmbH hatte im Konkursverfahren ihm angeblich zustehende Forderungen gegen die GmbH angemeldet. Das Landgericht Bielefeld sah darin einen betrügerischen Bankrott i.S.d. §§ 239 Abs. 1 Nr. 2 KO[480], 83 GmbHG. Das Reichsgericht ordnete die Forderungsanmeldung hingegen der „privaten Geschäftsführung" des Angeklagten zu. Dass der Angeklagte seine – angeblichen – Forderungen gegen die GmbH im Konkursverfahren „angemeldet" habe, stelle keine Tätigkeit des Geschäftsführers als solchen dar, da es nicht Sache der GmbH sei, Ansprüche Dritter gegen sie nach §§ 110, 138 f. KO anzumelden. Demgemäß gehöre dies auch nicht zum Geschäftsbereich des Geschäftsführers, zumal da mit der Konkurseröffnung die Verwaltungs- und Verfügungsbefugnisse des Geschäftsführers aufhörten und auf den Konkursverwalter übergingen.

c) RGSt 71, 112

Einem Urteil des Reichsgerichts[481] aus dem Jahre 1937 zu § 83 GmbHG i.V.m. § 240 Abs. 1 Nr. 3 KO[482] ist zu entnehmen:

> „Der Grundgedanke des § 83 GmbHG verbunden mit dem § 240 Abs. 1 Nr. 3 KO ist der, dass *einer* strafrechtlich verantwortlich sein soll, wenn die Handelsbücher einer GmbH unrichtig und unordentlich geführt werden, so dass sie keine Übersicht des Vermögensstandes gewähren, vorausgesetzt, dass die Zahlungen eingestellt worden sind oder das Konkursverfahren eröffnet worden ist. Das Gesetz bezeichnet den Geschäftsführer als *den Verantwortlichen*." [Hervorhebungen nicht im Original]

Die Besonderheit in diesem Fall war, dass die Angeklagten nicht als Geschäftsführer im Handelsregister eingetragen waren, sondern als Prokuristen. Die Fest-

480 [Betrügerischer Bankrott]. Schuldner, welche ihre Zahlungen eingestellt haben, oder über deren Vermögen das Konkursverfahren eröffnet worden ist, werden wegen betrüglichen Bankrotts mit Freiheitsstrafe nicht unter einem Jahr bestraft, wenn sie in der Absicht, ihre Gläubiger zu benachteiligen, Schulden oder Rechtsgeschäfte anerkannt oder aufgestellt haben, welche ganz oder teilweise erdichtet sind.

481 RGSt 71, 112 f.

482 [Einfacher Bankrott]. Schuldner, welche ihre Zahlungen eingestellt haben, oder über deren Vermögen das Konkursverfahren eröffnet worden ist, werden wegen einfachen Bankrotts mit Freiheitsstrafe bis zu fünf Jahren oder mit Geldstrafe bestraft, wenn sie Handelsbücher zu führen unterlassen haben, deren Führung ihnen gesetzlich oblag, oder dieselben verheimlicht, vernichtet oder so unordentlich geführt haben, dass sie keine Übersicht ihres Vermögenszustandes gewähren.

stellungen ergaben, dass sich die eingetragene Geschäftsführerin, „eine alte Frau von 67 Jahren, die von der Geschäftsführung der Gesellschaft nicht die geringste Ahnung hatte", nicht um die Vorgänge im Geschäft gekümmert hatte. Tatsächlich lag die Geschäftsführung in den Händen der Angeklagten. Diese hatten die Handelsbücher so unordentlich geführt, dass sie keine Übersicht des Vermögensstandes der Gesellschaft gewährten. Sie hatten diese sogar bewusst falsch geführt, indem sie in den Jahren 1933 und 1934 erdichtete Forderungen als Guthaben in die Bücher eintrugen. Sie benutzten dann die falsche Buchführung zum Aufstellen falscher Abschlüsse. Die Verurteilung der Angeklagten wegen Einfachen Bankrotts war nach Auffassung des Reichsgerichts rechtlich nicht zu beanstanden. Zur Begründung[483] ist ausgeführt:

> „Es entspricht dem Grundgedanken des Gesetzes, dass in einem Falle wie dem vorliegenden die tatsächlichen Leiter der Gesellschaft, die deren Geschicke allein bestimmt haben, dann zur Verantwortung gezogen werden, wenn sie selbst die Bücher unordentlich geführt haben. Es würde auch dem gesunden Volksempfinden widersprechen, wenn die Angeklagten straflos ausgingen."

Nach dem Wortlaut des § 83 GmbHG fanden die Strafvorschriften der §§ 239-241 KO gegen „die Geschäftsführer einer Gesellschaft mit beschränkter Haftung", welche ihre Zahlungen eingestellt hat oder über deren Vermögen das Konkursverfahren eröffnet worden ist, Anwendung. Das Reichsgericht legte diese Formulierung dahin aus, dass § 83 GmbHG nicht nur auf eingetragene Geschäftsführer, sondern auch auf faktische Geschäftsführer Anwendung findet.

d) RGSt 73, 68

In einem anderen Fall hatte der Geschäftsführer einer in Konkurs geratenen GmbH seine Befugnis, über das Postscheckkonto der Gesellschaft zu verfügen, dazu genutzt, 103 RM zu seinem persönlichen Verbrauch abzuheben. Das Landgericht Berlin hatte ihn wegen Beiseiteschaffens von Vermögensstücken der Gesellschaft nach § 239 Abs. 1 Nr. 1 KO[484] i.V.m. § 83 GmbHG, begangen in Tateinheit mit Untreue i.S.d. § 81a GmbHG, verurteilt. Der 2. Strafsenat des Reichsgerichts[485] sah den äußeren Tatbestand des § 239 Abs. 1 Nr. 1 KO ebenfalls als erfüllt an. Er vertrat jedoch die Auffassung, dass die bisherige Recht-

---

483 RGSt 71, 112 (113).

484 (Betrügerischer Bankrott) Schuldner, welche ihre Zahlungen eingestellt haben, oder über deren Vermögen das Konkursverfahren eröffnet worden ist, werden wegen betrüglichen Bankrotts mit Freiheitsstrafe nicht unter einem Jahr bestraft, wenn sie in der Absicht, ihre Gläubiger zu benachteiligen, Vermögensstücke verheimlicht oder beiseite geschafft haben.

485 RGSt 73, 68 ff.

sprechung des Reichsgerichts zur Auslegung der Worte „in seiner Eigenschaft als Geschäftsführer“ nicht aufrechtzuerhalten sei. Die Begründung zur Konkursordnung weise zu § 244 KO auch darauf hin, dass ohne diese Vorschrift die Gläubiger der Gesellschaft wie die Aktionäre der Leichtfertigkeit und den Umtrieben der Vorstandsmitglieder preisgegeben würden. Damit werde der Gedanke hervorgehoben, die Betroffenen durch diese Vorschrift möglichst weit reichend zu schützen. Von ihm sei auch bei der Auslegung der Vorschrift in erster Linie auszugehen. Der Gedanke, dass die Allgemeinheit gegen die Angriffe von Rechtsbrechern wirksam zu sichern sei, der für die Neugestaltung des Strafrechtes immer schärfer betont werde, führe ohne weiteres zu der Prüfung, welche Auslegung der einzelnen Strafbestimmung diesem Ziel am besten entspreche.

> „Die Worte „in dieser Eigenschaft“ im § 83 GmbHG können im Zusammenhange der Vorschrift ohne Bedenken dahin aufgefasst werden, es werde damit, ebenso wie durch die Wendung „als Geschäftsführer“ im § 81a GmbHG für die Untreue, nur das Merkmal aufgestellt, dass der Täter die Konkurshandlung als das *an Stelle* der Schuldnerin strafrechtlich verantwortliche Organ begangen habe. Soweit – wie hier – die Beseitigung eines Vermögensstückes der Gesellschaft in Frage steht, muss es als schwerere Verletzung der Strafvorschrift erscheinen, wenn sich der Täter kraft seiner tatsächlichen Machtstellung als Organ der Gesellschaft das Vermögensstück selbst zugeeignet hat, als wenn er es im Interesse der Gesellschaft beiseite geschafft hätte. *Dem vorerwähnten Zwecke* des § 83 a.a.O. im Zusammenhange mit dem § 239 Abs. 1 Nr. 1 KO *wird* hiernach *nur die Auslegung gerecht, die von der Einengung absieht, dass der Täter in Bezug auf den Geschäftsbetrieb – also für die Gesellschaft – gehandelt haben müsse.* Es ist daher davon auszugehen, dass das *Beiseiteschaffen von Vermögensstücken der GmbH auch durch eigennützige Untreuehandlungen des Geschäftsführers* geschehen kann. Ein *Handeln in seiner Eigenschaft als solcher* liegt schon dann vor, *wenn* er die Konkurshandlung lediglich *in Ausnutzung der tatsächlichen Machtstellung*, die er als Organ der Gesellschaft einnimmt, *und der ihm dadurch gegebenen Möglichkeiten* begangen hat.“ [Hervorhebungen nicht im Original]

Ersichtlich vertritt der 2. Strafsenat die Auffassung, durch die Worte „in dieser Eigenschaft“ in § 83 GmbHG werde nur das Merkmal aufgestellt, dass der Täter die Konkurshandlung als das *an Stelle* der Schuldnerin strafrechtlich verantwortliche Organ begangen habe. Der Bezug zum Geschäftsbetrieb der Gesellschaft, also das Handeln für die Gesellschaft, sei nicht erforderlich. Auch durch eigennützige Untreuehandlungen des Geschäftsführers könne das Beiseiteschaffen von Vermögensstücken der GmbH i.S.d. § 239 Abs. 1 Nr. 1 KO erfolgen. Ein Handeln in seiner Eigenschaft als Geschäftsführer liege schon dann vor, wenn er die Konkurshandlung lediglich in Ausnutzung der tatsächlichen Machtstellung, die er als Organ der Gesellschaft einnehme, und der ihm dadurch gegebenen Möglichkeiten begangen habe.

e) RGSt 73, 117

Wenige Wochen später lag einer Entscheidung des 1. Strafsenats des Reichsgerichts die Fragestellung zugrunde, unter welchen Voraussetzungen das Vorstandsmitglied einer Aktiengesellschaft „in dieser Eigenschaft" (§ 244 KO) durch Aufwand übermäßige Summen verbraucht. Das Landgericht Freiburg (Baden) hatte den Angeklagten wegen Konkursvergehens, u.a. nach § 240 Abs. 1 Nr. 1 KO, verurteilt, weil er durch Aufwand übermäßige Summen verbraucht habe. Die Revision führte zur Aufhebung dieses Urteils. Den Urteilsgründen[486] ist zu entnehmen:

> „Nach dem § 244 i. Verb. m. dem § 240 Abs. 1 Nr. 1 KO könnte der Angeklagte für einen übermäßigen Aufwand, den er „in seiner Eigenschaft" als Mitglied des Verwaltungsrates der schweizerischen AG begangen hätte, nur dann bestraft werden, wenn festgestellt werden könnte, dass er *aus dem Vermögen und mit Bezug auf den Geschäftsbetrieb der Aktiengesellschaft – also irgendwie im Geschäftskreise der Gesellschaft*, z.B. durch Gehaltsauszahlungen an ihn selbst, – einen übermäßigen Aufwand getrieben habe (RGSt Bd. 42 S. 278, Bd. 60 S. 234, 236)." [Hervorhebungen nicht im Original]

Die Worte „in dieser Eigenschaft" in § 244 KO legte der 1. Strafsenat des Reichsgerichts in dem engeren Sinne aus, in dem sie die frühere Rechtsprechung zu § 83 GmbHG verstanden hat. Zur abweichenden Entscheidung des 2. Strafsenats äußerte er sich wie folgt[487]:

> „... dieses Urteil des zweiten Strafsenates bezieht sich nur auf die Frage, unter welchen Voraussetzungen sich der Geschäftsführer einer GmbH – oder entsprechend das Vorstandsmitglied einer AG – des Konkursverbrechens nach dem § 239 Abs. 1 Nr. 1 KO i. Verb. m. dem § 83 GmbHG (oder mit dem § 244 KO) schuldig machen könne. Zu dieser Frage ist im vorliegenden Falle keine Stellung zu nehmen, da der Angeklagte nach den Feststellungen nicht die Absicht gehabt hat, die Gläubiger zu benachteiligen. Für den Fall eines Vergehens nach dem § 240 Abs. 1 Nr. 1 KO, der hier zu entscheiden ist, führt schon der Begriff des „Aufwandes" dazu, in dem § 244 KO die Worte „in dieser Eigenschaft" in dem engeren Sinn auszulegen, in dem sie die frühere Rechtsprechung (seit RGSt Bd. 42 S. 278) verstanden hat. Denn entweder wären dem Angeklagten Mittel von der AG als Gehalt oder aus einer sonstigen Veranlassung im Zusammenhange mit dem Geschäftsbetriebe der AG zugeflossen; dann würde es nicht an der Beziehung zu dem Geschäftsbetriebe fehlen, die außer Zweifel stellen würde, dass der Angeklagte dabei „in der Eigenschaft als" Verwaltungsratsmitglied aufgetreten wäre. Oder aber der Angeklagte hätte sich ohne solche Beziehung lediglich mit Hilfe der Machtstellung, die er in der AG hatte, Gesellschaftsmittel angeeignet; dann wäre das eine Untreue gegenüber der Gesellschaft

486 RGSt 73, 117 (119).
487 RGSt 73, 117 (119 f.).

> gewesen; aber es läge darin kein „Aufwand". Denn man kann nicht sagen, jemand, der einen anderen bestiehlt oder einem anderen etwas veruntreut, treibe dadurch Aufwand, oder der Geschädigte treibe dadurch Aufwand."

Diese Entscheidung zeigt, dass die Rechtsprechung des Reichsgerichts zu den Zurechnungsvorschriften der §§ 83 GmbHG, 244 KO selbst innerhalb des Konkursstrafrechts (§§ 239 Abs. 1 Nr. 1, 240 Abs. 1 Nr. 1 KO) divergierte.

2. Analyse der Rechtsprechung des Bundesgerichtshofs zu den Vorläufer-Vorschriften des § 14 StGB

a) BGHSt 3, 23

Der soweit ersichtlich ersten Entscheidung des BGH[488] zu § 83 GmbHG i.V.m. § 240 Abs. 1 Nr. 1 KO ist lediglich zu entnehmen:

> „Den Angeklagten trifft für Bankrotthandlungen nach § 83 GmbHG die strafrechtliche Verantwortlichkeit des Schuldners, weil er Geschäftsführer war. [...] Es kann auch nicht zweifelhaft sein, dass, soweit § 83 GmbHG in Betracht kommt, der Angeklagte den Aufwand in seiner Eigenschaft als Geschäftsführer getrieben hat."

Der Geschäftsführer einer GmbH hatte durch seine Ausgaben für Kredite, für Reisen und für die Teilnahme an Ausstellungen Beträge ausgegeben, die nach Auffassung des BGH das Maß des Notwendigen und Üblichen überstiegen und zu dem Vermögen und dem Einkommen der Gesellschaft in keinem angemessenen Verhältnis standen, was der Geschäftsführer erkannt und auch gebilligt hatte.

b) BGHSt 3, 32

Wenige Tage später hatte der 1. Strafsenat des BGH erneut über eine Konkursstraftat zu urteilen. Die K. & Co GmbH, deren Hauptgesellschafter die Angeklagten K. und D. waren, betrieb in O. eine Kies- und Sandbaggerei. Zur Sicherung eines Kredits von 15.000 DM hatte die Gesellschaft durch Vertrag vom 23. September 1949 dem Bankgeschäft Kl. u.a. einen Bagger und ein Rüttelsieb übereignet. Diese Maschinen standen damals aber noch im Eigentumsvorbehalt des Verkäufers. Im Januar 1950 bezahlte die Gesellschaft aus den Kreditmitteln die Restforderung des Verkäufers. Bereits Ende 1949 hatten die Angeklagten den Betrieb der K. & Co GmbH eingestellt. Um dieselbe Zeit hatten sie eine neue Gesellschaft in N. gegründet. Dorthin wurden u.a. der Bagger und das Rüt-

488 BGHSt 3, 23 (25 f.).

telsieb – im Einverständnis mit dem Bankgeschäft Kl. – verbracht, um sie im neuen Betrieb einzusetzen. Am 21. März 1950 stellten die Angeklagten beim Amtsgericht in H. den Antrag, über das Vermögen der K. & Co GmbH den Konkurs zu eröffnen. Dem Antrag wurde am 10. Mai 1950 entsprochen. Das Landgericht Heilbronn hatte den Angeklagten D. vom Vorwurf des betrügerischen Bankrotts (§ 239 Abs. 1 Nr. 1 KO), den Angeklagten K. der Anstiftung hierzu, freigesprochen. Der BGH legt demgegenüber dar, dass die Annahme des Landgerichts, die Angeklagten hätten keine Vermögensstücke der Gemeinschuldnerin i.S.d. § 239 Abs. 1 Nr. 1 KO beiseite geschafft oder verheimlicht, nicht frei von Rechtsirrtum sei. Ferner führt er aus, dass das Landgericht auch zu Unrecht verneint habe, dass der Angeklagte K. Geschäftsführer der K. & Co GmbH gewesen sei. Er sei zwar nicht im Gesellschaftsvertrag dazu bestellt worden und auch nicht als Geschäftsführer im Handelsregister eingetragen, hätte aber tatsächlich die Stellung eines Geschäftsführers inne gehabt:

> „Das Urteil lässt zweifelsfrei erkennen, dass K. seine tatsächliche Geschäftsführerstellung im Einverständnis aller Gesellschafter einnahm. Darin liegt eine ausreichende Bestellung zum Geschäftsführer. [...] Zusammen mit der tatsächlichen Erfüllung der Geschäftsführeraufgaben durch K. genügt dies für die Annahme, dass er im Sinne des § 83 GmbHG als Geschäftsführer anzusehen ist.“[489]

Auch derjenige, der ohne förmlich dazu bestellt oder im Handelsregister eingetragen ist, im Einverständnis der Gesellschafter die Stellung eines Geschäftsführers tatsächlich einnimmt, also Geschäftsführeraufgaben tatsächlich erfüllt, ist nach Auffassung des BGH als Geschäftsführer im Sinne des § 83 GmbHG anzusehen.[490] Ebenso wie das Reichsgericht (RGSt 71, 112) dehnt der Bundesgerichtshof den Anwendungsbereich der Zurechnungsvorschrift auf faktische Geschäftsführer aus.

Zur Strafbarkeit wegen Untreue führt der BGH aus, die Taten der Angeklagten hätten schließlich noch unter dem Gesichtspunkt einer zum Nachteil der K. & Co GmbH begangenen Unterschlagung und Untreue gewürdigt werden müssen. Tateinheitliche Untreue und Bankrott kam nach Auffassung des BGH somit in Betracht.

c) BGH v. 22.01.1953 – 3 StR 154/52

In einem anderen Fall teilte der BGH die Auffassung des Landgerichts, das den Angeklagten wegen fortgesetzter Untreue gegenüber der GmbH teilweise in

---

489 BGHSt 3, 32 (38 f.).

490 Vgl. Leitsatz 2 BGHSt 3, 32 (33); ausdrücklich bestätigt durch BGH, Urt. v. 10.06.1958 – 5 StR 190/58 = BB 1958, 930.

Tateinheit mit betrügerischem Bankrott verurteilt hatte, nicht. Der Angeklagte war Geschäftsführer und Hauptgesellschafter einer Tuchfabrik GmbH. In der auf seine Veranlassung und nach seinen Weisungen aufgestellten Handelsbilanz der GmbH zum 30. Juni 1950 hatte er keine Abschreibungen auf Gebäude und Anlagewerte vorgenommen, uneinbringliche und zweifelhafte Forderungen mit ihrem Nennwert und den Bestand an Halb- und Fertigwaren zum Verkaufspreis einsetzen lassen, ferner Zinsen von Bankverbindlichkeiten und Gerichtskosten nicht berücksichtigt. Dadurch ergaben sich Überbewertungen auf der Aktivseite in Höhe von etwa 95.000 DM. Die Feststellungen ergaben, dass der Angeklagte die Gläubiger über die Kreditwürdigkeit des Unternehmens täuschen und dadurch benachteiligen wollte. Das Konkursverfahren über das Vermögen der GmbH war am 3. August 1950 eröffnet worden.

Der BGH bestätigte, dass das Landgericht hierin ohne Rechtsirrtum die Merkmale des betrügerischen Bankrotts nach § 239 Abs. 1 Nr. 4 KO i.V.m. § 83 GmbHG gefunden habe. Entgegen der Auffassung des Landgerichts liege eine Untreue i.S.d. § 81a GmbHG[491] jedoch nicht vor. Die Feststellung des Landgerichts, infolge der Überbewertung seien die Mitgesellschafter des Angeklagten nicht in der Lage gewesen, sich rechtzeitig ein Bild über die wirtschaftliche Lage des Unternehmens zu machen, sei nicht geeignet, die Verurteilung aus § 81a GmbHG zu tragen. Das Landgericht unterscheide hier nicht zwischen dem Vermögen der Gesellschafter und dem Gesellschaftsvermögen. Nach § 81a GmbHG strafbar sei nur der Geschäftsführer, der bewusst zum Nachteil der Gesellschaft als solcher handelt. Inwiefern durch falsche Bilanz das Vermögen der Gesellschaft selbst beschädigt worden sein soll, habe das Landgericht nicht dargelegt. Die Benachteiligung der Mitgesellschafter falle nicht unter die Strafbestimmung des § 81a GmbHG. Sie könne auch nicht unter dem Gesichtspunkt der Untreue nach § 266 StGB bestraft werden, weil die Gesellschafter und der Geschäftsführer einer GmbH nicht durch ein gesetzliches oder rechtsgeschäftliches Treueverhältnis im Sinne dieser Bestimmung verbunden seien. Der Geschäftsführer sei nach § 43 GmbHG nur verpflichtet, die Angelegenheiten der Gesellschaft mit der Sorgfalt eines ordentlichen Geschäftsmannes wahrzunehmen. Dabei könne er sogar unter Umständen in einen Interessengegensatz zu den Gesellschaftern geraten.

Die Feststellungen, der Angeklagte habe die schwarz produzierten Tücher für eigene Rechnung verkauft und den Erlös mindestens teilweise für sich ver-

491 Wer als Geschäftsführer, Liquidator oder Mitglied eines Aufsichtsrats oder eines ähnlichen Organs einer Gesellschaft mit beschränkter Haftung vorsätzlich zum Nachteil der Gesellschaft handelt, wird mit Gefängnis und mit Geldstrafe bestraft. Daneben kann auf Verlust der bürgerlichen Ehrenrechte erkannt werden.

wendet, waren nach Auffassung des BGH lückenhaft, boten deshalb auch keine Grundlage für die Annahme des Landgerichts, er habe hierdurch eine Unterschlagung nach § 246 StGB und zugleich eine Untreue nach § 81a GmbHG sowie ein Konkursverbrechen nach § 239 Abs. 1 Nr. 1 KO begangen. Dies könne – so der BGH – erst dann bejaht werden, wenn zur Gewissheit feststehe, dass der Angeklagte wirklich in dieser Weise vorgegangen sei.

d) BGHSt 6, 314

Im Jahre 1954 hatte der BGH einen Fall zu entscheiden, in dem der Angeklagte während seiner Tätigkeit als stellvertretender Geschäftsführer einer GmbH von dem Bankkonto der Gesellschaft wöchentlich Gelder zur Entlohnung der Arbeiter abgehoben hatte. Dabei behielt er jede Woche 200 bis 900 DM für sich. Auf den Namen der Mitgesellschafterin hatte er darüber hinaus ein Girokonto einrichten lassen, um Pfändungen auszuweichen. Nach den Feststellungen stand das Konto der GmbH zu. Von diesem Konto ließ sich der Angeklagte in seiner Eigenschaft als stellvertretender Geschäftsführer der GmbH im Einverständnis der Mitgesellschafterin 12.800 DM auszahlen und bezahlte davon Löhne. 600 DM verbrauchte er für sich selbst. Das Landgericht Köln verurteilte den Angeklagten u.a. wegen betrügerischen Bankrotts (§§ 239 Abs. 1 Nr. 1 KO, 83, 44 GmbHG) in Tateinheit mit fortgesetzter Unterschlagung und mit fortgesetzter Untreue sowie wegen Untreue.

Die Verurteilung wegen Untreue (§ 81a GmbHG) hielt der BGH für unbedenklich. Die Aneignung des Geldes wertete der BGH indessen als straflose Nachtat; eine Bestrafung wegen tateinheitlich begangener Unterschlagung (§ 246 StGB) schied somit aus. Fehlerhaft war nach Auffassung des BGH auch die Verurteilung wegen betrügerischen Bankrotts, da der Angeklagte die Unterschlagung der Geldbeträge nicht „in seiner Eigenschaft als Geschäftsführer der GmbH“ begangen habe. Zur Begründung[492] ist ausgeführt:

> „In dieser Eigenschaft handelt der Geschäftsführer nur, wenn er *in Bezug auf das Vermögen und den Geschäftsbetrieb der Gesellschaft* sowie *in deren Interesse* tätig wird.“ [Hervorhebungen nicht im Original]

Der Bundesgerichtshof setzt hier zum ersten Mal ausdrücklich ein Handeln im Interesse der Gesellschaft voraus. In Anlehnung an die Rechtsprechung des Reichsgerichts[493] zu § 240 Nr. 1 KO, wonach als Aufwand nur in Frage kam, was der Gesellschaftskasse mit Rücksicht auf den Geschäftsbetrieb im unmittelbaren oder doch mittelbaren Zusammenhang mit diesem und *zur Verwendung im*

492 BGHSt 6, 314 (316 f.).
493 RGSt 42, 278 (282).

Interessenkreise der Gesellschaft entnommen war, verkürzt der BGH diese Formulierung, indem er ein Handeln „*in deren Interesse*" beim Beiseiteschaffen von Vermögensstücken i.S.d. § 239 Abs. 1 Nr. 1 KO verlangt. Das Tätigwerden im Interesse der Gesellschaft scheide aus, wenn sich der Geschäftsführer Gesellschaftsgelder durch Diebstahl, Unterschlagung oder Untreue aneigne. Die Entstehungsgeschichte des § 244 KO, dem der § 83 GmbHG insoweit nachgebildet sei, lasse erkennen, dass dem Gesetzgeber gegenüber eigennützigen Handlungen von Geschäftsführern die sonstigen Strafgesetze genügten. Diese Auslegung des Gesetzes entspreche auch dem Zweck der Strafvorschrift. § 83 GmbHG setze ebenso wie § 244 KO an die Stelle einer nicht strafbaren juristischen Person die strafrechtliche Verantwortlichkeit bestimmter gesetzlicher Vertreter. Diesem Gedanken entspreche es, nur diejenigen Handlungen als Konkursstraftaten zu erfassen, die der Gesellschafter *für die Gesellschaft* vornehme. Jedenfalls müsse das für den Bereich des § 239 Abs. 1 Nr. 1 KO gelten. Diese Vorschrift wolle den Gläubigern des Schuldners Schutz gewähren, soweit dieser zu ihrem Nachteil Vermögensgegenstände verheimlicht oder beiseite schafft. Daraus folge, dass ein Beiseiteschaffen, das sogar zu Lasten des Schuldners – hier der GmbH – geht, nicht die Tatbestandsmerkmale des § 239 Abs. 1 Nr. 1 KO i.V.m. § 83 GmbHG erfüllen könne. In diesen Fällen habe nicht eigentlich der Schuldner durch sein Organ gehandelt, sondern das Organ sei – bei Gelegenheit der Geschäftsführung – eigennützig und außerhalb derjenigen Befugnisse tätig geworden, die ihm der Schuldner eingeräumt habe.

Auf die abweichenden Entscheidungen des BGH vom 22. Januar 1953 – 3 StR 154/52 und BGHSt 3, 32, denen zufolge Untreue und Bankrott in Tateinheit in Betracht kommt, geht der BGH nicht ein. Allerdings äußert er sich zum ebenfalls abweichenden Urteil des Reichsgerichts (RGSt 73, 68) wie folgt:

> „Das Reichsgericht hat zwar vorübergehend die Auffassung vertreten, auch eigennützige Handlungen eines Geschäftsführers seien nach den erwähnten Bestimmungen[494] strafbar (RGSt 73, 68). Diese – schon in RGSt 73, 117 wieder aufgegebene – Ansicht hat es damit begründet, der Wortlaut des Gesetzes (§ 83 GmbHG) bringe keine Beschränkung zum Ausdruck und ein möglichst weitreichender Schutz der Gläubiger sei erforderlich. Dem folgt der Senat nicht. Zugegeben ist, dass der Wortlaut des § 83 GmbHG zu Zweifeln Anlass gibt. Aber gerade weil das der Fall ist, ist eine Auslegung des Gesetzes nach seiner Entstehungsgeschichte und dem Zweck der Strafbestimmung geboten. Sie führt dazu, die Worte „in dieser Eigenschaft begangen" eng auszulegen."

494 § 239 Abs. 1 Nr. 1 KO i.V.m. § 83 GmbHG.

Nach Auffassung des BGH hatte der Angeklagte nicht in seiner Eigenschaft als Geschäftsführer gehandelt, sich somit nicht des betrügerischen Bankrotts gem. §§ 239 Abs. 1 Nr. 1 KO, 83 GmbHG schuldig gemacht.

e) BGH, Urt. v. 19.10.1956 – 5 StR 182/56

Demgegenüber ist einer Entscheidung des BGH aus dem Jahre 1956, die nicht in der Amtlichen Sammlung veröffentlicht wurde, zu entnehmen:

> „Richtig ist zwar, dass nach der Rechtsprechung des Reichsgerichts und des Bundesgerichtshofs der Verbrauch von Geld durch einen Gemeinschuldner zum Lebensunterhalt sowie Notverkäufe, die dem ausschließlichen Zwecke der Beschaffung dieses Unterhalts dienen, kein „Beiseiteschaffen" sind (vgl. RGSt 66, 88; BGH NJW 1952, 898). Diese Auffassung findet ihre Rechtfertigung darin, dass nach § 1 KO das Konkursverfahren das gesamte, einer Zwangsvollstreckung unterliegende Vermögen des Gemeinschuldners umfasst. Dem entspricht es, dass die Konkursordnung in ihren §§ 58 Nr. 3, 129 Abs. 1 und 131 Abs. 1 ausdrücklich eine Unterstützung des Gemeinschuldners und seiner Familie aus der Konkursmasse vorsieht. Das gilt aber *nicht* für den Geschäftsführer einer GmbH, mag er auch Inhaber sämtlicher Geschäftsanteile sein. Gemeinschuldner ist im Konkursverfahren über das Vermögen einer GmbH diese als juristische Person, nicht aber ihr Geschäftsführer oder der Inhaber ihrer Geschäftsanteile. Das Konkursverfahren umfasst in diesem Falle nur das Vermögen der GmbH, nicht dagegen das Privatvermögen des Geschäftsführers oder des Inhabers der Geschäftsanteile. Für sie sieht das Gesetz demgemäß auch eine Unterstützung aus der Konkursmasse der GmbH nicht vor. Der bloße Umstand, dass der Angeklagte die 135 DM für seinen und seiner Familie notwendigen Unterhalt entnommen und verbraucht hat, schließt daher im Gegensatz zur Auffassung der Strafkammer ein „Beiseiteschaffen" nicht aus. Dieses würde jedoch zu verneinen sein, wenn der Angeklagte das Geld zur Befriedigung etwaiger, ihm zustehender fälliger Gehaltsansprüche entnommen hätte."[495] [Hervorhebungen nicht im Original]

Hiernach erfüllen eigennützige Handlungen des Geschäftsführers doch den Tatbestand des Bankrotts.

f) BGH, Urt. v. 11.10.1960 – 5 StR 155/60

In einer weiteren, nicht in der Amtlichen Sammlung veröffentlichten Entscheidung zu § 83 GmbHG aus dem Jahre 1960 bestätigte der BGH[496] die Interessenformel wiederum mit den Worten:

---

495 BGH, Urt. v. 19.10.1956 – 5 StR 182/56 (unveröffentlicht), Hinweis auf das Urteil in: GA 1958, 47 (Herlan).

496 BGH GA 1961, 356 (Herlan).

„In dieser Eigenschaft“ begangen sind nur solche Handlungen des Geschäftsführers, die er *für die Gesellschaft und in ihrem Interesse* vornimmt. Er ist daher nach dieser Vorschrift nicht strafbar, wenn er durch Untreue Vermögensstücke der Gesellschaft zu deren Nachteil beiseite schafft. Dieser Grundsatz gilt für den § 239 Abs. 1 Nr. 4 KO jedenfalls dann, wenn er die Bücher unübersichtlich führt oder führen unterlässt, um damit die Untreue zu verschleiern, die er durch das Beiseiteschaffen von Vermögensstücken der Gesellschaft begangen hat.“ [Hervorhebungen nicht im Original]

g) BGH, Urt. v. 16.05.1962 – 2 StR 76/62

In einem anderen Fall hatte der Geschäftsführer einer GmbH mit Hilfe des Angeklagten wegen einer in Wirklichkeit nicht bestehenden Forderung vollstreckbare Zahlungsbefehle gegen die GmbH erwirkt. Ferner ließ er eine Forderung dieser GmbH gegen einen Dritten pfänden und überweisen. Die Strafkammer hatte in diesem Verhalten ein Konkursverbrechen nach § 239 Abs. 1 Nr. 1 KO, begangen in Tateinheit mit einem Vergehen nach § 81a GmbHG, gesehen und den Angeklagten wegen Beihilfe zu diesen Straftaten verurteilt. Auf dessen Revision hin wurde das Urteil aufgehoben. Den Gründen[497] ist zu entnehmen:

„B. war zwar Geschäftsführer der in Konkurs geratenen A.Z. GmbH und er hat eine Forderung, also ein Vermögensstück der Gemeinschuldnerin beiseite geschafft. Dabei hat er aber nicht in seiner Eigenschaft als Geschäftsführer gehandelt. In dieser Eigenschaft sind nur Handlungen des Geschäftsführers begangen, die er *für die Gesellschaft in deren Interesse* vornimmt. Ein Beiseiteschaffen, das der Geschäftsführer nicht für die Gesellschaft bewirkt, das vielmehr sogar zu deren Lasten geht, erfüllt nicht den Tatbestand des § 239 Abs. 1 Nr. 1 KO in Verbindung mit § 83 GmbHG (BGHSt 6, 314, 316 f.; BGH Urteil vom 11. Oktober 1960 – 5 StR 155/60). Vielmehr ist dann in der Regel der Tatbestand des § 81a GmbHG gegeben. Soweit B. den Erlös aus der beiseite geschafften Forderung nicht der A.Z. GmbH, sondern einer neu gegründeten anderen Gesellschaft zugute kommen lassen wollte, handelte er nicht im Interesse der A.Z. GmbH, sondern zu deren Nachteil. In diesem Umfange fehlt es daher an einer Straftat des Haupttäters. Damit entfällt auch eine Beihilfe des Angeklagten dazu.“ [Hervorhebungen nicht im Original]

Auch hier setzt der BGH für das Handeln „in dieser Eigenschaft“ gem. §§ 239 Abs. 1 Nr. 1 KO, 83 GmbHG voraus, dass der Geschäftsführer für die Gesellschaft in deren Interesse handelt. Ein Beiseiteschaffen, das der Geschäftsführer nicht für die Gesellschaft bewirke, das vielmehr sogar zu deren Lasten gehe, erfülle regelmäßig den Tatbestand der Untreue.

497 BGH GA 1963, 307.

h) BGHSt 19, 174

Dass § 83 GmbHG auch auf den Geschäftsführer einer GmbH Anwendung findet, der in dieser Eigenschaft die Geschäfte einer Kommanditgesellschaft führt, deren einziger persönlich haftender Gesellschafter die GmbH und deren einziger Kommanditist der Geschäftsführer selbst ist (GmbH & Co. KG), ist einem Urteil des Bundesgerichtshofs[498] aus dem Jahre 1963 zu entnehmen.

i) BGH NJW 1969, 1494

Einer Entscheidung[499] aus dem Jahre 1969 lag bereits der neu eingefügte § 50a Abs. 1 StGB zugrunde. In der Urteilsbegründung heißt es:

> „§ 83 GmbHG setzte ausdrücklich voraus, dass der Geschäftsführer der GmbH „in dieser Eigenschaft“ handelte. In der Rechtsprechung des RG (RGSt 42, 278, 282 ff.) und des BGH (BGHSt 6, 314, 316 = NJW 54, 1854; BGH, Urt. v. 11.10.1960 – 5 StR 155/60, v. 16.05.1962 – 2 StR 76/62 und v. 13.10.1967 – 4 StR 191/67) ist deshalb anerkannt, dass nur solche Handlungen des Geschäftsführers den Tatbestand des betrügerischen Bankrotts nach § 239 Abs. 1 Nr. 1 KO erfüllen können, die dieser *für die Gesellschaft in deren Interesse* vornimmt. Bei eigennützigen Handlungen des Geschäftsführers zum Nachteil der Gesellschaft, namentlich bei einem Beiseiteschaffen von Vermögensstücken durch Untreue, kommen dagegen die sonstigen Strafvorschriften, vor allem § 81a GmbHG zur Anwendung. Maßgebend für die Abgrenzung im Einzelfall ist eine *wirtschaftliche Betrachtung* der in Rede stehenden, auf das Vermögen der Gesellschaft einwirkenden eigennützigen Handlungen des Geschäftsführers [...]. *Wortlaut, Zweck und Entstehungsgeschichte des § 50a Abs. 1 Nr. 1 StGB ergeben, dass sich an dieser Beurteilung nichts ändern sollte.*“ [Hervorhebungen nicht im Original]

Der Bundesgerichtshof stellt damit klar, dass sich an der Beurteilung nach Einführung des § 50a StGB nichts ändern, die Interessenformel nach wie vor Anwendung finden soll.

Der Gesellschafter und alleinige Geschäftsführer einer GmbH hatte der Gesellschaft über seine Stammeinlage hinaus 60.000 bis 90.000 DM aus seinem Privatvermögen zugeführt, ehe die GmbH gleichwohl zahlungsunfähig wurde. Um sich und seine Ehefrau wegen Forderungen gegen die Gesellschaft vor anderen Gläubigern zu sichern oder zu befriedigen, hatte er als Geschäftsführer der GmbH in vier Verträgen Vermögensgegenstände der GmbH an sich und/oder seine Frau übereignet, in drei Fällen zur Sicherung eines Darlehens in Höhe von 50.000 DM bzw. aller gegenwärtigen und zukünftigen Ansprüche gegen die

498 BGHSt 19, 174 (176), ausdrücklich bestätigt durch BGH, Urt. v. 16.11.1965 – 1 StR 364/65.

499 BGH NJW 1969, 1494 f.

GmbH bzw. als Gegenleistung für die Einlösung eines von ihm früher persönlich akzeptierten Wechsels, im vierten Fall als Ausgleich für Mietforderungen seiner Frau gegenüber der GmbH. Das Landgericht Detmold hatte den Angeklagten wegen jeder der vier Übereignungsverträge sowohl wegen – in Fortsetzungszusammenhang begangenen – betrügerischen Bankrotts nach § 239 Abs. 1 Nr. 1 KO als auch in Tateinheit begangener Gläubigerbegünstigung nach § 241 KO verurteilt.

Der BGH sah den Tatbestand des § 239 Abs. 1 Nr. 1 KO in den drei Fällen als verletzt an, in denen der Angeklagte sich selbst wegen seiner Ansprüche gegen die Gesellschaft – sei es durch Übereignung von Vermögensstücken an sich allein, sei es durch Übereignung an sich und seine Ehefrau gemeinschaftlich – sichern oder befriedigen, also sich selbst auf Kosten der Konkursmasse besondere Vorteile verschaffen wollte. Im vierten Fall habe sich der Angeklagte einer Gläubigerbegünstigung schuldig gemacht, indem er seine Ehefrau wegen einer zwar fälligen, aber nicht auf die übereigneten Vermögensstücke gerichteten Geldforderung aus Miete vor den anderen Gläubigern zu befriedigen suchte. Eine tateinheitliche Verurteilung wegen betrügerischen Bankrotts wäre nach Auffassung des BGH insoweit nur in Betracht gekommen, wenn der Angeklagte seine Frau im Übermaß begünstigt, d.h. ihr größere Vermögenswerte zugewendet hätte, als ihrer Forderung entsprach.

Dieses Ergebnis überrascht – handelte der Angeklagte doch eigennützig! Darauf abstellend, dass der GmbH wirtschaftlich betrachtet kein Nachteil zugefügt wurde, da der Wert der durch Übereignung beiseite geschafften Vermögensstücke nicht größer war als derjenige der gesicherten Forderungen, bestanden nach Auffassung des BGH jedoch keine Bedenken gegen die Anwendung des § 239 Abs. 1 Nr. 1 KO.

3. Ergebnis

Die früheren Bankrotttatbestände der §§ 239-241 KO fanden nach § 83 GmbHG auf den Geschäftsführer einer GmbH Anwendung, wenn er „in dieser Eigenschaft" die mit Strafe bedrohten Handlungen begangen hatte.

Das Reichsgericht[500] interpretierte diese Formulierung dahin, dass die Konkurshandlungen mit Bezug auf das Vermögen und den Geschäftsbetrieb der Gesellschaft vorgenommen sein mussten.

In Verbindung mit § 240 Nr. 1 KO setzte das Reichsgericht[501] voraus, dass der Geschäftsführer mit Mitteln der Gesellschaft und auf deren Rechnung Spiel,

500 RGSt 42, 278 (280); 60, 234 (236).

Wette oder Differenzgeschäfte betrieben oder durch Aufwand für Geschäftszwecke, d.h. mit Rücksicht auf den Geschäftsbetrieb im unmittelbaren oder doch jedenfalls mittelbaren Zusammenhang mit diesem und zur Verwendung im Interessenkreis der Gesellschaft, übermäßige Summen verbraucht hatte.

Dem Zweck der §§ 239 Abs. 1 Nr. 1 KO, 83 GmbHG wurde nach Auffassung des Reichsgerichts[502] demgegenüber nur die Auslegung gerecht, die von der Einengung absah, dass der Täter in Bezug auf den Geschäftsbetrieb – also für die Gesellschaft – handelte. Es sei davon auszugehen, dass das Beiseiteschaffen von Vermögensgegenständen der GmbH auch durch eigennützige Untreuehandlungen des Geschäftsführers geschehen könne. Mit den Worten „in dieser Eigenschaft" in § 83 GmbHG werde nur das Merkmal beschrieben, dass der Täter die Konkurshandlung als das an Stelle der Schuldnerin strafrechtlich verantwortliche Organ begangen habe. Ein Handeln in seiner Eigenschaft als Geschäftsführer liege schon dann vor, wenn er die Konkurshandlung lediglich in Ausnutzung der tatsächlichen Machtstellung, die er als Organ der Gesellschaft einnehme, und der ihm dadurch gegebenen Möglichkeiten begangen habe.

Der Bundesgerichtshof stellt stärker auf das Kriterium des Interesses ab: „In dieser Eigenschaft" handele der Geschäftsführer nur, wenn er in Bezug auf das Vermögen und den Geschäftsbetrieb der Gesellschaft sowie in deren Interesse tätig werde.[503] In seiner späteren Rechtsprechung verkürzte der BGH[504] diese Formulierung auf die Formel: „für die Gesellschaft in deren Interesse". Bei eigennützigen Handlungen des Geschäftsführers zum Nachteil der Gesellschaft sollten nach Auffassung des BGH die sonstigen Strafvorschriften, vor allem § 81a GmbHG (Untreue), zur Anwendung kommen. Maßgebend für die Abgrenzung im Einzelfall war eine wirtschaftliche Betrachtung der Handlungen des Geschäftsführers.

Nach der Rechtsprechung[505] war aber auch derjenige als Geschäftsführer im Sinne des § 83 GmbHG anzusehen, der im Einverständnis der Gesellschafter die Stellung eines Geschäftsführers nur tatsächlich einnahm. Sowohl das Reichsgericht als auch der BGH dehnten damit den Anwendungsbereich des § 83 GmbHG auf faktische Geschäftsführer aus.

Insgesamt bietet die Rechtsprechung zu den Vorläufern des § 14 StGB ein uneinheitliches Bild. Während der Geschäftsführer einerseits mit Bezug auf das Vermögen und den Geschäftsbetrieb der Gesellschaft respektive für die Gesell-

---

501 RGSt 42, 278; 73, 117.

502 RGSt 73, 68.

503 BGHSt 6, 314.

504 BGH, Urt. v. 11.10.1960 – 5 StR 155/60; BGH, Urt. v. 16.05.1962 – 2 StR 76/62; BGH NJW 1969, 1494.

505 RGSt 71, 112; BGHSt 3, 32.

schaft in deren Interesse handeln muss, soll andererseits genügen, dass der (faktische) Geschäftsführer seine tatsächliche Machtstellung ausnutzt; während bei eigennützigen Handlungen des Geschäftsführers zum Nachteil der Gesellschaft die sonstigen Strafvorschriften, insbesondere Untreue, zur Anwendung kommen sollen, wobei Untreue und Bankrott sich gegenseitig ausschließen, soll das Beiseiteschaffen von Vermögensstücken der GmbH demgegenüber auch durch eigennützige Untreuehandlungen des Geschäftsführers erfüllt und damit Untreue in Tateinheit mit Bankrott möglich sein.

Zum 1. Januar 1975 erhielt § 50a StGB die Fassung des geltenden § 14 StGB. Durch das Erste Gesetz zur Bekämpfung der Wirtschaftskriminalität (1. WiKG) wurde das Konkursstrafrecht mit Wirkung vom 1. September 1976 in die §§ 283-283d StGB zurückgeführt. Zu einer Änderung der Rechtsprechung führte der Übergang der §§ 239 ff. KO auf die §§ 283 ff. StGB indes nicht. Dies belegt die nachfolgende Analyse der Rechtsprechung zu § 14 StGB:

4. Analyse der Rechtsprechung des Bundesgerichtshofs zu § 14 StGB

a) BGH GA 1979, 311

In einer der ersten grundlegenden Entscheidungen zu § 14 StGB führt der Bundesgerichtshof[506] aus:

> „Der (förmlich bestellte oder tatsächliche) Geschäftsführer einer GmbH kann die in den §§ 239 KO a.F., 283 StGB n.F. bezeichneten Tatbestände des (betrügerischen) Bankrotts nur durch solche Handlungen erfüllen, die er *für die Gesellschaft und (wenigstens auch) in deren Interesse* vornimmt. Das folgt aus den hier anwendbaren Vorschriften der §§ 50a StGB 1969, 14 StGB 1975, die insoweit an die Stelle des früheren § 83 GmbHG getreten sind. Bei eigennützigen Handlungen des Geschäftsführers zum Nachteil der Gesellschaft, namentlich bei einem Beiseiteschaffen von Vermögensstücken durch Untreue, sind dagegen die sonstigen Strafvorschriften anzuwenden (...). Das hat die Rechtsprechung auch dann angenommen, wenn der Geschäftsführer, der Gesellschaftsgelder veruntreut, sämtliche Geschäftsanteile besitzt (...). Maßgebend für die Einordnung des Handelns als Wahrnehmung der Interessen der Gesellschaft oder als eigennützige Tätigkeit ist die *wirtschaftliche Betrachtung* (...).“ [Hervorhebungen nicht im Original]

Hiernach sind die Bankrotttatbestände des § 283 StGB auf den Geschäftsführer einer GmbH anwendbar, wenn er „für die Gesellschaft und (wenigstens auch) in deren Interesse“ handelte. In dieser Gestalt entspricht die sog. „Interessenfor-

---

506 BGH GA 1979, 311 (313).

mel“ bis heute der ständigen Rechtsprechung des BGH. Bei eigennützigen Handlungen des Geschäftsführers zum Nachteil der GmbH sollen die sonstigen Strafvorschriften, insbesondere § 266 StGB, Anwendung finden. Entscheidend ist, in wessen Interesse der Geschäftsführer – wirtschaftlich betrachtet – handelt. Im Ergebnis setzt der BGH das Handeln „als“ vertretungsberechtigtes Organ der GmbH i.S.d. §§ 283, 14 StGB mit dem Handeln „im Interesse“ der Gesellschaft gleich.

b) BGHSt 28, 371

In einer Entscheidung aus dem Jahre 1979 begründete der BGH[507] die strafrechtliche Verantwortlichkeit des Geschäftsführers nach §§ 283 Abs. 1 Nr. 1, 14 Abs. 1 StGB 1975 wie folgt:

> „In beiden Fällen ist er nämlich *mindestens auch in seiner Eigenschaft als Geschäftsführer* (vgl. RegEntw. zum EGOWiG, BT-Drs. V 1319 S. 63), d.h. *mit Bezug auf das Vermögen und den Betrieb der Gesellschaft* (RGSt 42, 278, 280, 282; 60, 234, 236; 73, 117, 119), und damit *für sie* tätig geworden, selbst wenn er sie dabei rechtswidrig an ihrem Vermögen geschädigt haben sollte.“ [Hervorhebungen nicht im Original]

Der Angeklagte war alleiniger Geschäftsführer einer GmbH, die ihrerseits persönlich haftende Gesellschafterin einer neu gegründeten KG wurde. Deren Geschäfte führte der Angeklagte ebenfalls allein. Dem Angeklagten wurde zur Last gelegt, Privatentnahmen verschleiert zu haben, die er größtenteils als Schmiergelder, also ersichtlich im Interesse der GmbH & Co. KG verbraucht habe. Ferner soll er ein angebliches Auseinandersetzungsguthaben unberechtigt ausgezahlt haben. Der Bundesgerichtshof vertrat die Auffassung, der Angeklagte habe bei den Taten erkennbar als vertretungsberechtigtes Organ der GmbH, die ihrerseits vertretungsberechtigte Gesellschafterin der Kommanditgesellschaft war, und damit als deren gesetzlicher Vertreter gehandelt. Entscheidend war, dass er mindestens auch in seiner Eigenschaft als Geschäftsführer, d.h. mit Bezug auf das Vermögen und den Betrieb der Gesellschaft und damit für sie tätig geworden war. Ob er sich trotz des Einverständnisses der Gesellschafter und des Treugebers Dr. G. zugleich der Untreue zum Nachteil der GmbH als persönlich haftender Gesellschafterin der KG schuldig gemacht hatte, ließ der BGH auf sich beruhen, da der Angeklagte insoweit nicht beschwert war.

Allerdings stellte er ausdrücklich fest, dass Tateinheit zwischen den Tatbeständen des § 239 Abs. 1 Nr. 1 KO a.F./§ 283 Abs. 1 Nr. 1 StGB einerseits und

507 BGHSt 28, 371 (372).

denen des § 266 StGB andererseits rechtlich möglich[508] sei. Dies ergebe sich aus der Tatsache, dass der Geschäftsführer mit der GmbH als Inhaberin des geschädigten Vermögens nicht identisch sei, sowie aus der unterschiedlichen Schutzrichtung der genannten Vorschriften. Während die Bankrottbestimmungen die Konkursmasse im Interesse der gesamten Gläubigerschaft sichern sollen, diene § 266 StGB allein dem Schutz des Vermögensinhabers. Verletze der Geschäftsführer durch eine und dieselbe Handlung die strafrechtlich geschützten Interessen beider, so sei nach Konkurrenzgrundsätzen Tateinheit zwischen Untreue und Bankrott anzunehmen, sofern die Tatbestände im Übrigen zur äußeren und inneren Tatseite erfüllt seien.

Obwohl die Rechtsprechung wiederholt ein Handeln des Geschäftsführers für die GmbH nicht angenommen hatte, wenn wegen des Vermögensschadens, den er der Gesellschaft zugefügt hatte, eine Untreue zu ihrem Nachteil vorlag oder in Betracht kam, sah sich der Senat zur Vorlegung nach § 136 Abs. 1 GVG a.F.[509] nicht verpflichtet, weil sie andere Fallgestaltungen betreffe. Im Übrigen – so der BGH – beruhten die Entscheidungen nicht auf der Annahme, bei einem Beiseiteschaffen von Vermögensstücken einer GmbH sei die Untreuevorschrift stets das vorrangig anwendbare Strafgesetz, das die einschlägigen Bankrottbestimmungen verdränge und damit die rechtliche Möglichkeit der Tateinheit zwischen beiden Delikten notwendig ausschließe.

c) BGH, Beschl. v. 03.05.1979 – 1 StR 609/78

In einer nachfolgenden Entscheidung[510] änderte der BGH den auf dem Tatbestand des Bankrotts (§ 283 Abs. 1 und Abs. 2 StGB) beruhenden Schuldspruch in Untreue (§ 266 Abs. 1 StGB) mit der Begründung:

> „Denn der Angeklagte hat insoweit nicht als Geschäftsführer der Wo-GmbH *in deren Interesse*, sondern aus eigennützigen Gründen zum Nachteil der Gesellschaft gehandelt.“ [Hervorhebungen nicht im Original]

Der Angeklagte hatte eine Kaufpreisforderung mit Mitteln bezahlt, die ihm nur zu diesem Zweck besonders zur Verfügung gestellt worden waren, dabei aber die Konkursmasse bzw. die GmbH dadurch vorsätzlich geschädigt, dass er einen Kaufpreis bezahlt hatte, der um 350.000 DM überhöht war.

---

508 BGHSt 28, 371 (373).

509 Will ein Strafsenat in einer Rechtsfrage von der Entscheidung eines anderen Strafsenats oder der Entscheidung des Großen Senats für Strafsachen abweichen, so entscheidet der Große Senat für Strafsachen (§ 132 Abs. 2 GVG n.F.).

510 BGH, Beschl. v. 03.05.1979 – 1 StR 609/78 = MDR 1979, 806.

d) BGH, Urt. v. 11.09.1979 – 1 StR 394/79

In einem anderen Fall hatte der Bundesgerichtshof[511] folgenden Sachverhalt zu beurteilen: Der alleinige Geschäftsführer der „H-GmbH" hatte nach Abrede mit T dem Warenlager der Firma Auslegeware entnommen und sie zur „Te-GmbH" verbracht sowie gemeinsam mit T weitere Waren aus den Beständen der „H-GmbH" entfernt und in ein Wochenendhaus verbracht. Der BGH äußerte sich hierzu wie folgt:

> „Die Feststellungen ergeben, dass der Angeklagte insoweit nicht als vertretungsberechtigtes Organ der GmbH *in deren Interesse* handelte, sondern auf eigene Rechnung und gegen die wirtschaftlichen Belange der Gesellschaft tätig wurde [...]. Hätte er *für die Gesellschaft* gehandelt, so wäre § 283 Abs. 1 Nr. 1 StGB anzuwenden. Die Strafbestimmungen erfassen das Beiseiteschaffen von Vermögenswerten mit dem Ziel, sie dem Zugriff der Gläubiger zu entziehen, lückenlos." [Hervorhebungen nicht im Original]

Den Urteilsgründen ist weiter zu entnehmen, dass der Tatbestand der Untreue nach § 266 StGB auch dann erfüllt sein könne, wenn der Geschäftsführer einer GmbH eigennützig zum Nachteil der Gesellschaft Vermögenswerte beiseite schafft.

e) BGH, Urt. v. 18.12.1979 – 1 StR 452/79

Unter dem Gesichtspunkt der Untreue ist nach Auffassung des BGH[512] auch der Fall zu beurteilen, in welchem die Angeklagten Forderungen der Gemeinschuldnerin „F GmbH" einer von beiden Angeklagten neu gegründeten „F und M GmbH" zukommen ließen. Zur Strafbarkeit wegen Bankrott ist ausgeführt:

> „B hätte als Mitgesellschafter und alleinvertretungsberechtigter Geschäftsführer der in Konkurs geratenen „F GmbH" nur durch solche Handlungen den Tatbestand des § 283 Abs. 1 Nr. 1 StGB verwirklichen können, die er *für die GmbH und (wenigstens auch) in deren Interesse* vornahm [...]. B und der Beschwerdeführer handelten jedoch eigennützig, weil sie die Forderungen der Gemeinschuldnerin der – von beiden Angeklagten neu gegründeten – Firma „F und M GmbH" zukommen lassen wollten und dies im Fall Bu auch erreichten." [Hervorhebungen nicht im Original]

f) BGH, Beschl. v. 11.03.1980 – 5 StR 56/80

Gegen die Anwendung des § 283 StGB sprach sich der Bundesgerichtshof in einem weiteren Fall aus, in welchem der Geschäftsführer einer GmbH im Na-

---

511 BGH, Urt. v. 11.09.1979 – 1 StR 394/79 (juris).

512 BGH, Urt. v. 18.12.1979 – 1 StR 452/79 (juris).

men der Gesellschaft Milchpulver zu einem weit überhöhten Preis gekauft hatte; der Verkäufer hatte die Ware zu einem ähnlich hohen Preis von einer von beiden Angeklagten beherrschten Schweizer Firma gekauft, die das Milchpulver ihrerseits zu dem weitaus niedrigeren Marktpreis erworben hatte. Im Beschluss des Bundesgerichtshofs[513] heißt es:

> „Die Anwendung des § 283 StGB auf diesen Sachverhalt widerspricht der ständigen Rechtsprechung des Bundesgerichtshofs, an der der Senat festhält: Der Geschäftsführer einer GmbH kann den in § 283 StGB bezeichneten Tatbestand nur durch solche Handlungen erfüllen, die er *für die Gesellschaft und (wenigstens auch) in deren Interesse* vornimmt. Das ergibt sich aus § 14 StGB. Handelt der Täter dagegen zum Nachteil der Gesellschaft, indem er ihr Vermögenswerte ausschließlich im eigenen Interesse oder im Interesse eines Dritten entzieht, so sind die sonstigen Strafbestimmungen, zumal die Vorschrift über Untreue (§ 266 StGB), anzuwenden [...]. Nach den getroffenen Feststellungen hat sich der Angeklagte als vertretungsberechtigtes Organ der GmbH (§ 14 Abs. 1 Nr. 1 StGB) der Untreue zum Nachteil der GmbH schuldig gemacht, indem er unter Missbrauch seiner Befugnisse für einen unangemessen hohen Preis Milchpulver kaufte, das die Gesellschaft nicht gebrauchen konnte und dessen Bezahlung zur Überschuldung der Gesellschaft führen musste." [Hervorhebungen nicht im Original]

g) BGH, Beschl. v. 21.10.1980 – 1 StR 407/80

In einem anderen Fall entschloss sich der Gesellschafter und Geschäftsführer einer überschuldeten und zahlungsunfähigen GmbH vom restlichen Vermögen der GmbH soviel wie möglich abzuzweigen, um für sich zu retten, was noch zu retten war. Er schaffte Vermögensbestandteile der GmbH beiseite und brachte im Wesentlichen das ganze Anlagevermögen der GmbH in seine Verfügungsmacht. Er schloss hierzu zwischen der GmbH einerseits und dem Beschwerdeführer sowie einem Mitangeklagten andererseits einen fingierten Sicherungsübereignungsvertrag über diese Gegenstände und ließ sie sich später teilweise übereignen, teilweise nahm er sie unter einer neu gegründeten Firma in Besitz. In den Entscheidungsgründen führt der Bundesgerichtshof[514] aus:

> „Eine Verurteilung wegen Bankrotts hat [...] dann zu unterbleiben, wenn der Geschäftsführer nicht „*in seiner Eigenschaft*", sondern nur gelegentlich der Geschäftsführung eigennützig und außerhalb der Befugnisse tätig wird, die ihm eingeräumt sind. [...] Nach bisher feststehender Rechtsprechung des Bundesgerichtshofs kann der Geschäftsführer einer GmbH die in §§ 239 KO a.F., 283 StGB n.F. bezeichneten Tatbestände des Bankrotts nur durch solche Handlungen erfüllen, die er *für die Gesellschaft und wenigstens auch in deren Interesse* vornimmt. Das folgt aus den hier

513 BGH, Beschl. v. 11.03.1980 – 5 StR 56/80, S. 3 f. (unveröffentlicht).
514 BGH, Beschl. v. 21.10.1980 – 1 StR 407/80 (juris).

anwendbaren Vorschriften der §§ 50a StGB 1969, 14 StGB 1975, die insoweit an die Stelle des früheren § 83 GmbHG getreten sind. Bei rein eigennützigen Handlungen des Geschäftsführers zum Nachteil der Gesellschaft, namentlich bei einem Beiseiteschaffen von Vermögensstücken durch Untreue, sind dagegen die sonstigen Strafvorschriften anzuwenden [...]. Nach den Feststellungen handelte der Haupttäter ausschließlich aus Eigennutz, er wollte für sich retten, was noch zu retten war. Eine Verurteilung wegen Bankrotts ist daher nicht möglich.“ [Hervorhebungen nicht im Original]

h) BGHSt 30, 127

Im Jahr 1981 hatte der BGH über die Strafbarkeit des Geschäftsführers und einzigen Gesellschafters einer GmbH, die als „Baubetreuer“ die Errichtung von Typenhäusern gegen Festpreise anbot, zu urteilen. Der Angeklagte hatte durch Barabhebungen von Konten der GmbH, Einreichung von Schecks zu ihren Lasten und Einbehaltung von Kundenschecks über mehrere Monate mindestens 1,1 Mio. DM an sich gebracht, um aus dem von ihm befürchteten Zusammenbruch der Firma „nicht mit leeren Taschen hervorzugehen“. Mit einem Pkw der GmbH, den er für sich behalten wollte, hatte sich er sich schließlich ins Ausland abgesetzt. Seine Entnahmen waren mitursächlich für die erhebliche Überschuldung der GmbH, die zur Eröffnung des Konkursverfahrens führte. In den Urteilsgründen[515] heißt es:

> „Da der Angeklagte nicht selbst Gemeinschuldner war, könnte er nach § 283 StGB nur bestraft werden, wenn er die Tat als vertretungsberechtigtes Organ der GmbH, das heißt *in seiner Eigenschaft als Geschäftsführer*, begangen hätte (§ 14 Abs. 1 Nr. 1 StGB). Das würde nach der ständigen, auch in BGHSt 28, 371 = NJW 1980, 406 nicht aufgegebenen Rechtsprechung des BGH [...] voraussetzen, dass er die Tathandlungen *für die GmbH und (wenigstens auch) in deren Interesse* vorgenommen hätte. Daran fehlt es hier. Bei der gebotenen wirtschaftlichen Betrachtungsweise [...] hat der Angeklagte ausschließlich eigennützig gehandelt, weil er die Vermögenswerte ohne Rücksicht auf die Belange der GmbH an sich brachte, nur um aus deren von ihm befürchteten Zusammenbruch „nicht mit leeren Taschen hervorzugehen“.“ [Hervorhebungen nicht im Original]

Im Hinblick auf eine mögliche Tateinheit zwischen Untreue und Bankrott ergänzte der Bundesgerichtshof[516] die im 28. Band der amtlichen Sammlung, S. 371 ff. veröffentlichte Entscheidung wie folgt:

> „Allerdings hat der Senat in der vom Landgericht angeführten Entscheidung BGHSt 28, 371 (374) offengelassen, ob der Geschäftsführer einer GmbH bei ausschließlich eigennützigen rechtsgeschäftlichen Handlungen, die den Tatbestand der Untreue er-

515 BGHSt 30, 127 (128 f.).

516 BGHSt 30, 127 (129 f.).

füllen, auch wegen Bankrotts bestraft werden kann. Die Frage ist *hier* (im Hinblick auf die Geldüberweisungen und die Ausstellung von Schecks zu Lasten der GmbH) von Bedeutung; sie ist *zu verneinen*. Auf den ersten Blick mag es zwar scheinen, als wäre es sachgerecht, die strafrechtliche Frage, ob der Geschäftsführer im Einzelfall in seiner Eigenschaft als Gesellschaftsorgan tätig geworden ist (§ 14 Abs. 1 Nr. 1 StGB), bei rechtsgeschäftlichen Handlungen entsprechend den zivilrechtlichen Grundsätzen über die Stellvertretung (§ 164 Abs. 1 S. 2 BGB, § 36 GmbHG[517]) allein nach dem äußeren Erscheinungsbild des Vorgangs zu beantworten. Die Unterscheidung zwischen organschaftlichem und sonstigem Tun ist aber auch in Fällen rein tatsächlichen Handelns geboten. Demnach ist es sachdienlich, sie nach einem *Kriterium* zu treffen, *das bei rechtsgeschäftlichem und bei nicht rechtsgeschäftlichem Verhalten gleichermaßen verwendbar ist*. Dies gilt um so mehr, als der typische Unwertgehalt einer Tat nicht davon abhängt, ob ein Geschäftsführer veruntreutes Vermögen auf dem einen oder anderen Wege an sich bringt, etwa durch einen unerlaubten Griff in die Kasse oder durch missbräuchliche Abhebung von einem Konto der GmbH. Als Unterscheidungsmerkmal bietet sich *deshalb* einheitlich für alle Fälle die von der Rechtsprechung entwickelte *Interessenformel* an, die mit darauf abstellt, wessen Interesse der Täter mit der Tat verfolgt. Für sie spricht auch der Normzusammenhang des § 14 Abs. 1 StGB, der gesetzliche Vertreter betrifft, mit Absatz 2 derselben Vorschrift; denn er geht für den gewillkürten Vertreter ausdrücklich davon aus, dass ihn die strafrechtliche Verantwortlichkeit anstelle des Vertretenen nur trifft, wenn er auf Grund des ihm erteilten Auftrags, also in fremdem Interesse, gehandelt hat. Tateinheit zwischen Untreue und Bankrott kommt nach alledem bei einem nur gesellschaftsfremden Zwecken dienenden, das heißt ausschließlich eigennützigen oder im Interesse eines Dritten liegenden Verhaltens des GmbH-Geschäftsführers nicht in Betracht, selbst wenn es rechtsgeschäftlicher Art ist, er dabei nach außen als Gesellschaftsorgan auftritt und sein Handeln wegen der Vertretungsmacht zum Beispiel im Rahmen einer Geschäftsbeziehung zur Übernahme unangemessener vertraglicher Verpflichtungen durch die GmbH führt [...]. *Tateinheit* ist dagegen *möglich*, wenn der Geschäftsführer durch *eine und dieselbe Handlung sowohl im Interesse der GmbH als auch zu deren Nachteil* tätig wird, wie etwa dann, wenn er einen Geldbetrag im Wege der Überweisung vom Konto der GmbH in der Absicht beiseite schafft, ihn teils für die Gesellschaft und teils unrechtmäßigerweise für sich zu verwenden." [Hervorhebungen nicht im Original]

Hiernach soll Tateinheit zwischen Untreue und Bankrott in Betracht kommen, wenn der Geschäftsführer durch ein und dieselbe Handlung sowohl im Interesse der GmbH als auch zu deren Nachteil tätig wird.

i) BGH wistra 1982, 148

Unter dem nichtamtlichen Leitsatz „Zur Abgrenzung von Untreue und Bankrott bei Handlungen eines GmbH-Geschäftsführers" folgte eine Entscheidung des

517 In der bis zum 01.11.2008 geltenden Fassung.

BGH[518] zu § 283 Abs. 1 Nr. 1, 5 und 6 StGB i.V.m. § 14 Abs. 1 Nr. 1 StGB. Darin heißt es:

> „Wie der Senat in BGHSt 30, 127 (129 f.) dargelegt hat, ist bei der Beurteilung sowohl tatsächlicher als auch rechtsgeschäftlicher Handlungen des Geschäftsführers einer GmbH unter den rechtlichen Gesichtspunkten des Bankrotts und der Untreue danach zu unterscheiden, ob er die vermögensschädigende Handlung bei wirtschaftlicher Betrachtung *für die Gesellschaft und in ihrem Interesse* vorgenommen hat oder sie nur gesellschaftsfremden Zwecken dient, d.h. als eigennütziges oder im Interesse eines Dritten liegendes Verhalten anzusehen ist. Im ersten Fall handelt es sich um Bankrott, im zweiten um Untreue. Weisen die verfolgten Interessen ausschließlich entweder in die eine oder in die andere Richtung, so ist Idealkonkurrenz zwischen beiden Delikten ausgeschlossen."

Der Geschäftsführer einer GmbH hatte den Gegenwert eines Verrechnungsschecks, mit dem die Firma E. eine Kraftstofflieferung bezahlt hatte, ohne Gegenleistung für die GmbH je zur Hälfte den Angeklagten W. und B. zukommen lassen, indem er den Scheck ohne Buchung des Ein- und Ausgangs an W. weitergab, der ihn abredegemäß über ein eigenes Konto einzog und einen Teilbetrag an B. weiterleitete. Der BGH stellte fest, dass der Geschäftsführer bei dieser Weitergabe des Schecks ausschließlich gesellschaftsfremde Zwecke verfolgt habe und den Geldbetrag dem Vermögen der GmbH habe entziehen wollen. Mit der Zuwendung an B. habe der Angeklagte einer eigenen Verpflichtung aus einer Vereinbarung genügen wollen. Die Leistung an W sei zwar als Vorauszahlung auf einen Kaufvertrag deklariert gewesen, ein solcher Vertrag sei aber in der Folgezeit nicht geschlossen worden. Ferner ließ der Angeklagte W. und B. einige Tage bevor er den Antrag auf Konkurseröffnung stellte, aus dem Steuerlager der GmbH Kraftstoffe liefern, ohne ihnen die Ware in Rechnung zu stellen. Die Unterlagen über die Lieferungen ließ er ohne Buchung vernichten. Der BGH wertete das festgestellte Verhalten des Angeklagten entgegen der Auffassung des Landgerichts nicht als Bankrott, sondern als Untreue, da der Angeklagte nicht in seiner Eigenschaft als Geschäftsführer der GmbH, sondern ausschließlich zum eigenen Nutzen oder im Interesse Dritter gehandelt habe.

j) BGH wistra 1984, 71

In einer Entscheidung aus dem Jahr 1983 argumentierte der BGH[519] wie folgt:

> „Nach der Rechtsprechung des Bundesgerichtshofes macht sich der Geschäftsführer einer GmbH, der Vermögensbestandteile der Gesellschaft beiseite schafft, des Bankrotts nur schuldig, wenn er die Tathandlungen *für die GmbH und (wenigstens auch)*

518 BGH wistra 1982, 148 (149).

519 BGH wistra 1984, 71.

in deren Interesse vornimmt. Handelt er dagegen eigennützig zum Nachteil der Gesellschaft, indem er dieser gehörende Vermögenswerte im eigenen Interesse beiseite schafft, sind die sonstigen Strafvorschriften, insbesondere über Untreue, anzuwenden (BGHSt 30, 127, 128 mit weiteren Nachweisen). Diese Grundsätze gelten entsprechend für den Geschäftsführer einer GmbH, der Vermögensbestandteile einer Kommanditgesellschaft beiseite schafft, deren persönlich haftende Gesellschafterin die GmbH ist. Danach scheidet eine Bestrafung wegen Bankrotts für ausschließlich eigennützige Handlungen des Geschäftsführers aus. Wenn er jedoch Vermögenswerte der Gesellschaft auch im Interesse der (anderen) Gesellschafter beiseite schafft, handelt er „als vertretungsberechtigtes Organ" der GmbH und zugleich „als vertretungsberechtigter Gesellschafter" der Kommanditgesellschaft im Sinne der §§ 50a Abs. 1 Nr. 1 und Nr. 2 StGB 1969, 14 Abs. 1 Nr. 1 und Nr. 2 StGB 1975 und kann deshalb (auch) wegen Bankrotts strafbar sein." [Hervorhebungen nicht im Original]

Damit bestätigte er noch einmal, dass die Interessenformel auf den Geschäftsführer einer GmbH, der Vermögensbestandteile einer Kommanditgesellschaft beiseite schafft, deren persönlich haftende Gesellschafterin die GmbH ist (GmbH & Co. KG), entsprechend anwendbar ist.

k) BGH wistra 1986, 262

In Fortführung der Rechtsprechung, dass eine Verurteilung wegen Bankrott nicht in Betracht kommt, wenn der Geschäftsführer einer GmbH Bestandteile des Gesellschaftsvermögens ausschließlich im eigenen Interesse beiseite schafft, führt der BGH[520] in einer weiteren Entscheidung aus:

„Die Verurteilungen wegen Bankrotts nach § 283 Abs. 1 Nr. 1 StGB sind rechtsfehlerhaft, da der Angeklagte nicht Bestandteile „seines" Vermögens beiseite geschafft, sondern durch die Duldung der Einziehung von 38.785,72 DM zugunsten der Firma St zwecks Abdeckung dieser Firma gegenüber bestehender eigener Schulden und die Überweisung von 53.798,30 DM auf sein Privatkonto das Vermögen der W-GmbH geschädigt hat. Er handelte somit ausschließlich zum eigenen Nutzen und nicht – auch nicht teilweise – im Interesse der W-GmbH. Das schließt nach ständiger Rechtsprechung des Bundesgerichtshofs eine Verurteilung wegen Bankrotts aus; insoweit kommt nur eine Verurteilung des Angeklagten als Geschäftsführer der GmbH wegen Untreue in Betracht [...]." [Hervorhebungen nicht im Original]

l) BGH wistra 1987, 216

In einem anderen Fall blieb die Revision der Staatsanwaltschaft erfolglos, soweit sie bemängelte, dass der Tatrichter neben dem Tatbestand der Untreue nicht auch den Bankrotttatbestand des § 283 Abs. 1 Nr. 1 StGB angewandt hatte.

520 BGH wistra 1986, 262.

Auch hier ist den Urteilsgründen[521] zu entnehmen, dass ein Täter, der Vermögensgegenstände einer Gesellschaft beiseite schafft:

> „... nur dann nach § 283 Abs. 1 Nr. 1 StGB bestraft werden kann, wenn er die Tat (auch) im Interesse der Gesellschaft vorgenommen hat."

m) BGHSt 34, 221

Schließlich hatte der Bundesgerichtshof[522] über die Strafbarkeit eines faktischen Geschäftsführers zu entscheiden, der zugleich Kommanditist einer KG war, die außer ihm noch zwei Gesellschafter hatte, seinen Bruder H als Komplementär und Frau M als Kommanditistin. Das Landgericht hatte den Angeklagten wegen Bankrott im Sinne des § 283 Abs. 1 Nr. 1 StGB bestraft, weil er als faktischer Geschäftsführer nach Eintritt der Zahlungsunfähigkeit der Kommanditgesellschaft eine Anzahl dieser gehörender Verlagsrechte verkauft und den Erlös weitgehend für sich verwendet hatte. Der BGH hob die Verurteilung wegen Unklarheiten in den tatsächlichen Feststellungen auf, mit folgenden Hinweisen:

> „Das Landgericht wird in der neuen Verhandlung zu prüfen haben, ob – gegebenenfalls allein oder in Tateinheit mit § 283 StGB – Untreue nach § 266 StGB vorliegt. Hierbei wird zu beachten sein, dass die KG, anders als die GmbH, keine eigene Rechtspersönlichkeit besitzt und die Schädigung des Gesamthandvermögens der KG nur insoweit bedeutsam ist, als sie gleichzeitig das Vermögen der Gesellschafter berührt (BGH wistra 1984, 71). [...] Zwar fällt nach ständiger Rechtsprechung der Geschäftsführer einer Handelsgesellschaft nur dann unter § 283 Abs. 1 Nr. 1 StGB, wenn er *wenigstens auch im Interesse der Gesellschaft* tätig wird; handelt er nur aus Eigennutz, so greift diese Vorschrift nicht ein (BGHSt 30, 127 m. w. Nachw.; BGH, Beschl. vom 10. Juli 1979 – 4 StR 270/79). Diese Einschränkung gilt jedoch nicht für den vorliegenden Fall, in dem der persönlich haftende Gesellschafter einer Kommanditgesellschaft einerseits, deren faktischer Geschäftsführer andererseits einverständlich zusammenwirken. Gesetzliche Grundlage zur Abgrenzung der Tatbestände des Bankrotts (§ 283 Abs. 1 Nr. 1 StGB) und der Untreue (§ 266 StGB) in den Fällen, in denen der Geschäftsführer einer Handelsgesellschaft im Konkurs Vermögensgegenstände der Gesellschaft beiseite schafft, ist § 14 Abs. 1 Nr. 1 und Abs. 2 Nr. 1 StGB. Diese Bestimmungen setzen voraus, dass der Täter als vertretungsberechtigtes Organ einer juristischen Person oder als mit der Leitung des Betriebes oder eines Teils des Betriebes Beauftragter „aufgrund des ihm erteilten Auftrages" gehandelt hat. Bei einem – aus wirtschaftlicher Sicht zu wertenden (BGHSt 30, 127 f.) – vollständigen Widerstreit der Interessen der Gesellschaft bzw. der Gesellschafter und des organschaftlichen Vertreters bzw. des Beauftragten ist dieses Merkmal nicht erfüllt. Handelt jedoch der Geschäftsführer – wie hier – im *Einverständnis* mit dem Komplementär, also dem Gemeinschuldner, so *fehlt* es an einem

521 BGH wistra 1987, 216 (218).

522 BGHSt 34, 221.

Interessenwiderstreit; vielmehr bewegt sich das Handeln des Geschäftsführers im (durch das Einverständnis erweiterten) Auftrag des Gemeinschuldners. Dessen *Einverständnis macht das Handeln des Geschäftsführers* insofern *stets* zu einem *Handeln im Schuldnerinteresse*, selbst wenn der Geschäftsführer dabei eigennützige Zwecke verfolgt. Der Senat hält es aus Gründen des Schutzes der Konkursgläubiger vor nachteiligen Vermögensverschiebungen und deshalb in Übereinstimmung mit Sinn und Zweck der gesetzlichen Regelung für geboten, den mit dem Komplementär zum Schaden der Konkursmasse zusammenwirkenden Geschäftsführer insoweit nicht anders zu behandeln als den Inhaber einer Einzelfirma, der unter den Voraussetzungen des § 283 Abs. 1 Nr. 1 StGB Bestandteile seines Vermögens beiseite schafft. Auch bei diesem sind die Motive seines Tuns ohne Belang. Hier wie dort kommt es allein darauf an, dass das in Rede stehende Handeln dem Gläubigerinteresse zuwiderläuft." [Hervorhebungen nicht im Original]

Hiernach ist der Geschäftsführer einer Kommanditgesellschaft, der im Einverständnis mit dem Komplementär (dem Gemeinschuldner) Vermögen der KG beiseite schafft, auch dann nach § 283 Abs. 1 Nr. 1 StGB strafbar, wenn er ausschließlich eigennützig handelt. Nach Auffassung des BGH bewegt sich das Handeln des Geschäftsführers im durch das Einverständnis erweiterten Auftrag des Gemeinschuldners und insofern stets in dessen Interesse, selbst wenn der Geschäftsführer dabei eigennützige Zwecke verfolgt.

Diese Entscheidung wirft die Frage auf, ob dies auch für den Geschäftsführer einer GmbH gilt, der im Einverständnis mit allen Gesellschaftern handelt.

n) BGH wistra 1989, 264

Der BGH bestätigte dies für den Geschäftsführer einer GmbH, welche persönlich haftende Gesellschafterin einer KG war (GmbH & Co. KG) in einem Urteil aus dem Jahr 1989. Der Angeklagte hatte dem Vermögen der KG von 1976 bis 1980 über 1,4 Mio. DM „Schwarzgeld" entnommen, wobei die Gesellschafter „in groben Zügen" informiert und einverstanden waren. Nach Auffassung des Bundesgerichtshofs[523] hatte das Landgericht es rechtsfehlerhaft unterlassen, das Verhalten des Angeklagten unter dem rechtlichen Gesichtspunkt des Bankrotts zu würdigen. Nach den bisherigen Feststellungen komme in Betracht, dass der Angeklagte als Geschäftsführer der Komplementär-GmbH und damit als Vertretungsberechtigter der KG bei Überschuldung Bestandteile des Vermögens der KG, die im Falle der Konkurseröffnung zur Konkursmasse gehören, beiseite geschafft oder durch solches Beiseiteschaffen die Überschuldung herbeigeführt habe (§ 283 Abs. 1 Nr. 1, Abs. 2 StGB). Eine Bestrafung wegen Bankrott scheide schon deshalb nicht aus, weil der Geschäftsführer einer Komplementär-

523 BGH wistra 1989, 264 (267).

GmbH nicht ausschließlich eigennützig handelt, wenn die Gesellschafter der Komplementärin und damit diese selbst sowie darüber hinaus die Kommanditisten mit seinem Vorgehen einverstanden seien. Bei einem Handeln des Geschäftsführers im Einverständnis mit dem Komplementär fehle es nämlich an einem Interessenwiderstreit. Selbst wenn der Geschäftsführer eigennützige Zwecke verfolge, werde er dann im Schuldnerinteresse tätig. Gegen solche Handlungen seien die Gläubiger nach § 283 StGB zu schützen.

o) BGH wistra 1990, 99

In einem ebenfalls im Jahr 1989 entschiedenen Fall[524] blieb diese Frage hingegen unbeantwortet, da der Angeklagte insoweit nicht beschwert war:

> „Mit Recht ist der Angeklagte als Geschäftsführer der GmbH wegen Untreue zum Nachteil der GmbH verurteilt worden, obwohl er und seine Ehefrau als einzige Gesellschafter mit den Entnahmen aus dem Vermögen der GmbH einverstanden waren (vgl. zuletzt BGHSt 35, 333). [...] Die Frage, ob sich der Angeklagte darüber hinaus des Bankrotts schuldig gemacht hat und ob an der Interessenformel (vgl. BGHSt 30, 127) in den Fällen der Gläubigerschädigung durch einverständliches Handeln des Geschäftsführers mit allen Gesellschaftern der GmbH festzuhalten ist, kann der Senat offen lassen (vgl. für die KG BGHSt 34, 221; ferner Labsch, wistra 1985, 1 und 59; Reiß, wistra 1989, 81; Lackner StGB 18. Aufl. § 14 Anm. 3b). Denn durch die Nichtverurteilung ist der Angeklagte nicht beschwert."

p) BGH wistra 2009, 275

Inzwischen hat der 3. Strafsenat des BGH in einem Beschluss vom 10. Februar 2009 die Ansicht vertreten, dass die Zustimmung der Gesellschafter einer juristischen Person – anders als bei einer Kommanditgesellschaft – den Interessenwiderstreit zwischen Geschäftsführer und Gesellschaft *nicht* auflöst.

Diesem Beschluss lag folgender Sachverhalt zugrunde: Die Gesellschafter einer wirtschaftlich angeschlagenen Unternehmensgruppe bestellten in dieser Situation einen Geschäftsführer für zwei ihrer in der Rechtsform einer GmbH betriebenen Produktionsgesellschaften. Wegen der angespannten Liquiditätslage wurde eine erfolgsabhängige Geschäftsführervergütung vereinbart. Gleichwohl stellte der Geschäftsführer in Absprache mit den Gesellschaftern drei Rechnungen über insgesamt fast 2 Mio. €, die auch eine erfolgsunabhängige Vergütung sowie Erfolgshonorare für tatsächlich nicht zustande gekommene Geschäfte zum Gegenstand hatten, und vereinnahmte diesen Betrag aus dem Vermögen einer der Gesellschaften, über deren Vermögen in der Folge das Insolvenzverfahren

524 BGH wistra 1990, 99.

eröffnet wurde. Nach der ursprünglichen Vereinbarung hätte dem Geschäftsführer ein Anspruch in Höhe von maximal 200.000 € zugestanden.

Nach Auffassung des BGH erfolgte die Bezahlung der Rechnungen unter Verstoß gegen die Grundsätze eines ordnungsgemäßen Wirtschaftens, weil provisionspflichtige Geschäfte in diesem Umfang nicht getätigt worden waren. Ein Anspruch auf eine erfolgsabhängige Vergütung in dieser Höhe bestand deshalb nicht und eine weitere, erfolgsunabhängige Vergütung durfte nach Auffassung des BGH angesichts der angespannten Liquiditätslage nicht rückwirkend vereinbart werden. Durch die Vereinnahmung der Rechnungsbeträge jedenfalls in Höhe von ca. 1,7 Mio. € habe der Geschäftsführer i.S.d. § 283 Abs. 1 Nr. 1 StGB Vermögen der GmbH beiseite geschafft. Dass der Geschäftsführer sein weiteres Tätigwerden für die Gesellschaften von der Bezahlung der Rechnungen abhängig gemacht habe, begründe ein wirtschaftliches Interesse der vertretenen Gesellschaften mit beschränkter Haftung nicht; es widerspreche einem solchen vielmehr, weiter mit einem Geschäftsführer zusammenzuarbeiten, der in großem Umfang eine ihm nicht zustehende Vergütung verlange. Nach wirtschaftlichen Gesichtspunkten könne in der Bezahlung der materiell unberechtigten Rechnungen nur ein Handeln aufgrund eigennütziger Motive gesehen werden, das der Gesellschaft schadete. Das Einverständnis der Gesellschafter mit der Rechnungsstellung und Bezahlung sei nicht ausreichend; *die Zustimmung der Gesellschafter einer juristischen Person löse* – anders als bei einer Kommanditgesellschaft – den *Interessenwiderstreit* zwischen Geschäftsführer und Gesellschaft *nicht* auf. Deshalb habe die Vorinstanz das Handeln zumindest auch im Interesse der GmbH rechtsfehlerhaft bejaht.

Als Hinweis an die Vorinstanz brachte der 3. Strafsenat darüber hinaus seine „Neigung“ zum Ausdruck, die Interessenformel aufzugeben. Es erscheine ihm geboten, für die Zurechnung der Schuldnereigenschaft im Sinne der §§ 283 ff. StGB *maßgeblich* daran anzuknüpfen, *ob der Vertreter* im Sinne des § 14 StGB *im Geschäftskreis des Vertretenen tätig* geworden sei. Dies werde bei rechtsgeschäftlichem Handeln zu bejahen sein, wenn der Vertreter entweder im Namen des Vertretenen auftrete oder Letzteren wegen der bestehenden Vertretungsmacht jedenfalls im Außenverhältnis die Rechtswirkungen des Geschäfts unmittelbar treffen. Gleiches gelte, wenn sich der Vertretene zur Erfüllung seiner außerstrafrechtlichen, aber gleichwohl strafbewehrten Pflichten (vgl. § 283 Abs. 1 Nr. 5-7 StGB) eines Vertreters bedient. Bei faktischem Handeln müsse die Zustimmung des Vertretenen – unabhängig von der Rechtsform, in der dieser agiert – ebenfalls dazu führen, dass der Vertreter in seinem Auftrag handelt und ihm die Schuldnerstellung zugerechnet wird. Bei Beachtung dieser Grundsätze könne die trotz gleichartiger Verhaltensweisen mit der Interessentheorie verbundene Ungleichbehandlung zwischen Einzelkaufleuten und GmbH-Geschäftsführern ebenso vermieden werden wie Strafbarkeitslücken bei Verstößen gegen Buchführungs- und Bilanzierungspflichten. Dadurch werde der Gläubigerschutz verbessert.

Es bleibt abzuwarten, ob dieser – begrüßenswerte – Ansatz eine Fortentwicklung erfahren und ggf. auch die Billigung des Großen Senats für Strafsachen (§ 132 Abs. 2, 3 GVG) finden wird.[525]

Nach Einschätzung des 3. Strafsenats wird – soweit der Vertreter eigennützig handelt – häufiger als bisher eine Verurteilung wegen Bankrott in Tateinheit mit Untreue oder einem Eigentumsdelikt in Betracht kommen, insbesondere wenn die Zustimmung der Gesellschafter (oder des alleinigen Gesellschafters/Geschäftsführers) einer GmbH wegen des damit verbundenen existenzgefährdenden Eingriffs in das Gesellschaftsvermögen kein tatbestandsausschließendes Einverständnis mit der nachteiligen Vermögensverfügung darstellt.

q) BGH NStZ-RR 2009, 373

Der 1. Strafsenat des BGH neigt inzwischen ebenfalls dazu, von der bisherigen Rechtsprechung des Bundesgerichtshofs abzuweichen und die Abgrenzung zwischen den Insolvenzdelikten der §§ 283 ff. StGB und insbesondere der Untreue nach § 266 StGB, aber auch den Eigentumsdelikten gemäß §§ 242, 246 StGB, nicht mehr nach der Interessenformel vorzunehmen. Dies äußerte er in einem Beschluss vom 1. September 2009.

Das Landgericht Mannheim hatte den Angeklagten wegen Untreue verurteilt. Ob der Angeklagte in diesem Fall neben Untreue zum Nachteil der von ihm als Geschäftsführer geleiteten GmbH auch wegen tateinheitlich begangenen Bankrotts gem. § 283 Abs. 1 Nr. 1 oder Nr. 8 StGB zu verurteilen gewesen wäre, bedurfte keiner Entscheidung mehr, denn der Angeklagte war durch die Verurteilung allein wegen Untreue nicht beschwert.

Die Ausführungen des Landgerichts zur Anwendbarkeit des Straftatbestands des Bankrotts (§ 283 StGB) auf den Geschäftsführer einer GmbH gaben dem 1. Strafsenat des BGH Anlass zu folgenden Bemerkungen:

> „Mit Beschluss vom 10. Februar 2009 im Verfahren 3 StR 372/08 hat nun der 3. Strafsenat des Bundesgerichtshofs gewichtige Argumente angeführt, die für ein Abweichen der Rechtsprechung von der „Interessentheorie" sprechen könnten (BGH NStZ 2009, 437, 439). Namentlich im Hinblick auf die bei Anwendung der Interessentheorie entstehende Ungleichbehandlung von Einzelkaufleuten und GmbH-Geschäftsführern sowie auf den Umstand, dass die Anwendung der „Interessenfor-

---

525 Vgl. dazu z.B. die unter D.II.2. auf S. 87-89 aufgezeigten Divergenzen zwischen den Senaten, die argumentativ nur durch einen „Verständniskompromiss" überwunden werden konnten.

mel" zu einer dem Schutzzweck zuwiderlaufenden Zurückdrängung der Delikte des Insolvenzstrafrechts bei vermögensschädigenden und damit in der Regel masseschmälernden Verhaltensweisen zum Nachteil von Handelsgesellschaften führt (vgl. Radtke GmbHR 2009, 875), hat auch der Senat Bedenken gegen die weitere Anwendung der „Interessenformel" zur Bestimmung des Anwendungsbereichs des Bankrotttatbestands bei Handelsgesellschaften. Der Senat neigt daher ebenfalls dazu, von der bisherigen Rechtsprechung des Bundesgerichtshofs zur Strafbarkeit eines Vertreters wegen Bankrotts abzuweichen und die Abgrenzung zwischen den Insolvenzdelikten der §§ 283 ff. StGB und insbesondere der Untreue nach § 266 StGB, aber auch den Eigentumsdelikten gemäß §§ 242, 246 StGB, nicht mehr nach der Interessenformel vorzunehmen."

r) BGH wistra 2000, 136

Was § 283 Abs. 1 *Nr. 8* StGB betrifft, sprach sich der 5. Strafsenat des BGH[526] im Jahre 1999 noch für eine Anwendung der Interessenformel aus:

> „Eine Verurteilung wegen Bankrotts gemäß § 283 Abs. 1 Nr. 8 StGB käme nur in Betracht, wenn die pflichtwidrige Verfügung über der GmbH zustehende Vermögenswerte nicht ausschließlich eigennützig erfolgt wäre. Dies hat der Bundesgerichtshof für den Tatbestand des Beiseiteschaffens von Vermögenswerten nach § 283 Abs. 1 Nr. 1 StGB entschieden (BGHSt 30, 127, 129 f.). *Gleiches gilt* aber auch *für den Tatbestand der Nr. 8*, weil auch hier ein organschaftliches Handeln für die GmbH nach § 14 Abs. 1 Nr. 1 StGB nur angenommen werden könnte, wenn der Geschäftsführer zumindest auch für die Belange der GmbH tätig werden wollte und nicht nur eigennützige Vermögensinteressen verfolgt hat (vgl. BGHSt 28, 371, 372 ff.)." [Hervorhebungen nicht im Original]

Nach den Feststellungen hatte der Angeklagte als (Mit-)Geschäftsführer der „II.B.G." bei der „V. Bank Hamburg" ein Konto eröffnet, über dessen Existenz er die verantwortlichen Mitarbeiter seiner Firma bewusst in Unkenntnis ließ. Auf dieses Konto leitete er dann Haben-Umsätze seiner Firma in Höhe von 2 Mio. DM um. Von diesem Guthaben tätigte er Verfügungen (Abhebungen, Überweisungen und Belastungen durch Scheckausstellungen), die das Landgericht Leipzig jeweils als eigenständige Untreuehandlungen in Tateinheit mit Bankrott gem. § 283 Abs. 1 Nr. 8 StGB qualifizierte. Allerdings hatte das Landgericht nicht ausgeführt, welche Tatbestandsalternative es im vorliegenden Fall als erfüllt ansah; ferner trugen die Feststellungen den Schuldspruch nicht.

---

526 BGH wistra 2000, 136 (137).

s) BGH wistra 2009, 273

Demgegenüber vertrat 5. Strafsenat des BGH in einem Beschluss vom 24. März 2009 den Standpunkt, dass die Interessentheorie auf § 283 Abs. 1 *Nr. 8, 2. Alt.* StGB „keine Anwendung finden dürfte". Begründet hat er diese Auffassung nicht. Der Beschluss enthält insoweit nur den Hinweis, dass diese Frage wegen der Verfahrenseinstellung nicht der Vertiefung bedürfe.

5. Analyse der Rechtsprechung der Oberlandesgerichte zu § 14 StGB

a) OLG Hamm wistra 1985, 158

Der bis dato ständigen Rechtsprechung des BGH folgend, führt beispielsweise das OLG Hamm[527] in einem Beschluss aus dem Jahre 1985 aus:

> „Nach ständiger Rechtsprechung des Bundesgerichtshofs kommt die Verurteilung des Geschäftsführers einer GmbH, der nicht selbst Gemeinschuldner ist, wegen Bankrotts nur dann in Betracht, wenn er die Tat *in seiner Eigenschaft* als vertretungsberechtigtes Organ der GmbH begangen hat, d.h., dass er *mindestens auch im Interesse der GmbH* tätig geworden ist [...]." [Hervorhebungen nicht im Original]

b) OLG München wistra 1994, 278

Nach Auffassung des OLG München ist das Beiseiteschaffen von Vermögen einer GmbH & Co. KG durch deren organschaftlichen Vertreter selbst bei Zustimmung der Gesellschafter der persönlich haftenden GmbH und der Kommanditisten nicht nach § 283 Abs. 1 Nr. 1 StGB, sondern als Untreue gem. § 266 Abs. 1, 1. Alt. StGB strafbar. Eine solche Zustimmung seitens der Komplementärin wäre strafrechtlich ohne Bedeutung und wirkungslos[528], da sie nicht in deren Interesse gelegen, vielmehr ihrem Kapitalerhaltungsinteresse widersprochen hätte. Entgegen BGHSt 34, 221 und BGH wistra 1989, 264 führt das Einverständnis nach Auffassung des OLG München nicht stets zu einem Handeln im Interesse des Gemeinschuldners. Das OLG München zieht die Grenze dort, wo das Kapitalerhaltungsinteresse entgegensteht.

---

527 OLG Hamm wistra 1985, 158 (159).

528 OLG München wistra 1994, 278 (279).

c) OLG Karlsruhe wistra 2006, 352

Die Interessenformel auf § 14 *Abs. 2 S. 1 Nr. 1* StGB übertragend, legt das OLG Karlsruhe[529] in einem Beschluss vom 7. März 2006 dar:

> „Die Vertreterhaftung nach § 14 *Abs. 2 S. 1 Nr. 1* StGB setzt indes voraus, dass *der Beauftragte* im Einzelfall aufgrund des erteilten Auftrages handelte. Dies ist der Fall, wenn der Beauftragte bei wirtschaftlicher Betrachtungsweise *zumindest auch für die Belange der Gesellschaft* tätig werden wollte und nicht nur ausschließlich eigennützige Vermögensinteressen verfolgte [...].“ [Hervorhebungen nicht im Original]

6. Ergebnis

Die Rechtsprechung zu § 14 StGB lässt sich wie folgt zusammenfassen: Die Bankrotttatbestände des § 283 StGB sind auf den Geschäftsführer einer GmbH anwendbar, wenn er *für die GmbH und (wenigstens auch) in deren Interesse* handelt. Bei ausschließlich eigennützigen Handlungen des Geschäftsführers zum Nachteil der Gesellschaft sind dagegen die sonstigen Strafvorschriften, insbesondere § 266 StGB, anzuwenden. Dem eigennützigen Handeln steht das Handeln im Interesse Dritter gleich. Maßgebend für die Einordnung des Handelns als Wahrnehmung der Interessen der Gesellschaft oder als eigennützige Tätigkeit ist eine wirtschaftliche Betrachtung.

Tateinheit zwischen Untreue und Bankrott ist möglich, wenn der Geschäftsführer durch eine und dieselbe Handlung sowohl im Interesse der GmbH als auch zu deren Nachteil tätig wird.

Während die Interessenformel bei der *KG* und der *GmbH & Co. KG* eine Einschränkung erfährt nach BGHSt 34, 221 und BGH wistra 1989, 264 handelt der Geschäftsführer, wenn er im Einverständnis mit dem persönlich haftenden Gesellschafter (Komplementär) handelt, selbst dann im Schuldnerinteresse, wenn er dabei ausschließlich eigennützige Zwecke verfolgt; es fehlt an einem Interessenwiderstreit, weil sich das Handeln des Geschäftsführers im – durch das Einverständnis erweiterten – Auftrag des Schuldners bewegt – lehnt der BGH (wistra 2009, 275) diese bei der *GmbH* ab – die Zustimmung der Gesellschafter einer juristischen Person löse – anders als bei einer Kommanditgesellschaft – den Interessenwiderstreit zwischen Geschäftsführer und Gesellschaft nicht auf. Eine vermittelnde Auffassung vertritt das OLG München (wistra 1994, 278) – das Einverständnis führe nicht stets zu einem Handeln im Interesse des Schuldners, die Grenze sei dort zu ziehen, wo das Kapitalerhaltungsinteresse entgegensteht.

---

529 OLG Karlsruhe wistra 2006, 352 (353).

In obiter dicta haben sowohl der 3. Strafsenat als auch der 1. Strafsenat des BGH ihre Neigung geäußert, von der bisherigen Rechtsprechung des Bundesgerichtshofs abzuweichen und die Abgrenzung zwischen den Insolvenzdelikten der §§ 283 ff. StGB und insbesondere der Untreue nach § 266 StGB, aber auch den Eigentumsdelikten gemäß §§ 242, 246 StGB, nicht mehr nach der Interessenformel vorzunehmen. Es bleibt abzuwarten, ob dieser – begrüßenswerte – Ansatz eine Fortentwicklung erfahren und ggf. auch die Billigung des Großen Senats für Strafsachen finden wird.

III. Die im Schrifttum vertretenen Auffassungen

1. Modifizierungen der Interessenformel

Nur wenige Vertreter[530] des Schrifttums stimmen der Interessenformel zu, zum Teil auch nur mit Einschränkungen:

Nach der Auffassung von *Bittmann*[531] kann die Interessenformel nur soweit sachgerecht Anwendung finden, wie die Parallele zur natürlichen Person reicht. Deshalb sei die Interessenformel auf die Alternativen des Beiseiteschaffens und Verheimlichens von Vermögensbestandteilen (§ 283 Abs. 1 Nr. 1, 1. Alt. und 2. Alt. StGB) anwendbar, nicht aber auf die Alternative des Zerstörens, Beschädigens oder Unbrauchbarmachens von Vermögensbestandteilen (§ 283 Abs. 1 Nr. 1, 3. Alt. StGB). Letzteres liege auch beim Einzelhandelskaufmann als Täter nicht in dessen wirtschaftlichem Interesse. Gleiches gelte im Falle der Waren- oder Wertpapierverschleuderung (§ 283 Abs. 1 Nr. 3 StGB) und bei Buchführungsverstößen (§ 283 Abs. 1 Nr. 5-7 StGB). Anders liege es wiederum bei dem Verheimlichen und Verschleiern der Geschäftsverhältnisse (§ 283 Abs. 1 Nr. 8, 2. Alt. und 3. Alt. StGB). Hier finde die Interessenformel Anwendung. Im Falle des Verringerns des Vermögensstandes (§ 283 Abs. 1 Nr. 8, 1. Alt. StGB) sei auf den konkreten Fall abzustellen: Läge die Verringerung des Vermögensstands auch beim Einzelhandelskaufmann nicht in seinem Interesse, so sei es in Vertretungsverhältnissen ebenfalls nicht erforderlich, dass der Täter im Interesse des Fremdvermögens handelt. Auch bei Risikogeschäften (§ 283 Abs. 1 Nr. 2, 1. Alt. StGB), unwirtschaftlichen Ausgaben, Spiel oder Wette (§ 283 Abs. 1

---

530 Roxin, AT II, § 27 Rn. 122; Hellmann/Beckemper, Wirtschaftsstrafrecht, Rn. 366; Auer, S. 46; Bockemühl/Quedenfeld/Richter, Handbuch des Fachanwalts Strafrecht, 6. Teil, 5. Kapitel, Rn. 153; Demuth/Schneider, BB 1970, 642 (644); Rowedder/Schmidt-Leithoff/Schaal GmbHG Vor §§ 82-85 Rn. 28.

531 Bittmann, Insolvenzstrafrecht, § 12 Rn. 46 ff.

Nr. 2, 2. Alt. StGB), dem Vortäuschen von Rechten anderer (§ 283 Abs. 1 Nr. 4, 1. Alt. StGB) und dem Anerkennen erdichteter Rechte anderer (§ 283 Abs. 1 Nr. 4, 2. Alt. StGB) sei eine konkrete Betrachtungsweise angezeigt. In den Fällen des § 283 Abs. 2 StGB sei die Interessenformel hingegen nicht anwendbar, da das Herbeiführen der Überschuldung oder Zahlungsunfähigkeit niemals im objektiven Interesse der in die Insolvenz fallenden natürlichen Person liegen könne.

Blauth[532] vertrat die Auffassung, dem Grundgedanken der strafrechtlichen Vertreterhaftung widerspreche es, ein Vertreterhandeln dann anzunehmen, wenn der Vertreter, statt seiner fürsorgerischen Aufgabe nachzukommen, in einer den Interessen des Vertretenen entgegengesetzten Weise tätig wird. Sei es im Normalfall der Sinn des Vertreterhandelns, dieselben Wirkungen zu erreichen, die durch ein selbstständiges Handeln des Vertretenen hervorgerufen würden, so könne eine Tätigkeit, die ihrer ganzen Tendenz nach nicht die Interessengleichheit zwischen Vertreter und Vertretenem betont, sondern einen Interessengegensatz zum Grunde hat, nicht mehr von dem Begriff der Vertreterhandlung erfasst werden. Es sei somit zusätzlich zu der objektiven Fremdbezogenheit der Handlung ein subjektives Merkmal zu fordern: Der Vertreter müsse subjektiv „im Interesse des Vertretenen“ handeln. Dabei sei der Begriff des „Interesses“ nicht im Sinne eines wahren Vorteils des Vertretenen zu verstehen; denn so gesehen liege eine deliktische Handlung des Vertreters nie im Interesse des Vertretenen. Entscheidend werde vielmehr die subjektive Vorstellung des Vertreters von dem Interesse des Vertretenen sein müssen.[533]

Braun[534] zufolge gilt die Interessentheorie nicht für Geschäftsführer, die sämtliche Anteile an der GmbH halten.

Hoyer will das Interesse des Vertretenen ebenfalls nicht nach objektiven Kriterien ermitteln, sondern aus der subjektiven Sicht des Vertretenen[535]. Der Vertreter handele daher im Interesse des Vertretenen, wenn er sich mit dessen subjektiver Vernunft in Übereinstimmung befinde, d.h. mit dessen wirklichen oder jedenfalls mutmaßlichen Einverständnis ausgestattet sei. Für die Zurechnung komme es nicht auf das Außenverhältnis zu Dritten an, sondern allein auf das Innenverhältnis zwischen Beauftragtem und Auftraggeber[536].

Kindhäuser[537] vertritt die Auffassung, dass die Begründung – und nicht die Überwälzung – der Pflicht bei der Vertretung verlange, dass der Vertreter für

532 Blauth, S. 140 f.

533 Blauth, S. 141.

534 Braun, Unternehmensinsolvenz, S. 762, 764.

535 Vgl. SK/Hoyer § 14 Rn. 19 f., 75.

536 SK/Hoyer § 283 Rn. 105.

537 NK/Kindhäuser Vor §§ 283 bis 283d Rn. 56.

den Vertretenen tätig wird. Das maßgebliche Kriterium dafür, wann dies der Fall sei, ergebe sich aus dem Schutzzweck der Norm. Die §§ 283 ff. StGB schützten die Gläubigerinteressen nicht vor beliebigen Beeinträchtigungen des Schuldnervermögens (durch Dritte), sondern nur dann, wenn der Schuldner selbst seinen Vermögensbestand unerlaubt riskant reduziere. Insoweit sei die Interessenformel der Rechtsprechung ein taugliches Kriterium zur Beantwortung der Frage, ob die Beeinträchtigung des Schuldnervermögens als Selbstschädigung (d.h. als im eigenen Interesse veranlasste Schädigung) i.S.d. §§ 283 ff. StGB oder als Schädigung fremden Vermögens i.S.d. § 266 StGB anzusehen sei.

Unter Einbeziehung des Interessengedankens fordert *Perron*[538] einen funktionalen Zusammenhang des Handelns „als" Vertreter mit dem Aufgaben- und Pflichtenkreis, der mit der Vertretung wahrgenommen werden soll. Er liege nicht schon deshalb vor, weil die Vertreterstellung zu der fraglichen Handlung Gelegenheit bietet oder weil deren rechtliche oder tatsächliche Folgen den Vertretenen treffen. Andererseits sei für ein Handeln „als" Vertreter nicht stets ein solches (wenigstens auch) im Interesse des Vertretenen erforderlich. Nur bei Tatbeständen, die eine eigennützige Tendenz voraussetzen, ferner bei solchen Handlungen, die in ihrer objektiven Bedeutung ambivalent sind, soll es auf ein Handeln im Interesse des Vertretenen ankommen. Weise dagegen das Handeln des Vertreters schon objektiv einen eindeutigen Bezug zu dem übertragenen Aufgabenkreis auf, sei es nicht mehr von Bedeutung, ob der Vertreter (wenigstens auch) im Interesse des Vertretenen handelt. Bei Rechtsgeschäften sei dies immer anzunehmen, wenn der Vertreter im Namen des Vertretenen handelt, bei einem tatsächlichen Handeln, wenn dieses seiner Art nach (also nicht notwendig in der besonderen Ausführung) als Wahrnehmung der Angelegenheiten des Vertretenen erscheint.[539]

Ähnlich differenziert *Schröder*[540]. Auch wenn man der funktionalen Betrachtungsweise folge, sei die subjektive Zielrichtung des Handelns immer dann zu berücksichtigen, wenn der Sonderdeliktstatbestand, um dessen Ausdehnung es geht, selbst ein eigennütziges Handeln vorschreibt. Gleiches soll für solche Handlungen gelten, bei denen eine Zuordnung zum Aufgabenkreis des Repräsentanten oder zum eigenen Geschäftsbereich des Täters nicht festgestellt werden könne. Umgekehrt sei ein Abstellen auf die subjektive Zielrichtung, also auf die Frage, in wessen Interesse die Handlung vornehmlich vorgenommen wurde, immer dann nicht möglich, wenn die Art der Handlung einen solchen Bezug nicht zulasse. Dies sei etwa bei allen Fällen unbewusster Fahrlässigkeit der Fall.

---

538 S/S/Perron § 14 Rn. 26.

539 Zustimmend: Rebmann/Roth/Herrmann § 9 OWiG Rn. 28.

540 Schröder, S. 161 ff.

Gleiches soll auch für Unterlassungsdelikte gelten. Unabhängig davon, ob man von der Interessentheorie oder der funktionalen Betrachtungsweise ausgehe, seien Abweichungen hiervon im Einzelfall unvermeidlich.[541]

Tiedemann[542] will die Interessentheorie primär objektiv und im Übrigen nicht zwingend, sondern nur als wichtiges Indiz verwenden. Ein funktioneller Zusammenhang des Organ- oder Vertreterhandelns mit dem von dem Organ oder Vertreter übernommenen Aufgaben- und Pflichtenkreis sei erforderlich. Die ausschließliche Schädigung des Schuldnervermögens durch das Organ oder den Vertreter des Schuldners durchbreche den erforderlichen Zurechnungszusammenhang. Dass innerhalb dieses grundsätzlichen Rahmens stets und ausschließlich das tatsächliche vom Täter subjektiv verfolgte wirtschaftliche Interesse maßgebend sei, könne der BGH-Rechtsprechung nicht zugestanden werden. Vielmehr seien zusätzlich normative Aspekte einschlägig. Da das Handeln „als" Organ oder Vertreter zunächst ein außerstrafrechtliches Zurechnungsproblem des Zivilrechts darstelle, sollten für rechtsgeschäftliche Handlungen zivilrechtliche Zurechnungsregeln auch im Strafrecht grundsätzlich beachtet und jedenfalls nicht durch die Maßgeblichkeit des vom Täter subjektiv verfolgten, häufig erst nachträglich aufgedeckten, Zweckes durchbrochen werden. Einschränkungen gegenüber dem Zivilrecht sollten dort gelten, wo dieses aus Gründen des Verkehrsschutzes zu Fiktionen greift.

2. Objektiv-funktionale Betrachtungsweise

Überwiegend wird der Vertretungsbezug über einen objektiv-funktionalen Zusammenhang zwischen der Handlung und der Organ- bzw. Vertreterstellung hergestellt. Dabei wird der funktionale Zusammenhang unterschiedlich bestimmt:

Einige Vertreter[543] des Schrifttums setzen voraus, dass das Organ die spezifischen rechtlichen oder tatsächlichen Handlungsmöglichkeiten bei der Tatausführung nutzt, die ihm aus seiner Organstellung erwachsen.

Nach der Auffassung von *Bieneck*[544] kommt die Zurechnung strafrechtlicher Verantwortung gem. § 14 StGB nur in Betracht, wenn derjenige, dem besondere

541 Schröder, S. 163.

542 LK/Tiedemann Vor § 283 Rn. 83 ff.

543 Achenbach, BGH-FG, 593 (604); Arloth, NStZ 1990, 570 (574); Kawan, S. 246 f.; Labsch, wistra 1985, 59 (62); Mohr, S. 93 f.; Otto, Grundkurs Strafrecht, § 61 Rn. 90; Wabnitz/Janovsky/Raum, Handbuch des Wirtschafts- und Steuerstrafrechts, 4/10; Schramm, S. 131 f.; Achenbach/Ransiek/Wegner, HWSt VII 1/13; Wehleit, S. 102; Winkelbauer, wistra 1986, 17 (19).

Merkmale zugerechnet werden sollen, bei der Tat in seiner besonderen Stellung oder in Ausübung seiner Funktion gehandelt hat und nicht nur bei Gelegenheit seiner Funktionsausübung oder unter Ausnutzung der faktischen oder rechtlichen Zugriffsmöglichkeiten, die sich ihm in dieser Stellung geboten haben.

Für einen objektiven Bezug zu dem übertragenen Aufgabenkreis, dessen Reichweite der Konkretisierung im Einzelfall bedarf und für die der inhaltliche Zuschnitt als Geschäftsführeraufgabe im konkreten Betrieb Anhaltspunkte gibt, spricht sich *Bosch*[545] aus.

Brand[546] betrachtet § 283 StGB als ein spezielles „Selbstschädigungsdelikt". Nur derjenige Täter, der sein eigenes Vermögen beiseite schafft, beschädigt, unbrauchbar macht oder durch riskante Investitionen verspielt, verletze die von § 283 StGB geschützten Gläubigerinteressen. An dieser grundlegenden Wertung habe sich auch die Auslegung des § 14 StGB zu orientieren. Den das Gesellschaftsvermögen schädigenden Geschäftsführer könne man nur dann aus § 283 StGB bestrafen, wenn die Schädigung als eigene Handlung der Gesellschaft erscheine. Rechtsgeschäftliche Schädigungshandlungen könnten nur dann den Zurechnungszusammenhang i.S.v. § 14 Abs. 1 Nr. 1 StGB begründen, wenn die GmbH hierdurch wirksam verpflichtet werde. Faktische Schädigungen bedürften der wirksamen Zustimmung durch die Gesellschafter, um den Weg zu § 14 Abs. 1 Nr. 1 StGB zu eröffnen.

Auch *Fischer*[547] setzt ein Handeln voraus, das mit dem Aufgabenkreis[548] des Vertretenen in einem objektiven Zusammenhang steht.

Floeth[549] befürwortet, die Abgrenzung dahin gehend vorzunehmen, ob die betreffende Tätigkeit im Geschäftskreis des Vertretenen liegt.

Gössel[550] versteht die „besonderen persönlichen Merkmale" i.S.d. § 14 StGB als eine Täterschaftsbeschreibung. § 14 StGB selbst könne als eine dem § 25 Abs. 2 StGB vergleichbare täterschaftsbestimmende Vorschrift angesehen werden. Täter des § 283 StGB sei derjenige, dem unter Berücksichtigung der den Täter kennzeichnenden besonderen Merkmale zudem die Tatherrschaft hinsichtlich des Handelns zukomme, welches mit rechtlicher Wirkung für die Gesellschaft vorgenommen werde; beim Beiseiteschaffen also demjenigen, dem die Tatherrschaft hinsichtlich des Beiseiteschaffens von Vermögensgegenständen

---

544 Müller-Gugenberger/Bieneck, Wirtschaftsstrafrecht, § 77 Rn. 24.
545 SSW-StGB/Bosch § 14 Rn. 10.
546 Brand, NStZ 2010, 9 ff.
547 Fischer § 14 Rn. 4.
548 So auch Deutscher/Körner, wistra 1996, 8 (12 f.).
549 Floeth, EWiR 2009, 589 (590).
550 Gössel, JR 1988, 256 (258).

einer überschuldeten oder zahlungsunfähigen überindividuellen Vereinigung zukomme.

Hager[551] bestimmt den funktionalen Zusammenhang „dreischichtig". Zunächst müsse ein funktionaler Zusammenhang zwischen dem übertragenen Aufgabenkreis des Organs und der einzelnen konkreten Handlung immer dann bejaht werden, wenn das Organ mit Zustimmung der vertretenen juristischen Person handelt. Eine solche Zustimmung könne sich bereits aus dem Anstellungsvertrag des Organs, aber auch aus schriftlichen oder mündlichen Anweisungen oder Erklärungen der Vertretenen zu einzelnen Handlungen ergeben. Liege keine Zustimmung vor, sei ein funktionaler Zusammenhang gegeben, wenn das Organ rechtsgeschäftlich als Vertreter der juristischen Person handelt. Denn bei einem rechtsgeschäftlichen Handeln nutze das Organ ja gerade die ihm eingeräumten Rechte, um zum Beispiel Vermögen der Gesellschaft gem. § 283 Abs. 1 StGB beiseite zu schaffen. Liegt weder eine Zustimmung noch eine rechtsgeschäftliche Handlung vor, so kommt es nach Auffassung *Hagers* bei rein tatsächlichen Handlungen darauf an, dass das Organ die tatsächlichen Zugangs- und Einwirkungsmöglichkeiten ausnutzt, die ihm seine Organstellung funktional ermöglicht. An einen solchen Zusammenhang seien jedoch strenge Anforderungen zu stellen. Handlungen, die Dritte genauso gut wie das Organ begehen können, müssten genauso ausscheiden wie Handlungen, die das Organ ohne direkten Bezug zu seiner Organstellung begehe und die der Vertretenen auch nicht dienen.

Nach der Auffassung von *Heine*[552] ist daran anzuknüpfen, ob der Betreffende im Geschäftskreis des Vertretenen tätig geworden ist. Bei Rechtsgeschäften sei dies stets zu bejahen, wenn der Vertreter im Namen des Vertretenen handelt oder letzteren wegen der bestehenden Vertretungsmacht jedenfalls im Außenverhältnis die Rechtswirkungen des Geschäfts unmittelbar treffen. Darüber hinaus handele der Vertreter bei Zustimmung des Vertretenen stets mit Vertretungsbezug.

Jakobs[553] verweist darauf, dass mit dem Handeln „als Vertreter" (Abs. 1) oder „auf Grund" der Beauftragung (Abs. 2) in § 14 StGB nicht die zivilrechtliche Stellvertretung gemeint sei, die bei Unterlassungsdelikten, bei rein tatsächlichem Handeln und unter den Voraussetzungen des Abs. 3 stets fehle, sondern eine Handlung, die – bei Begehungsdelikten – als Geschäft des Vertretenen erscheint oder – bei Unterlassungsdelikten – erscheinen würde. Ein Eigeninteresse des Vertreters schließe das nicht aus, wohl aber fehle der funktionale Zusam-

551 Hager, S. 211 ff.
552 S/S/Heine § 283 Rn. 4b, c.
553 Jakobs, AT, S. 601, Rn. 13.

menhang, wenn der Vertreter seine Befugnisse aus dem Innenverhältnis zum Nachteil des Vertretenen missbrauche, insbesondere also bei einer unerlaubten Handlung des Vertreters gegen den Vertretenen.

Nach *Jescheck/Weigend*[554] muss der Täter „in seiner Eigenschaft als Organ oder Vertreter" gehandelt haben.

Kühl[555] setzt für das Handeln „als" oder „auf Grund des Auftrags" i.S.d. § 14 StGB einen objektiven Zusammenhang mit dem Pflichtenkreis des Normadressaten voraus.

Lampe[556] definiert das Handeln „für" den Schuldner als ein Handeln, worin ein Organ oder ein Vertreter Möglichkeiten ausnutzt, die ihm (allein) kraft seiner Anstellung beim Schuldner, d.h. infolge seiner Eingliederung in dessen wirtschaftliche Organisation, eröffnet wurden; ein Handeln im (ökonomischen) Interesse des Schuldners sei dagegen nicht erforderlich.

Marxen/Böse[557] fordern ein Handeln „in dieser Funktion".

Radtke[558] bezieht den Strafgrund der Vertreterhaftung ein. Entsprechend dem Gedanken der Pflichtenteilhabe als Strafgrund der Vertreterhaftung könne der Vertreter aus einem Straftatbestand, der an die Verletzung außerstrafrechtlicher Pflichten des Vertretenen anknüpft, nur sanktioniert werden, wenn sein Verhalten im Zusammenhang mit der Erfüllung von Pflichten des Vertretenen stehe. Dem von § 14 StGB geforderten Vertretungsbezug werde nur dann entsprochen, wenn sich das Verhalten des Vertreters in einem normativen Sinne als ein Verhalten des Vertretenen selbst darstelle[559]. Dies erfordere ein Handeln im Geschäftskreis des Vertretenen. Rechtsgeschäftliches Handeln des Vertreters weise den für die Zurechnung nach § 14 StGB erforderlichen Vertretungsbezug auf, wenn dieser entweder im Namen des Vertretenen gehandelt hat oder Letzteren die Rechtswirkungen des vom Vertreter besorgten Geschäfts treffen. Bei rein faktischem Verhalten des Vertreters könne sich der Vertretungsbezug und damit die Anwendbarkeit des § 14 StGB aus unterschiedlichen Aspekten ergeben. Der Vertreter handle stets mit Vertretungsbezug, wenn der Vertretene seinem Verhalten zugestimmt habe. Fehle es an einer entsprechenden Zustimmung des Vertretenen, scheide eine Zurechnung des strafbegründenden Merkmals des Sonderdelikts sub specie § 14 StGB aus; der Vertreter könne sich allein aus allgemeinen Eigentums- und Vermögensdelikten strafbar gemacht haben. Anders

554 Jescheck/Weigend, AT, S. 231.

555 Kühl § 14 Rn. 8.

556 Lampe, GA 1987, 241 (253).

557 NK/Marxen/Böse § 14 Rn. 32.

558 MüKo/Radtke § 14 Rn. 58 ff.; Vor §§ 283 ff. Rn. 56 ff.

559 Diese Rechtsauffassung bezeichnet Radtke als sog. „Zurechnungsmodell", vgl. auch GmbHR 2009, 875 (876) und JR 2010, 233 (237).

verhalte es sich allerdings bei solchen Sonderdelikten, bei denen das tatbestandsmäßige Verhalten als (fehlerhafte) Erfüllung einer strafbewehrten außerstrafrechtlichen Pflicht des Vertretenen statuiert sei (z.B. bei den Buchführungsdelikten nach § 283 Abs. 1 Nr. 5-7 StGB). In diesen Konstellationen werde der Vertretungsbezug allein durch die Übernahme der Erfüllung der Pflicht seitens des Vertreters hergestellt. Als Beispiel führt *Radtke* die kaufmännische Buchführungspflicht an. Bei einem in der Rechtsform der GmbH geführten Unternehmen treffe die kaufmännische Buchführungspflicht die GmbH als Kaufmann nach § 6 HGB. Die Erfüllung dieser Pflicht obliege stets dem Geschäftsführer, so dass dieser ohne weiteren Vertretungsbezug als Täter des Delikts aus § 283 Abs. 1 Nr. 5 StGB in Betracht komme, wenn er die Handelsbücher der GmbH durch Verfälschung unübersichtlich führe.

Ransiek[560] setzt voraus, dass die Organe oder Beauftragten im Geschäftskreis des Vertretenen gehandelt haben und ein Zusammenhang zu dessen Tätigkeit besteht. Allerdings ist er der Auffassung, dass § 14 StGB diesen Zusammenhang selbst herstellt, ohne dass es zusätzlicher Kriterien bedarf.

Nach der Auffassung von *Reiß*[561] liegt ein Handeln als Geschäftsführer in Bezug auf das Vermögen der Gesellschaft immer vor. Eine Zurechnung komme allerdings dann nicht in Betracht, wenn das Beiseiteschaffen etc. der GmbH als Gemeinschuldnerin nicht zugerechnet werden kann, weil es sich mangels Einverständnis als gegen sie gerichtete Untreuehandlung darstellt.

Schäfer[562] stellt auf den Verantwortungskreis ab. Der Täter handle als Geschäftsführer, wenn er in seinem Verantwortungsbereich Pflichten verletze. Von einem Handeln „als Vertreter" könne nur dann nicht gesprochen werden, wenn dieses nur zufällig mit der Geschäftsführerstellung zusammenfalle.

Nach *Schünemann*[563] handelt es sich bei der Vertreterhaftung um „nichts anderes als eine Form der Übernahme einer Garantenstellung". Es gehe um die Übertragung und Übernahme einer Herrschaftsposition; als Normadressat handle prinzipiell nur derjenige, der in Wahrnehmung eines Aufgabenkreises für den Vertretenen tätig werde oder Gebotenes pflichtwidrig unterlasse.

Weber[564] vertritt die Auffassung, dass der Täter eine Handlung vornehmen muss, die funktional als Wahrnehmung seiner Geschäftsführungsbefugnis erscheint. Lediglich Handlungen, die nur gelegentlich der Geschäftsführertätigkeit erfolgen, könnten nicht zugerechnet werden.

---

560 Ransiek, Unternehmensstrafrecht, S. 92.

561 Reiß, wistra 1989, 81 (85).

562 Schäfer, wistra 1990, 81 (84); Schäfer, GmbHR 1993, 780 (798).

563 LK/Schünemann § 14 Rn. 14, 50; Schünemann, BGH-FG, 621 (644 f.).

564 Weber, StV 1988, 16 (17).

Die im Schrifttum vertretenen Auffassungen lassen sich wie folgt zusammenfassen: Ein objektiv-funktionaler Zusammenhang zwischen der Handlung und der Organ- bzw. Vertreterstellung liegt vor, wenn das Organ bzw. der Vertreter in Wahrnehmung des Aufgaben- und Pflichtenkreises des Vertretenen tätig wird. Dies ist der Fall, wenn er mit Zustimmung des Vertretenen handelt, Rechtsgeschäfte im Namen des Vertretenen abschließt oder bei einem tatsächlichen Handeln, wenn er rechtliche oder tatsächliche Wirkungsmöglichkeiten bei der Tatausführung nutzt, die ihm aus seiner Organ- bzw. Vertreterstellung erwachsen. Hingegen soll es an einem funktionalen Zusammenhang fehlen, wenn die Handlung bloß bei Gelegenheit der Vertretertätigkeit begangen wird oder der Vertreter seine Befugnisse aus dem Innenverhältnis zum Nachteil des Vertretenen missbraucht, insbesondere bei einer unerlaubten Handlung des Vertreters gegen den Vertretenen.

IV. Kritische Untersuchung der Interessenformel und der objektiv-funktionalen Betrachtungsweise

1. Argumente gegen die Interessenformel

Die Interessenformel wird nicht nur im Schrifttum kritisiert, sondern neuerdings auch in der Rechtsprechung[565]. Bevor auf das bemerkenswerte Urteil des Amtsgerichts Halle-Saalkreis vom 2. April 2001 eingegangen wird, soll aus dem Schrifttum ein Beitrag von *Arloth*[566] aufgegriffen werden, der die Kritik an der Interessenformel unter den Stichworten „Verschiebung der Strafbarkeitsgrenzen", „Dysfunktion des Rechtsgüterschutzes" und „Verlust strafprozessualer Effektivität" zusammenfasst.

a) Verschiebung der Strafbarkeitsgrenzen

Bei ausschließlich eigennützigen Bankrotthandlungen des Geschäftsführers führt die Interessenformel dazu, dass nicht die §§ 283, 14 StGB Anwendung finden, sondern die allgemeinen Strafvorschriften, insbesondere § 266 StGB. Für die §§ 283 ff. StGB verbleibt nur ein geringer Anwendungsbereich.

Die „verbleibende" Möglichkeit, den Geschäftsführer wegen Untreue zum Nachteil der GmbH zu verurteilen, ist mit Strafbarkeitslücken verbunden: Eine

565 AG Halle-Saalkreis NJW 2002, 77 f.; AG Gera BeckRS 2008 01679; tendenziell auch BGH wistra 2009, 275; BGH NStZ-RR 2009, 373.

566 Arloth, NStZ 1990, 570 ff.

Strafbarkeitslücke entsteht zum einen bei einer nur versuchten Untreuehandlung, die nicht als versuchter Diebstahl oder versuchte Unterschlagung erfasst werden kann und auch keine versuchte Schuldnerbegünstigung (§ 283d Abs. 2 StGB) darstellt, da die versuchte Untreue straflos ist und der an sich strafbare versuchte Bankrott (§ 283 Abs. 3 StGB) nach der Interessenformel nicht bestraft wird, wenn der Geschäftsführer zum Nachteil der GmbH handeln wollte (Beispiel: versuchter Abschluss eines wirtschaftlich unvertretbar riskanten Rechtsgeschäfts)[567]. Zum anderen entsteht eine Strafbarkeitslücke bei den fahrlässigen Begehungsweisen des Bankrotts nach § 283 Abs. 4 Nr. 2 und Abs. 5 StGB, für die es keine allgemeinen Strafnormen als „Auffangtatbestände" gibt[568]. Auch bei den Bankrotthandlungen der §§ 283 Abs. 1 Nr. 5, 6 und 7 StGB entsteht eine Strafbarkeitslücke, da bei den sog. Buchführungs- und Bilanzdelikten in der Krise[569] Untreue häufig mangels Vermögensschaden[570] nicht vorliegt.

Arloth[571] kritisiert berechtigtermaßen, dass die Rechtsprechung des BGH einerseits zu nicht hinnehmbaren Strafbarkeitslücken bei §§ 283 ff. StGB führt, andererseits bei der Annahme von Untreue zu weit geht. *Ransiek*[572] konstatiert: „§ 266 StGB passt immer. Insbesondere im Wirtschaftsstrafrecht ist das die Norm, die ganz unabhängig davon greift, um welche Spezialmaterie es sich auch immer handelt. Es braucht nur ein Risiko für fremdes Vermögen mit dem Handeln oder Unterlassen einer Person verbunden zu sein."

Schließlich scheidet mit einer Strafbarkeit nach § 283 Abs. 1, 2 StGB auch die Anwendung des § 283a StGB mit dem auf maximal zehn Jahre Freiheitsstrafe erhöhten Strafrahmen aus, obwohl gerade bei raffinierter Begehungsweise oder bei von vornherein auf die Ausbeutung und den Zusammenbruch der Gesellschaft hinarbeitenden Tätern ein besonders schwerer Fall auch außerhalb der Regelbeispiele (Nr. 1 und 2) gegeben sein wird[573]. Nicht in jeder dieser Sachverhaltskonstellationen kann davon ausgegangen werden, dass zugleich auch bezüglich des Allgemeindeliktes ein besonders schwerer Fall, z.B. nach § 243 StGB oder § 266 Abs. 2 StGB i.V.m. § 263 Abs. 3 StGB, eingreift; bei § 246 StGB beträgt die Höchststrafe ohnehin nur fünf Jahre (vgl. § 246 Abs. 2 StGB).

567 Wehleit, S. 70 f.

568 Wehleit, a.a.O.

569 Pelz, Strafrecht in Krise und Insolvenz, S. 133.

570 Vgl. die obigen Ausführungen (D.IV.1.) – der Vermögensbestand wird unzutreffend oder gar nicht dargestellt, tatsächlich aber nicht verändert.

571 Arloth, NStZ 1990, 570 (573).

572 Ransiek, ZStW 116 (2004), 634.

573 Labsch, wistra 1985, 1 (9).

b) Dysfunktion des Rechtsgüterschutzes

Eine Dysfunktion des Rechtsgüterschutzes sieht *Arloth* in den Fällen, in denen der Geschäftsführer im Einverständnis aller Gesellschafter der GmbH handelt bzw. der Geschäftsführer zugleich alleiniger Gesellschafter der GmbH ist.

Grundsätzlich ist der Untreuetatbestand nicht erfüllt, wenn alle Gesellschafter bzw. der Alleingesellschafter der GmbH ihr/sein Einverständnis mit dem (vermögensschädigenden) Handeln des Geschäftsführers erklärt haben. Die tatbestandsausschließende Wirkung des Einverständnisses entfällt jedoch, wenn das Einverständnis unwirksam ist. Dies ist der Fall, wenn es gesetzeswidrig oder pflichtwidrig[574] ist. Demzufolge gibt es Fallkonstellationen, in denen der Geschäftsführer seine Pflichten nach § 266 Abs. 1 StGB auch dann verletzt, wenn er mit Zustimmung sämtlicher Gesellschafter handelt. Bei der GmbH wird eine solche Pflichtwidrigkeit angenommen, wenn der unantastbare Kernbereich der Gesellschaft, der der Dispositionsbefugnis der Gesellschafter entzogen ist, angegriffen wird.[575] Dies gilt auch für die Ein-Mann-GmbH, bei der der Geschäftsführer gleichzeitig Alleingesellschafter ist, denn das Vermögen juristischer Personen ist – dies wurde bereits erwähnt – nicht nur für deren Organe, sondern auch für deren Anteilseigner fremd, selbst wenn alle Anteile in einer Hand vereinigt sind. Die Gesellschafter dürfen über das Gesellschaftsvermögen nicht verfügen, wenn eine konkrete Existenzgefährdung[576] der Gesellschaft entsteht, was jedenfalls bei einem Angriff auf das durch § 30 GmbHG geschützte Stammkapital der Fall ist[577], ferner wenn eine Überschuldung herbeigeführt oder vertieft[578] wird, der GmbH die Produktionsgrundlage entzogen oder ihre Liquidität gefährdet[579] wird. § 30 Abs. 1 S. 1 GmbHG bestimmt ausdrücklich, dass das zur Erhaltung des Stammkapitals erforderliche Vermögen an die Gesellschafter nicht ausgezahlt werden darf.

Arloth kritisiert, in diesen Fällen werde nicht berücksichtigt, dass das Auszahlungsverbot des § 30 GmbHG die Existenz der GmbH im Interesse der Gläubiger sichere. Das Verbot sei gewissermaßen die Kehrseite der Vorteile der beschränkten Haftung, die Sicherung des Existenzinteresses der GmbH sei letztlich nur ein Mittel auf dem Weg zum Gläubigerschutz. Aufgaben des Gläubigerschutzes erfüllten aber die §§ 283 ff. StGB, nicht § 266 StGB. Aus der „Rechtswidrigkeit" des Einverständnisses folge nicht seine Unwirksamkeit. Im Übrigen

---

574 Fischer § 266 Rn. 92 m.w.N.

575 BGHSt 49, 147.

576 BGH NStZ 2004, 41 (42) m.w.N.; BGH StV 2000, 487 (488).

577 Vgl. BGHR StGB § 266 Abs. 1 Nachteil 37.

578 Vgl. BGH NStZ 2009, 153 (155); BGH NJW 2009, 157 (160).

579 Vgl. BGHSt 49, 147 (158) m.w.N.; BGHSt 35, 333, 336 ff.

führe die Bejahung der Dispositionsbefugnis lediglich zur Straflosigkeit wegen Untreue; völlig unberührt bleibe die Strafbarkeit nach anderen Vorschriften, die demselben Ziel des Gläubigerschutzes dienen. Ansonsten würde die Untreue die Funktion des Gläubigerschutzes übernehmen. Hinzu komme, dass dieser Schutz grundsätzlich anders geartet wäre. Die Beeinträchtigung des Stammkapitals müsse keineswegs identisch sein mit der Herbeiführung einer Krise im Sinne des § 283 Abs. 2 StGB. So seien durchaus Fälle denkbar, in denen den Gesellschaftern Stammkapital ausbezahlt wird, dies jedoch nicht zur Zahlungsunfähigkeit oder Überschuldung führt (etwa weil keine höheren Verbindlichkeiten vorhanden sind). Andererseits könne der GmbH-Geschäftsführer durch das Beiseiteschaffen von Vermögensgegenständen ohne Weiteres die Zahlungsunfähigkeit der GmbH herbeiführen, ohne dass das Stammkapital angegriffen wird (etwa wenn die sofort zu erfüllenden Geldschulden ohnehin höher sind).

Deutlich werde die Dysfunktionalität des Rechtsgüterschutzes auch in verschiedenen BGH-Entscheidungen zu verdeckten Gewinnausschüttungen, in denen der zugrunde liegende Sachverhalt unter dem Gesichtspunkt der Untreue betrachtet wurde, jedoch nicht unter dem Gesichtspunkt des Bankrotts. Beispielsweise in BGHSt 34, 379 sind Entnahmen durch Falschbuchungen verschleiert worden. Darin liege das eigentliche Unrecht der Tat. Während der Krise sei dies nach § 283 Abs. 1 Nr. 5 und 1 StGB, vorher ggf. nach § 283b StGB strafbar. In BGHSt 35, 333 sind offenbar Teile der „Vermögensverlagerungen" in eine Krise der GmbH gefallen. Ab diesem Zeitpunkt sei § 283 Abs. 1 Nr. 1 StGB einschlägig; soweit durch die Entnahmen die Krise erst herbeigeführt wurde, unterfalle dies § 283 Abs. 2 StGB. Ob der GmbH-Geschäftsführer vorher verdeckte Gewinnausschüttungen vorgenommen habe, sei allenfalls steuer(straf-)rechtlich relevant.

Wenn also der Geschäftsführer einer GmbH diese gezielt in die Insolvenz treibt und damit evident gegen deren Interessen handelt, hier lediglich Untreue nach § 266 StGB, nicht aber § 283 StGB eingreift, obwohl zugleich die Interessen der Gläubiger verletzt werden, sei diese Lösung im Hinblick auf das geschützte Rechtsgut unbefriedigend.[580]

Im Übrigen kann der Zweck des § 283 StGB, der Schutz des Gläubigerinteresses am ungeschmälerten Fortbestand der Insolvenzmasse, auch durch ein – nach der Rechtsprechung nicht unter §§ 283, 14 StGB fallendes – eigennütziges Handeln tangiert werden.[581]

580 Dannecker/Hagemeier, Insolvenzstrafrecht, Rn. 50; Link, NJW 2009, 2228: „eine Frage der rechtsgutsbezogen-systematischen Auslegung".

581 So zutreffend Dehne-Niemann, wistra 2009, 417 (420).

Die Interessenformel verkennt außerdem den typischen Charakter[582] der Bankrotthandlungen: Diese gefährden nämlich nicht nur die Gläubiger, sondern richten sich typischerweise gleichzeitig auch gegen die (wirtschaftlichen) Interessen des Schuldners selbst. Dies gilt z.B. für das Beschädigen oder Zerstören von Schuldnereigentum (§ 283 Abs. 1 Nr. 1, 3. Alt. StGB), das Verbrauchen übermäßiger Beträge für Spiel oder Wette (§ 283 Abs. 1 Nr. 2, 2. Alt. StGB), das Veräußern von auf Kredit beschafften Waren erheblich unter ihrem Wert (§ 283 Abs. 1 Nr. 3 StGB), das Anerkennen erdichteter Rechte (§ 283 Abs. 1 Nr. 4 StGB), die Führung von Handelsbüchern in einer den Überblick über den Vermögensstand erschwerenden Weise (§ 283 Abs. 1 Nr. 5, ähnlich Nr. 6 und 7 StGB) und allgemein das Verringern des Vermögensstandes in einer den Anforderungen einer ordnungsgemäßen Wirtschaft grob widersprechenden Weise (§ 283 Abs. 1 Nr. 8 StGB). Das Herbeiführen von Überschuldung oder Zahlungsunfähigkeit (§ 283 Abs. 2 StGB) widerspricht stets den wirtschaftlichen Interessen des Schuldners. Natürlich – so *Wehleit* – seien Fälle denkbar, in denen die Bankrotthandlung im Interesse des Schuldners liege. Der Struktur des Tatbestandes entspreche das aber nicht. Auch ergäbe sich dann der Vorteil für den Schuldner, das Interesse, ausschließlich aus Umständen, die außerhalb des Tatbestandes liegen, bspw. aus der Möglichkeit, an beiseite geschaffte Vermögensbestandteile außerhalb des Insolvenzverfahrens wieder „heranzukommen“. Die Interessenformel ermögliche die Bestrafung des Geschäftsführers aus § 283 StGB nur bei atypischen Bankrotthandlungen, die ausnahmsweise (auch) im wirtschaftlichen Interesse der schuldenden GmbH liegen, und stehe damit im Widerspruch zur Tatbestandstypik[583] des Bankrotts.

Ein weiterer Kritikpunkt ist, dass die „Auffangtatbestände“ der §§ 242, 246 und 266 StGB keine sachlich angemessene Verurteilung[584] wegen des eigentlich verwirklichten und dem Täter im Urteilsspruch anzulastenden Unrechts ermöglichen. So kommt überhaupt nicht zum Ausdruck, dass die wirklich Geschädigten die Gläubiger der zusammengebrochenen GmbH in ihrer Gesamtheit sind und darüber hinaus das Vertrauen in die Funktionsfähigkeit der Kreditwirtschaft beeinträchtigt wird. Die Gesellschaft handelt als Wirtschaftssubjekt im Geschäftsverkehr unter eigener Rechtspersönlichkeit und ist Träger von Rechten und Pflichten. Dies lässt gleichzeitig Schutzerfordernisse entstehen, die sicherstellen, dass die Gesellschaft die Essentialien einhält, die für das Funktionieren des Wirtschaftskreislaufs unerlässlich sind und auf die der Rechtsverkehr vertrauen können muss. So hat die GmbH als eigene Rechtspersönlichkeit auch ge-

582 Wehleit, S. 74 f.

583 Wehleit, a.a.O.

584 Labsch, wistra 1985, 1 (9).

genüber den Anteilseignern ein selbstständiges in einem Kernbereich durch § 266 StGB geschütztes Vermögen. Dieses dient den Gläubigern der Gesellschaft als Haftungsmasse für Verbindlichkeiten. Wird der Geschäftsführer in Anwendung der Interessenformel lediglich wegen Untreue verurteilt, lässt der Schuldspruch nicht erkennen, dass der Geschäftsführer über das Vermögensinteresse der GmbH hinaus auch die Interessen der Gläubiger verletzt hat.

Darüber hinaus wird der besondere Zweck der §§ 283 Abs. 1 Nr. 5, 6 und 7 StGB, Verstöße gegen Buchführungs- und Bilanzierungsvorschriften wegen der besonderen Gefahr von Fehleinschätzungen mit schwerwiegenden wirtschaftlichen Folgen als eigenständiges Unrecht zu erfassen, unterlaufen[585].

c) Verlust strafprozessualer Effektivität

Arloth kritisiert ferner, dass die Interessenformel mit einem Verlust strafprozessualer Effektivität[586] verbunden sei. Wirtschaftliche und rechtliche Schwierigkeiten der Materie führten je nach Umfang des Verfahrens meist zu einer verhältnismäßig langen Verfahrensdauer. Obwohl der Gesetzgeber auf diese Schwierigkeiten mit der Einführung von Spezialzuständigkeiten (Wirtschaftsstrafkammern, Schwerpunktstaatsanwaltschaften) reagiert habe, lasse sich vielfach in größeren Verfahren die wirtschaftliche Lage des Unternehmens nicht ohne Einholung eines betriebswirtschaftlichen Sachverständigengutachtens beurteilen – nicht zuletzt deshalb, weil die Arbeiten langwierig und schwierig seien und daher von Staatsanwaltschaft und Gericht schon aufgrund der zeitlichen Beanspruchung nicht geleistet werden könnten.

Vor diesem Hintergrund erscheint es nur als weiterer Aufwand, wenn der Rechtsprechung zufolge auch noch untersucht werden muss, ob der Geschäftsführer wenigstens auch im Interesse der GmbH handelte. Würde sich die Auffassung des 1. und 3. Strafsenats des BGH durchsetzen, wäre die Ahndung von Bankrotthandlungen bei Kapitalgesellschaften wesentlich erleichtert[587].

d) Abhängigkeit der Verurteilung von der Einlassung des Angeklagten

Darüber hinaus hängt die Verurteilung unter Umständen von der Einlassung des Täters im Strafprozess ab. Trägt der Angeklagte zum Beispiel unwiderlegt vor, er habe der Gesellschaft sämtliches Vermögen entziehen wollen und dabei aus-

585 So zutreffend Arloth, NStZ 1990, 570 (572).
586 Arloth, NStZ 1990, 570 (574).
587 Winkler, jurisPR-StrafR 16/2009, Anm. 1.

schließlich an seine eigene Bereicherung gedacht, kommt eine Bestrafung gem. § 283 StGB nach der Interessenformel nicht in Betracht.

Labsch[588] stellt zutreffend fest, dass derjenige Angeklagte schlecht beraten ist, der in dem verständlichen Bemühen, seine Tat in einem halbwegs positiven Licht erscheinen zu lassen, behauptet, er habe selbstverständlich nicht nur eigennützig gehandelt, als er die Vermögensbestandteile beiseite schaffte, sondern er habe natürlich auch die Interessen der Gesellschaft mit im Auge gehabt, indem er etwa Schmiergelder zahlte oder Teilbeträge des Gesellschaftsvermögens für die Gesellschaft vor den Gläubigern in Sicherheit bringen wollte: Nach der Rechtsprechung trifft ihn eine Bestrafung aus tateinheitlich begangenem Bankrott- und Untreue- bzw. Unterschlagungstatbestand sowie das automatisch in Kraft tretende Berufsverbot nach § 6 Abs. 2 S. 2 Nr. 3b und e GmbHG. Trägt der – besser informierte – Angeklagte jedoch unwiderlegt vor, er habe ausschließlich an die eigene Bereicherung gedacht und nicht im Mindesten für die Interessen der Gesellschaft handeln wollen, so kommt eine Bestrafung allenfalls aus den §§ 242, 246 oder 266 StGB in Betracht. Das fünfjährige Berufsverbot hat er nur zu befürchten, wenn er wegen Untreue zu einer Freiheitsstrafe von mindestens einem Jahr verurteilt wird.

e) Ungleichbehandlung gegenüber Einzelkaufleuten

Zudem ist die Interessenformel in den Fällen der §§ 283 Abs. 1 Nr. 5, 6 und 7 StGB mit einer Ungleichbehandlung[589] gegenüber Einzelkaufleuten verbunden: Während der Geschäftsführer einer GmbH bei ausschließlich eigennützigem Handeln straflos bliebe, macht sich der Einzelkaufmann, bei dem ein Rückgriff auf § 14 StGB nicht erforderlich ist, durch unmittelbare Anwendung der §§ 283 Abs. 1 Nr. 5, 6 und 7 StGB des Bankrotts schuldig. Dennoch stellt der BGH in einer Entscheidung[590] aus dem Jahr 1982 bezüglich der §§ 283 Abs. 1 Nr. 5 und Nr. 6 StGB auf das Handeln im Interesse der Gesellschaft ab. In nachfolgenden Entscheidungen[591] verzichtete er hingegen im Rahmen der §§ 283 Abs. 1 Nr. 5, 6 und 7 StGB auf die Anwendung der Interessenformel.

---

588 Labsch, wistra 1985, 1 (9).

589 Hagemeier, StV 2010, 26 (28) spricht von einer „unbilligen Privilegierung“ von Vertretern oder Organen von Kapitalgesellschaften gegenüber Einzelkaufleuten.

590 BGH wistra 1982, 148 (149).

591 BGH wistra 2003, 232 (§§ 283 Abs. 1 Nr. 7b, 283b Abs. 1 Nr. 3 StGB); BGH NStZ 1998, 247 (§§ 283 Abs. 1 Nr. 5, 283b Abs. 1 Nr. 3b StGB); BGH wistra 1998, 105 (§§ 283 Abs. 1 Nr. 5, 7b, 283b Abs. 1 Nr. 1, 3b StGB).

f) Ungeeignetes Kriterium zur Bestimmung des Vertretungsbezugs

Zu Recht wird die Interessenformel auch deshalb kritisiert, weil sie unscharf[592] und zu einseitig auf die Insolvenzdelikte ausgerichtet[593] ist. Selbst innerhalb des § 283 StGB fehlt eine konsequente[594] Rechtsprechung zur Anwendung der Interessenformel auf alle Bankrotthandlungen.

Kritik verdient die Interessenformel auch insoweit, als sie bei Unterlassungsdelikten (etwa dem Unterlassen von Buchführung und Bilanzierung) sowie bei den Fahrlässigkeitstatbeständen des § 283 StGB nicht anwendbar ist.

Außerdem lässt sich der Begriff des Handelns im Interesse des Vertretenen auf zweierlei Weise interpretieren[595]: Einmal kann die Motivation des Täters, die subjektive Tendenz, gemeint sein. Dann kommt es darauf an, ob der Geschäftsführer subjektiv zugunsten der GmbH oder zu seinem eigenen Vorteil handeln wollte. Mit dem Interesse kann aber auch der objektiv zu bestimmende (wirtschaftliche) Vor- oder Nachteil des Vertretenen gemeint sein.

Kritisiert wird ferner, dass das Problem des Vertretungsbezugs bei § 14 StGB in sachwidriger Weise mit dem Problem des Konkurrenzverhältnisses zwischen § 266 StGB und § 283 StGB verknüpft[596] wird. Denn die Abgrenzung diene vornehmlich der Trennung von Untreue und Bankrott: Handelt der Täter ausschließlich im eigenen Interesse, soll § 283 StGB ausscheiden und § 266 StGB greifen.[597]

Zudem wird argumentiert, dass das Zusammenspiel der Regelungen in § 14 Abs. 1 und 2 StGB jedenfalls kein zwingendes Argument für die Interessenformel ergibt, die für sich ins Feld führt[598], wenn Abs. 2 ein Handeln „im Auftrag" eines anderen voraussetze, sei damit das Verfolgen von Interessen des Auftraggebers gemeint; gleiches müsse dann auch für Abs. 1 der Vorschriften gelten.

592 Achenbach, BGH-FG, 593 (604 f.); ebenso Bruns, GA 1982, 1 (28), die genannten Abgrenzungskriterien blieben „in der Tat dunkel".

593 Bruns, GA 1982, 1 (28); MüKo/Radtke § 14 Rn. 61: Die Diskussion um die Interessentheorie und die funktionale Betrachtungsweise sei zu stark an der Frage der Anwendbarkeit des § 14 StGB auf § 283 Abs. 1 Nr. 1 StGB in den Varianten des „Beiseiteschaffens" und „Verheimlichens" orientiert; Müller-Gugenberger/Bieneck, Wirtschaftsstrafrecht, § 77 Rn. 27 f.: Der BGH habe die Interessentheorie nur für Vermögensverschiebungen entwickelt.

594 So zutr. Müller-Gugenberger/Bieneck, Wirtschaftsstrafrecht, § 77 Rn. 27 f.; Leipold/Schaefer, NZG 2009, 937 (938).

595 Vgl. dazu Wehleit, S. 62.

596 MüKo/Radtke § 14 Rn. 61.

597 Ransiek, Unternehmensstrafrecht, S. 91.

598 So jedenfalls BGHSt 30, 127 (130).

Zum einen ist schon fraglich, ob es tatsächlich nur „Aufträge“ i.S.v. § 14 Abs. 2 StGB geben kann, die zugleich dem materiellen Interesse des Auftraggebers dienen; zum anderen spricht nichts dafür, dass beide Absätze des § 14 die strafrechtliche Vertreterhaftung nicht auch an unterschiedliche Voraussetzungen knüpfen könnten.[599]

g) Wertungswiderspruch zum Zivilrecht

In Fällen, in denen der Geschäftsführer durch den Abschluss nachteiliger Verträge im Namen der GmbH, aber nicht in ihrem Interesse handelt, besteht nach Auffassung von *Wehleit*[600] sogar ein Wertungswiderspruch zum Zivilrecht: Weshalb ein aufgrund der Organstellung zivilrechtlich wirksam vorgenommenes, die GmbH bindendes Rechtsgeschäft strafrechtlich praktisch entgegengesetzt bewertet werden soll, so, als habe der Geschäftsführer nicht „als vertretungsberechtigtes Organ“ gehandelt, nur weil er ausschließlich eigennützig motiviert war oder das Geschäft objektiv wirtschaftlich nachteilig war, leuchte nicht ein.

h) Leerlaufen des Berufsverbots

Die Vorschrift des § 6 Abs. 2 S. 3 GmbHG in der bis zum 31. Oktober 2008 geltenden Fassung bestimmte, dass derjenige, der wegen einer Straftat nach den §§ 283 bis 283d StGB verurteilt worden ist, auf die Dauer von fünf Jahren seit der Rechtskraft des Urteils nicht Geschäftsführer einer GmbH sein konnte. In den Fällen, in denen die Interessenformel dazu führte, dass nicht die §§ 283, 14 StGB Anwendung fanden, sondern allgemeine Strafvorschriften, insbesondere § 266 StGB, ging das Berufsverbot des § 6 Abs. 2 S. 3 GmbHG a.F. ins Leere.

Arloth[601] verwies zu Recht darauf, dass damit der Wirtschaftsverwaltung ein wirksames Instrument aus der Hand genommen wurde, um einschlägig vorbestrafte Bankrotteure von der Gesellschaftsform der GmbH fernzuhalten, die mit ihrer Haftungsbeschränkung Wirtschaftsstraftätern ein geeignetes Betätigungsfeld bietet.

Inzwischen hat der Gesetzgeber mit dem Gesetz zur Modernisierung des GmbH-Rechts und zur Bekämpfung von Missbräuchen (MoMiG)[602] reagiert. § 6 Abs. 2 S. 2 GmbHG in der ab dem 1. November 2008 geltenden Fassung[603] ent-

599 A.-D. Jordan, Jura 1999, 304 (305).
600 Wehleit, S. 73.
601 Arloth, NStZ 1990, 570 (574).
602 BGBl I 2008, 2026 ff.
603 BGBl I 2008, 2026 (2027).

hält folgende Neufassung und Erweiterung der Ausschlussregelungen für Geschäftsführer:

„Geschäftsführer kann nicht sein, wer
1. ...
2. ...
3. wegen einer oder mehrerer *vorsätzlich* begangener Straftaten
    a) ...
    b) nach den §§ 283 bis 283d des Strafgesetzbuchs (Insolvenzstraftaten),
    c) ...
    d) ...
    e) nach den §§ 263 bis 264a oder den §§ 265b bis 266a des Strafgesetzbuchs zu einer Freiheitsstrafe von mindestens einem Jahr

verurteilt worden ist; dieser Ausschluss gilt für die Dauer von fünf Jahren seit der Rechtskraft des Urteils, wobei die Zeit nicht eingerechnet wird, in welcher der Täter auf behördliche Anordnung in einer Anstalt verwahrt worden ist.

Satz 2 Nr. 3 *gilt entsprechend* bei einer *Verurteilung im Ausland* wegen einer Tat, die mit den in Satz 2 Nr. 3 genannten Taten vergleichbar ist.“

Zur Begründung[604] ist ausgeführt, dass die Aufnahme von Verurteilungen nach § 266 StGB wegen Untreue schon deshalb erforderlich sei, „weil nach der Rechtsprechung des Bundesgerichtshofs typische Bankrottstraftaten eines Geschäftsführers dem § 266 StGB unterfallen, wenn dieser in eigenem Interesse gehandelt hat“. Darüber hinaus könne generell davon ausgegangen werden, dass eine Person, die wegen Missbrauchs ihrer Befugnis, über fremdes Vermögen zu verfügen, oder wegen Verletzung der ihr obliegenden Vermögensbetreuungspflicht zu einer Freiheitsstrafe von mindestens einem Jahr verurteilt wurde, auch ungeeignet sei, das Amt eines Geschäftsführers zu bekleiden, welches grundsätzlich mit solchen Befugnissen und Pflichten einhergehe.

Die Gesetzesänderung ist zwar in Ansehung der Rechtsprechungspraxis begrüßenswert. Das Problem wird damit aber nicht gelöst, es können allenfalls die Folgen gemildert werden. Kritikwürdig ist, dass die Gesetzesmaterialien nicht einmal Anknüpfungspunkte für das Erfordernis der Verurteilung zu einer Freiheitsstrafe von mindestens einem Jahr erkennen lassen. Den Gesetzesmaterialien kann auch nicht entnommen werden, ob Gesamtstrafen, die dieses Mindestmaß überschreiten, das Berufsverbot begründen können, insbesondere wenn als Einsatzstrafe ein Delikt herangezogen wird, das nicht in den Anwendungsbereich des § 6 Abs. 2 S. 2 Nr. 3e GmbHG fällt wie etwa die Steuerhinterziehung. Die Gesetzesänderung ist eine unbefriedigende Reaktion des Gesetzgebers auf die bislang ebenfalls unbefriedigende Rechtsprechungspraxis.

604 BT-Drs. 16/6140, S. 32 f.

i) Die Entscheidung des AG Halle-Saalkreis vom 2. April 2001

Im Folgenden soll eine Entscheidung des Amtsgerichts Halle-Saalkreis aus dem Jahre 2001 erörtert werden. Diese Entscheidung ist bemerkenswert, weil sie die im Schrifttum geäußerte Kritik aufgreift und die „Interessenformel" ablehnt.

Dem rechtskräftigen Urteil des Amtsgerichts Halle-Saalkreis[605] vom 2. April 2001 lag folgender Sachverhalt zugrunde: Der Angeklagte hatte als Geschäftsführer der M-GmbH eine Anzahlung für Bauleistungen in Höhe von 20.700 DM von einem Vertreter der Firma L entgegengenommen und im Einverständnis mit dem weiteren Geschäftsführer D in seinem Tresor aufbewahrt. Später weigerte er sich jedoch, das Geld zur Begleichung von Verbindlichkeiten herauszugeben und behauptete wahrheitswidrig, das Geld bereits an D gegeben zu haben. D beantragte schließlich die Eröffnung des Gesamtvollstreckungsverfahrens über das Vermögen der M-GmbH, das wenig später eröffnet wurde. Auch gegenüber der Gesamtvollstreckungsverwalterin behauptete der Angeklagte wahrheitswidrig, das Geld an D weitergeleitet zu haben. Zu dem Zeitpunkt, als der Angeklagte das Geld vereinnahmte bzw. den Verbleib verheimlichte, drohte bereits die Zahlungsunfähigkeit der M-GmbH, was der Angeklagte auch wusste.

Das Amtsgericht verurteilte den Angeklagten wegen Bankrott. Der Interessenformel des Bundesgerichtshofs folgte es nicht, weil die Interessenformel „durchgreifenden Bedenken" begegne:

Bei einem bestreitenden Angeklagten lasse sich dann, wenn der Verbleib der Vermögensbestandteile nicht aufzuklären ist, häufig nur schwer klären, ob der Geschäftsführer im Interesse der GmbH oder im eigenen Interesse handelte.

Darüber hinaus widerspreche der Normzweck des § 283 StGB der Interessentheorie. § 283 StGB wolle das Interesse der Massegläubiger an möglichst vollständiger Befriedigung sichern. Daher sei es erforderlich, dass in Zeiten der Krise die Masse vor Verkleinerungen geschützt werde. Für den Schutz der Masse sei es aber völlig gleichgültig, ob der Geschäftsführer bei der Verkleinerung des Vermögens im eigenen Interesse oder im Interesse der GmbH handle. Das Interesse der Massegläubiger am Schutz der Masse vor Verschleuderung sei in beiden Fällen in gleichem Maße tangiert.

Ferner sei die Interessentheorie in sich widersprüchlich, da der BGH ein Handeln im Interesse der GmbH nur bei § 283 Abs. 1 Nr. 1 StGB voraussetze, nicht aber bei den anderen Nummern des § 283 Abs. 1 StGB, ohne dass es für diese Differenzierung einen sachlichen Grund gäbe.

Des Weiteren führe die Interessentheorie im Fall von fahrlässigem Handeln oder bloß versuchter Tatbegehung des Geschäftsführers zu wirtschaftspolitisch

605 AG Halle-Saalkreis NJW 2002, 77 f.

nicht wünschenswerten Strafbarkeitslücken, da der „Auffangtatbestand" des § 266 StGB dann versage.

Im Übrigen führe die Interessentheorie dazu, dass ein GmbH-Geschäftsführer trotz schwer wiegender Verfehlungen nicht wegen § 283 StGB – mit der wirtschaftspolitisch wichtigen Sperrwirkung des § 6 Abs. 2 S. 3 GmbHG[606] – sondern „nur" wegen § 266 StGB verurteilt werden könne, was keine Sperrwirkung nach § 6 Abs. 2 S. 3 GmbHG[607] mit sich bringe. Die Gläubigerschutzregelung des Berufsverbots gem. § 6 Abs. 2 S. 3 GmbHG[608] werde von der „Interessentheorie" praktisch außer Kraft gesetzt.

Hinzu komme, dass die Interessentheorie zu kriminalpolitischen Ungereimtheiten führe. Die häufigen und besonders strafwürdigen Fälle ausschließlich eigennütziger Vermögensverschiebungen würden nur durch die allgemeinen Vermögens- und Eigentumsdelikte erfasst, obwohl es angemessener wäre, das Konkursstrafrecht auch auf den schwerwiegendsten Bereich der Konkurskriminalität anzuwenden.

Zudem führe die Interessentheorie bei der Frage der Verjährung zu einer ungerechtfertigten Besserbehandlung gerade der schwer wiegenden Insolvenzkriminalität. Denn bei der Untreue beginne die Strafverfolgungsverjährung bereits mit dem Schadenseintritt und nicht, wie beim Bankrott, erst mit Eintritt der Strafbarkeitsbedingung.

Eine Bestrafung wegen tateinheitlich begangener Untreue scheitert nach Auffassung des Amtsgerichts daran, dass der *Unrechtsgehalt der Tat* des Angeklagten *vollständig durch § 283 StGB erfasst* wird. Für eine zusätzliche Verurteilung wegen § 266 StGB sei daher kein Raum.

Dem schließt sich das AG Gera in einem Urteil vom 7. Mai 2007[609] an, allerdings ohne eine neue Argumentation, sondern lediglich unter Berufung auf vorgenanntes Urteil und Teile des Schrifttums.

Lediglich das Argument, dass das Berufsverbot des § 6 Abs. 2 S. 3 GmbHG[610] von der „Interessentheorie" praktisch außer Kraft gesetzt werde, ist durch die Gesetzesänderung inzwischen überholt.

---

606 In der bis zum 31.10.2008 geltenden Fassung.

607 In der bis zum 31.10.2008 geltenden Fassung.

608 In der bis zum 31.10.2008 geltenden Fassung.

609 AG Gera, Urt. v. 07.05.2007 – 750 Js 13099-04/10 Ls, veröffentlicht nur in BeckRS 2008 01679.

610 In der bis zum 31.10.2008 geltenden Fassung.

j) Betriebswirtschaftliche Aspekte

Wie bereits dargelegt wurde, macht sich der Geschäftsführer einer GmbH nach der Interessenformel der Rechtsprechung nur dann des Bankrotts schuldig, wenn er für die Gesellschaft und (wenigstens auch) in deren Interesse handelt. Maßgebend für die Einordnung des Handelns als Wahrnehmung der Interessen der Gesellschaft oder als eigennützige Tätigkeit ist eine *wirtschaftliche Betrachtung*[611]. Im Folgenden soll untersucht werden, ob sich ein neuer Lösungsweg erschließt, wenn man *nicht nur das Handeln des Geschäftsführers* wirtschaftlich betrachtet, sondern *auch die Gesellschaft*, als Unternehmen.

Zum Begriff des Unternehmens ist vorwegzunehmen, dass die deutsche Rechtsordnung einen einheitlichen Unternehmensbegriff nicht kennt.[612] Im Strafgesetzbuch wird der Begriff des Unternehmens nicht definiert, in § 14 Abs. 2 S. 2 StGB wird nur die Gleichstellung des Unternehmens mit dem Betrieb angeordnet. Im Handelsrecht bezeichnet Unternehmen in der Regel einen dauerhaften oder zumindest auf einen nicht unerheblichen Zeitraum ausgerichteten Geschäftsbetrieb, der planmäßig und organisatorisch selbstständig geführt wird.[613] Unternehmensträger ist der Rechtsträger, dem das Unternehmen rechtlich zugeordnet ist. Bei Personenhandelsgesellschaften und Kapitalgesellschaften ist Rechtsträger nicht eine einzelne natürliche Person, sondern die betreffende (teilrechtsfähige) Gesellschaft (OHG, KG) bzw. die juristische Person (AG, GmbH). Die Handelsgesellschaft ist das Unternehmen im handelsrechtlichen Sinne.[614] In der *Betriebswirtschaftslehre* wird unter einem Unternehmen eine wirtschaftliche, technische, soziale und rechtliche Einheit verstanden, deren Aufgabe die Erstellung und der Absatz von marktfähigen Gütern und/oder Dienstleistungen ist.[615] Die rechtliche Einheit wird durch den Handelsnamen des Kaufmanns, die Firma und die Rechtsform charakterisiert.[616] Allen Unternehmen ist gemeinsam, dass es sich um *Organisationen* handelt, d.h. zielgerichtete soziale Systeme, in denen Menschen mit eigenen Wertvorstellungen und Zielen tätig sind (sog. institutionaler Organisationsbegriff[617]).

---

611 So ausdrücklich: BGH GA 1979, 311 (313).

612 Vgl. Kübler/Assmann, S. 39; Karsten Schmidt, Handelsrecht, S. 63; ders., Gesellschaftsrecht, S. 935 f.

613 Vgl. Karsten Schmidt, Handelsrecht, S. 65 ff.

614 MüKo-HGB/Schmidt § 1 Rn. 38 a.E.; MüKo-HGB/Heidinger vor § 17 Rn. 37; Hopt, in: Baumbach/Hopt HGB, Einl v § 1 Rn. 41.

615 Vahs, Organisation, S. 16.

616 GABLER, Wirtschaftslexikon, S. 2164.

617 Vahs, Organisation, S. 19.

Folgt man der Auffassung von *Hey*[618] und *Reck*[619], wonach jede Organisation, jedes Unternehmen einen eigenen Überlebenswillen entwickelt, gelangt man zumindest in den Fällen der sog. „Firmenbestattung" auch bei Anwendung der Interessenformel zu einer Strafbarkeit wegen Bankrott.

Im Folgenden soll zunächst die sog. „Firmenbestattung" erklärt werden, bevor der betriebswirtschaftliche Ansatz dargelegt wird, mit dessen Hilfe man selbst bei Anwendung der Interessenformel in den Fällen der sog. „Firmenbestattung" zu einer Strafbarkeit wegen Bankrott kommt. Anschließend wird zu dieser betriebswirtschaftlichen Sichtweise kritisch Stellung genommen.

Der Ankauf insolvenzreifer Unternehmen durch so genannte „Sanierer" ist in den letzten Jahren zunehmend zu beobachten.[620] Die Firmenaufkäufer erwerben vor der Insolvenz stehende Unternehmen zu einem symbolischen Kaufpreis und geben vor, das Unternehmen sanieren zu wollen. Ihre Dienste lassen sie sich durch ein Entgelt, das sich an der Höhe der Verbindlichkeiten orientiert und häufig als Unternehmensberatungshonorar verdeckt wird, bezahlen. Nach Umfirmierung und Sitzverlegung beantragt der neue Geschäftsführer die Eröffnung des Insolvenzverfahrens ohne weitere Sanierungsbemühungen entfaltet zu haben[621] – sog. „Firmenbestattung". Viele Unternehmer sind von der Motivation geleitet, durch den Verkauf ihres Unternehmens in der Krisensituation ihre Stellung in der Gesellschaft, ihre Verantwortung gegenüber der Region oder ihren „guten Namen" zu erhalten. Es gibt aber auch Unternehmer, die die Möglichkeit der „Firmenbestattung" bewusst nutzen, um sich der Verantwortung zu entziehen. Manche Unternehmer werden dabei von der Hoffnung getragen, mit einem neuen, unbelasteten Unternehmen wieder am Markt agieren zu können.[622]

Bei der klassischen Bankrotthandlung des Beiseiteschaffens von Vermögensbestandteilen liegt die Übertragung der Vermögensgegenstände in den Fällen der sog. „Firmenbestattung" zwar *nicht im Interesse der alten, aber im Interesse der neuen Firma.* Betriebswirtschaftlich bleibt es dieselbe Unternehmung[623]. Die Übertragung erfolgt *im Interesse des Unternehmens im betriebswirtschaftlichen Sinn.*[624]

618 Hey, ZAP-Ost 1999, Fach 21, 197 (201).

619 Reck, Insolvenzstraftaten und deren Vermeidung, Rn. 421 ff.

620 Pelz, Strafrecht in Krise und Insolvenz, Rn. 561.

621 Vgl. Pelz, a.a.O.

622 Bittmann, Insolvenzstrafrecht, § 29 Rn. 12.

623 Die Begriffe „Unternehmung" und „Unternehmen" sind inhaltlich gleich; sie werden synonym verwendet, vgl. GABLER, Wirtschaftslexikon, S. 2163.

624 So jedenfalls Hey, ZAP-Ost 1999, Fach 21, 197 (201); Reck, Insolvenzstraftaten und deren Vermeidung, Rn. 421, 423.

Für diese Erkenntnis hilfreich ist eine Studie[625], die am Wittener Institut für Familienunternehmen (WIFU) erstellt wurde und sich mit dem Verlauf existenzbedrohender Krisen in Familienunternehmen befasst. Diese Studie aufgreifend, setzt sich ein Beitrag[626] mit der Bedeutung der Unternehmenskrise aus der Perspektive der Familie eines Familienunternehmens auseinander. Es wird aufgezeigt, dass Familien vielfach ihr gesamtes Vermögen vor oder während der Krise in das Unternehmen einbringen. Der Wille das Unternehmen zu retten, letztlich ein „*Überlebenswille*", der die eigene Existenz gefährdet, erklärt sich daraus, dass meist mehrere Familienmitglieder im eigenen Unternehmen arbeiten und mit dem Arbeitsplatzverlust die Einkommenssituation der Unternehmerfamilie massiv bedroht ist. In dem Beitrag wird dargestellt, dass die Arbeit für Familienmitglieder, die führende Positionen einnehmen (z.B. geschäftsführende Gesellschafter), den Mittelpunkt ihres Lebens bedeutet, aus dem sie einen Großteil ihres Selbstwertgefühles ziehen[627]. Eine Negativentwicklung des Unternehmens wirke sich daher in der Regel auch negativ auf das Selbstbild dieser Personen aus: Die Krise des Unternehmens wird als persönliche Krise erlebt[628]. Gerade in Fällen, in denen ein Unternehmen auf eine lange Tradition zurückblicken kann, sehe sich die aktuelle Generation als verantwortlich für die Fortschreibung einer unter Umständen langen Zeitreihe, die nun unter ihrer Obhut vor der Gefahr eines Untergangs steht.[629] Dementsprechend entwickelt der „Überlebenswille" eine gewisse Eigendynamik. In der Praxis ist beispielsweise zu beobachten, dass Geschäftsführer in einer wirtschaftlichen Krise oftmals versuchen, mit einer „alles oder nichts"-Strategie die Krise abzuwenden, indem sie z.B. Aufträge annehmen, die nicht einmal die Kosten decken. Einem Beitrag von *Hey*[630] zufolge kennen viele gerade kleinere Unternehmen ihren Deckungsbeitrag nicht einmal; die Hoffnung auf den nächsten kostendeckenden oder gewinnbringenden Auftrag, aus einer stärkeren Marktposition heraus, lässt eine solche Strategie als sinnvoll erscheinen.

Für die Auffassung, dass jede Organisation, *jedes Unternehmen einen eigenen Überlebenswillen entwickelt*, die Übertragung von Vermögensgegenständen in den Fällen der sog. „Firmenbestattung" zwar nicht im Interesse der alten Firma, aber im Interesse der neuen Firma liegt, es betriebswirtschaftlich dieselbe Unternehmung bleibt, und damit die Übertragung im Interesse des Unternehmens im betriebswirtschaftlichen Sinne erfolgt, spricht, dass beispielsweise im

625 Tom A. Rüsen: Krisen und Krisenmanagement in Familienunternehmen, 1. Aufl. 2009.

626 Rüsen, Creditreform 9/2008, 28 ff.

627 Rüsen, Creditreform 9/2008, 28 (30).

628 Rüsen, a.a.O.

629 Vgl. Rüsen, ebenda.

630 Hey, ZAP-Ost, Fach 21, 197 (209).

Recht der Ordnungswidrigkeiten anerkannt ist, dass der Wechsel der Rechtsform des Unternehmens der Festsetzung einer Geldbuße gegen das Unternehmen nicht entgegensteht, wenn das Unternehmen der Sache nach dasselbe geblieben ist.[631] Auch wenn nur die Firmenbezeichnung des Unternehmens wechselt, hat dies keinen Einfluss auf die Sanktionsmöglichkeit, denn dann ist keine Identitätsänderung eingetreten, sondern nur eine andere Bezeichnung[632] vorgenommen worden. Wechselt die Rechtsform des Unternehmens, so kommt es darauf an, ob die Identität zwischen beiden Unternehmen nach wirtschaftlicher Betrachtungsweise zu bejahen ist.[633]

Andererseits ist zu bedenken, dass die Straftat als eine tatbestandsmäßige, rechtswidrige und schuldhafte Handlung[634] definiert wird. Das Strafgesetzbuch knüpft die Strafe an ein bestimmtes menschliches Verhalten an. Das Strafrecht ist demnach geprägt von der Existenz der Norm und der Existenz eines durch sie gebundenen, zu ihrer Befolgung wie zu ihrer Übertretung befähigten Menschen[635]. Der „Überlebenswille" im oben beschriebenen Sinne ist untrennbar mit der Persönlichkeit individueller Menschen verbunden. Gewiss können Menschen, die sich in einer Organisation, einem Unternehmen, zu einem gemeinsamen Zweck verbunden haben, einen kollektiven „Überlebenswillen" entwickeln. Von einem *Überlebenswillen des Unternehmens* zu sprechen, wäre jedoch *verfehlt*, weil der „Überlebenswille" *entpersonalisiert* und damit objektiviert würde. Selbst nach der betriebswirtschaftlichen Definition ist das *Unternehmen* eine *wirtschaftliche, technische, soziale und rechtliche Einheit*, ein *abstraktes Gebilde*. Das Strafrecht ist von seinen Wurzeln her ein Individualstrafrecht[636]. Spricht man einem abstrakten Gebilde einen Überlebenswillen, ein menschliches Charakteristikum, zu, um die Bestrafung eines Menschen zu ermöglichen, widerspricht dies dem grundlegenden Prinzip des Strafrechts, die Strafe an ein bestimmtes menschliches Verhalten anzuknüpfen. Die Strafbarkeit des Geschäftsführers wäre darüber hinaus an den „Überlebenswillen" des Unternehmens gebunden, einen entpersonalisierten Überlebenswillen.

---

631 Vgl. BGH wistra 1986, 221 (222); Göhler/König OWiG § 30 Rn. 38.

632 Göhler/König OWiG § 30 Rn. 38a.

633 Vgl. Göhler/König OWiG § 30 Rn. 38b.

634 Zurückgehend auf Beling, S. 7.

635 Binding, S. 498.

636 Alwart, Zurechnen und Verurteilen, S. 19; ders., Unternehmensethik durch Sanktion?, S. 87; ders., in: Wirtschaftskriminalität und Ethik, S. 98 f. Zum Modell einer subsidiären Haftung, das das Wirtschaftsunternehmen als einen Täter über dem Täter erfasst: Alwart, a.a.O., S. 83; Einzelheiten zur alternativen/subsidiären Verantwortlichkeit: ders., Zurechnen und Verurteilen, S. 28 ff. sowie ders., ZStW 105 (1993), 752-773; Zur strafrechtlichen Verantwortung von Unternehmen vgl. auch: Mittelsdorf, S. 68 ff.

Obgleich der Begriff „Unternehmen" in den verschiedenen Gesetzen unterschiedlich verwendet wird und deshalb zweckorientiert an der jeweils anwendbaren Norm auszulegen[637] ist – hier am Sinn und Zweck des § 283 StGB, der vor allem darin besteht, die Interessen der Gläubiger an einer vollständigen oder möglichst hohen Befriedigung ihrer vermögensrechtlichen Ansprüche zu schützen – muss die Auslegung gesetzeskonform erfolgen und darf auch nicht gegen die Strafrechtsdoktrin verstoßen.

Soweit im Ordnungswidrigkeitenrecht weder der Wechsel der Rechtsform des Unternehmens noch der Wechsel der Firmenbezeichnung der Festsetzung einer Geldbuße gegen das Unternehmen entgegenstehen, so ist dies der Ausgleich dafür, dass der juristischen Person oder der Personenvereinigung, die nur durch ihre Organe zu handeln im Stande sind, zwar die Vorteile der in ihrem Interesse vorgenommenen Zuwiderhandlungen zufließen, dass sie aber bei Fehlen einer Sanktionsmöglichkeit nicht den Nachteilen ausgesetzt werden, die als Folge der Nichtbeachtung der Rechtsordnung im Rahmen der zu ihren Gunsten begangenen Zuwiderhandlung eintreten können (insbes. Gewinnabschöpfung).[638] Der Sinn und Zweck der Verbandsgeldbuße ist mit dem der Strafe nicht zu vergleichen.

Die Einbeziehung betriebswirtschaftlicher Aspekte in die Auslegung des Gesetzeswortlautes vermag die mit der Interessenformel verbundenen Probleme auch nur in den Fällen der sog. „Firmenbestattung" zu überwinden. Aus den dargelegten Gründen ist dieser Ansatz nicht haltbar.

2. Argumente gegen die objektiv-funktionale Betrachtungsweise

Die im Schrifttum verbreitete Auffassung, das Organ müsse die spezifischen rechtlichen oder tatsächlichen Handlungsmöglichkeiten bei der Tatausführung nutzen, die ihm aus seiner Organstellung erwachsen, ist insoweit kritikwürdig, als das Abstellen auf organspezifische Handlungsmöglichkeiten bei einem faktischen Verhalten des Vertreters mit das Vermögen des Vertretenen schädigenden Wirkungen zu Differenzierungen anhand des konkreten tatsächlichen Vorgehens des Organs bzw. Vertreters führt, denen jegliche sachgerechte Rückkoppelung

637 Für den Unternehmensbegriff in § 52 AWV: Friedrich, in: H/B/M/F, Außenwirtschaftsrecht, § 52 AWV Rn. 6; allg.: Karsten Schmidt, Gesellschaftsrecht, S. 935 f.

638 Vgl. BGH wistra 1986, 221 (222); Lemke/Mosbacher OWiG § 30 Rn. 6 f.

zu den tatbestandlichen Strukturen der in Frage kommenden Delikte und den jeweiligen Schutzzwecken fehlt.[639]

Darüber hinaus soll es an einem objektiv-funktionalen Zusammenhang fehlen, wenn die Handlung bloß bei Gelegenheit der Vertretertätigkeit begangen wird. Gegen die Theorie vom objektiv-funktionalen Zusammenhang wird daher des Weiteren eingewandt, dass sie kein präzises Kriterium zur Abgrenzung des Handelns „als Organ" von dem bloßen Handeln „bei Gelegenheit" bietet[640], hinsichtlich ihrer Bestimmtheit also keine Verbesserung gegenüber der Interessenformel der Rechtsprechung darstellt.

Auf der Suche nach alternativen Lösungen verweist *Radtke*[641] darauf, dass die zivilrechtlichen Erkenntnisse zur Abgrenzung von Handlungen in der Rolle des Vertreters einerseits und außerhalb dieser Funktion andererseits in der strafrechtlichen Diskussion bislang kaum fruchtbar gemacht worden sind, obgleich dem Vertretungsbezug der strafrechtlichen Organhaftung eine Fragestellung zugrunde liege, wie sie das Zivilrecht in diversen Rechtsinstituten, z.B. dem Recht der Stellvertretung (§§ 164 ff. BGB), der zivilrechtlichen Organhaftung (§§ 31, 89 BGB) oder der Haftung des Geschäftsherrn für Erfüllungs- (§ 278 BGB) oder Verrichtungsgehilfen (§ 831 BGB) kennt.[642]

V. Eigener Ansatz

Die Beurteilung der Rechtsmeinungen in Rechtsprechung und Schrifttum führt zu der Erkenntnis, dass das Handeln des Geschäftsführers als vertretungsberechtigtes Organ der GmbH zwar vielfach diskutiert worden ist; eine rechtlich überzeugende und praktisch brauchbare Lösung wurde bisher aber nicht gefunden. Die vorliegende Arbeit hat zum Ziel, einen rechtlich gangbaren Weg zu entwickeln.

Zunächst soll der maßgebliche Bedeutungsgehalt des Handelns „als" vertretungsberechtigtes Organ einer juristischen Person im Sinne des § 14 Abs. 1 Nr. 1, 1. Alt. StGB nach der traditionellen juristischen Auslegungslehre durch Auslegung aus dem Wortlaut der Norm (grammatische Auslegung), den Gesetzesmaterialien und der Entstehungsgeschichte (historische Auslegung), dem

639 So zutreffend Radtke, GmbHR 2009, 875 (876); Helmrich, ZInsO 2009, 1475 (1477): „willkürlich anmutende Ergebnisse"; Schwarz, HRRS 2009, 341 (346): „Wann genau der Vertreter bei einer faktischen Vermögensminderung im Geschäftskreis des Vertretenen handeln soll, ist und bleibt ungeklärt."

640 Radtke, GmbHR 1998, 361 (369).

641 MüKo/Radtke § 14 Rn. 58.

642 Vgl. dazu MüKo/Radtke, a.a.O.

Zweck (teleologische Auslegung) und dem Zusammenhang (systematische Auslegung) ermittelt werden.

1. Grammatische Auslegung des § 14 StGB

Primärer Ausgangspunkt der Auslegung ist der Wortsinn, also die Bedeutung eines Ausdrucks oder einer Wortverbindung im allgemeinen Sprachgebrauch oder – falls ein solcher feststellbar ist – im besonderen Sprachgebrauch des jeweils Redenden[643].

Für den Ausdruck „als vertretungsberechtigtes Organ einer juristischen Person" enthält das Strafgesetzbuch keine Begriffsbestimmung. Auch in anderen Gesetzen ist dieser Ausdruck nicht legal definiert.

Im natürlichen Sprachgebrauch hat das Wort „als" unterschiedliche Bedeutungen[644]. Im hier verwendeten Modus schließt es eine nähere Erläuterung[645] an: „als vertretungsberechtigtes Organ einer juristischen Person". Der Gesetzgeber verwendet das Wort „als" in § 14 Abs. 1 Nr. 1, 1. Alt. StGB somit zur Einleitung der näheren Erläuterung eines Bezugswortes[646]: Der Begriff „Jemand" wird mit den Worten „vertretungsberechtigtes Organ einer juristischen Person" näher erläutert. Eine Erklärung, eine Spezifizierung des Bezugswortes[647], wird eingeleitet. Das Wort „als" wird damit in koordinierender Funktion mit spezifizierender Bedeutung, nicht vergleichend, sondern identifizierend eingesetzt; die Spezifizierung bedeutet eine Einschränkung, da eine von mehreren Funktionen oder Eigenschaften benannt wird.[648] „Jemand" wird durch die Benennung der Funktion „vertretungsberechtigtes Organ einer juristischen Person" spezifiziert. Gleichbedeutend mit dem Wort „als" werden die Worte „in der Funktion", „in Form" und „in Gestalt"[649] benutzt. Das Wort „als" ist ferner zur Bezeichnung einer Eigenschaft[650] gebräuchlich.

In dem Sprachgebrauch des Bundesgerichtshofs wird das Handeln „als" vertretungsberechtigtes Organ einer juristischen Person gem. §§ 283, 14 StGB mit dem Handeln im Interesse der Gesellschaft gleichgesetzt. Nach Auffassung des Bundesgerichtshofs kann der Geschäftsführer einer GmbH „den in § 283 StGB

643 Larenz/Canaris, Methodenlehre der Rechtswissenschaft, S. 141.
644 Im einzelnen dazu: DUDEN, Bedeutungswörterbuch, S. 78.
645 Vgl. DUDEN, Bedeutungswörterbuch, S. 78 mit Beispielen.
646 Vgl. DUDEN, Das große Wörterbuch der deutschen Sprache, S. 175 mit Beispielen.
647 Vgl. Bünting, Deutsches Wörterbuch, S. 48.
648 Vgl. Grimm, Deutsches Wörterbuch, S. 550.
649 DUDEN, Synonymwörterbuch, S. 71.
650 Wahrig, Deutsches Wörterbuch, S. 133.

bezeichneten Tatbestand nur durch solche Handlungen erfüllen, die er *für die Gesellschaft und (wenigstens auch) in deren Interesse* vornimmt."[651]

Anhaltspunkte für diese Auslegung sind dem Wortlaut des § 14 Abs. 1 Nr. 1, 1. Alt. StGB nicht zu entnehmen. Vorausgesetzt ist dort ein Handeln „als" vertretungsberechtigtes Organ, *nicht* auch ein Handeln „im Interesse" der juristischen Person. Das Abstellen auf das Interesse des Vertretenen ist vom Wortlaut des § 14 StGB nicht gefordert.

Die *„Neutralität"*[652] des Gesetzeswortlautes ergibt sich auch daraus, dass die Interessenformel der Rechtsprechung und die funktionale Betrachtungsweise des Schrifttums gleichermaßen auf das Wort „als" abstellen.

Vor dem Hintergrund, dass der Täter die Strafbarkeit seines Verhaltens aus dem Gesetz selbst wenigstens in groben Umrissen erkennen können muss[653], bildet der mögliche Wortsinn die Grenze[654] der Auslegung.

Im Wege der historischen, teleologischen und systematischen Auslegung soll dem möglichen Wortsinn nachgegangen werden.

2. Historische Auslegung des § 14 StGB

Die Vorschrift des § 14 StGB ist das Ergebnis von Reformbestrebungen[655], die bis in die dreißiger Jahre des vergangenen Jahrhunderts zurückgehen. In den amtlichen Reformarbeiten kam es zu folgender erster Formulierung[656] der sog. strafrechtlichen Organ- und Vertreterhaftung[657]:

> „Handelt der Täter für einen anderen, insbesondere als Organ, Vertreter oder Angestellter einer juristischen oder natürlichen Person, so steht dieser Umstand seiner Bestrafung nicht entgegen."

Nachdem angeregt wurde, diese negative Fassung durch eine positive zu ersetzen, weil es sich nicht um die Beseitigung eines Strafhinderungsgrundes, sondern um eine tatbestandsmäßige Ergänzung handelt[658], wurde folgende Bestim-

651 BGH, Beschl. v. 11.03.1980 – 5 StR 56/80, S. 3 (unveröffentlicht).

652 So zutreffend Wehleit, S. 65.

653 Bestimmtheitsgebot (Art. 103 Abs. 2 GG).

654 BVerfGE 71, 115; 87, 224; Zippelius, Juristische Methodenlehre, S. 47.

655 Zur Entwicklung der Deutschen Strafrechtsreform vgl. die Begründung zum Entwurf des Allgemeinen Teils eines Strafgesetzbuchs 1958, S. 1 ff.

656 Zit. nach Bruns, JZ 1954, 12 (16).

657 Bruns, GA 1982, 1.

658 Bruns, JZ 1954, 12 (16).

mung[659] entworfen, die unter der Überschrift „Erweiterung der Täterschaft" lautete:

> „Handelt der Täter als Organ oder Vertreter für einen anderen, so wird er bestraft, wie wenn er für sich selbst gehandelt hätte. Die besonderen strafbegründenden und strafschärfenden Eigenschaften oder Verhältnisse dessen, für den er handelt, werden ihm zugerechnet."

In vereinfachter Form brachte § 6 des endgültigen Entwurfs 1936[660] diesen Gedanken unter der Überschrift „Handeln für einen anderen" zum Ausdruck:

> „Die Strafdrohung gilt auch dem, der als Organ oder Vertreter für einen anderen handelt."

Der Begründung zum Entwurf eines Deutschen Strafgesetzbuchs (Kabinettsvorlage Juni 1938)[661] ist zu entnehmen, dass der Täter dann als Organ oder Vertreter für einen anderen handelt,

> „... wenn er die Straftat gerade in dieser Eigenschaft kraft der Befugnisse begeht, die er aus der Stellung als Organ oder Vertreter herleitet. Die Straftat muss also in den Geschäftsbereich des Organs oder Vertreters fallen."

Diese Fassung wurde – wie der gesamte Entwurf – aber nicht Gesetz. Von § 6 des Entwurfs 1936 gingen indes Reformarbeiten aus, die Eingang in den Entwurf eines Strafgesetzbuchs von 1962 fanden. So schlug der Senatspräsident *Karl Schäfer*[662] in der 16. Sitzung der Großen Strafrechtskommission vom 3. Februar 1955 vor, die Organhaftung im oben zitierten Sinne zu regeln. Dieser Vorschlag wurde von den Kommissionsmitgliedern einstimmig gebilligt[663]. Die Sachbearbeiter des Bundesjustizministeriums erhoben allerdings Bedenken, die Kurzfassung des Entwurfs 1936 zu übernehmen, weil sie „zu nichtssagend"[664]

659 Entwurf eines Deutschen Strafgesetzbuchs (Entwurf der amtlichen Strafrechtskommission, 2. Lesung 1935, zusammengestellt nach den bisher vorliegenden Vorschlägen der Unterkommissionen – nach dem Stand vom 15. Juli 1935), S. 2; vgl. auch Schäfer, DJ 1935, 1515 (1517 f.).

660 § 6 StGB-Entwurf 1936 (unveröffentlicht), zitiert nach Band 2 der Niederschriften über die Sitzungen der Großen Strafrechtskommission, S. 116.

661 Begründung zum Entwurf eines Deutschen Strafgesetzbuchs (Kabinettsvorlage Juni 1938), S. 16.

662 Schäfer, Band 2 der Niederschriften über die Sitzungen der Großen Strafrechtskommission, S. 77; Umdruck R 31, Anhang Nr. 15, Band 2 der Niederschriften über die Sitzungen der Großen Strafrechtskommission, S. 38.

663 Band 2 der Niederschriften über die Sitzungen der Großen Strafrechtskommission, S. 110.

664 Schwalm, Band 2 der Niederschriften über die Sitzungen der Großen Strafrechtskommission, S. 116.

erschien. In dem Bemühen, den Inhalt zu verdeutlichen, wurde sodann folgender Fassungsvorschlag[665] erarbeitet:

> "§ b
>
> Handeln für einen anderen
>
> Wer als Organ oder Vertreter für einen anderen handelt, wird auch dann als Täter bestraft,
>
> 1. wenn besondere persönliche Merkmale, welche die Strafbarkeit begründen, zwar bei dem Vertretenen, aber nicht bei ihm vorliegen,
> 2. wenn die Strafbarkeit ein Handeln im eigenen Interesse voraussetzt und das Organ oder der Vertreter im Interesse des Vertretenen handelt."

Das Handeln „im Interesse" des Vertretenen ist mit diesem *Fassungsvorschlag* (Ziffer 2) erstmals Bestandteil des Wortlautes eines Gesetzentwurfs. Begründet[666] wurde diese Fassung des Gesetzentwurfes wie folgt:

> „Es geht doch wohl darum, dass es einerseits möglich ist, dass besondere persönliche Merkmale, die die Strafbarkeit begründen (z.B. die Kaufmannseigenschaft in § 34 DepotG), zwar beim Vertretenen, aber nicht beim Vertreter vorliegen, und dass man dennoch den Vertreter haften lassen soll. Anfänge einer Vertreterhaftung finden sich z.B. in §§ 244 KO, 83 GmbHG. Diese gilt es zu verallgemeinern. Dazu treten Sachverhalte, bei denen ein Vertreter *im Interesse* des Vertretenen handelt, während das Gesetz ein Handeln in eigenem Interesse tatbestandsmäßig voraussetzt, *wie etwa in Fällen des hehlerischen, für seinen abwesenden Geschäftsherrn tätigen Gewerbegehilfen* (vgl. BGHSt 5/47, 6/59). Der Grundgedanke ist also, dass das äußere oder innere Merkmal, das beim Vertretenen, wenn er handeln könnte und handelte, vorhanden wäre, dem Vertreter, bei dem es fehlt, zugerechnet wird." [Hervorhebungen nicht im Original]

Der Gesetzgeber wollte also mit *Ziffer 2* Sachverhalte erfassen, bei denen ein Vertreter im Interesse des Vertretenen handelt, während das Gesetz ein Handeln in eigenem Interesse tatbestandsmäßig voraussetzt.

Hinsichtlich dieser *Ziffer 2* des Fassungsvorschlages wurden in der Großen Strafrechtskommission indes Bedenken geäußert: Sie würde praktisch *nur im Bereich der Vermögensdelikte* Bedeutung gewinnen; dieses Problem könnte aber bei der Regelung der *einzelnen Tatbestände des Besonderen Teils* geklärt werden.[667] Da eine eingehende Prüfung des Problems als notwendig erachtet wurde, ferner die Analyse der einschlägigen Fälle sowie die Sammlung von Anschau-

---

665 Umdruck J 13, Anhang Nr. 17, Band 2 der Niederschriften über die Sitzungen der Großen Strafrechtskommission, S. 43.

666 Schwalm, Band 2 der Niederschriften über die Sitzungen der Großen Strafrechtskommission, S. 116 f.

667 Baldus, Band 2 der Niederschriften über die Sitzungen der Großen Strafrechtskommission, S. 120.

ungsmaterial als Grundlage der Diskussion für erforderlich gehalten wurde, beschloss die Große Strafrechtskommission, diese Frage einem besonderen Referat[668] vorzubehalten und die Beschlussfassung über die vorgeschlagene allgemeine Vorschrift über das „Handeln für einen anderen" bis zur Fertigstellung des Besonderen Teils zurückzustellen[669].

Schließlich wurde „§ b" mit einer gewissen Abänderung, mit welcher aber nur eine Präzisierung der Fassung, keine sachliche Änderung beabsichtigt war, als § 15 in die vorläufige Zusammenstellung des Allgemeinen Teils[670] aufgenommen und mit einem Abänderungsvorbehalt versehen – insbesondere hinsichtlich der Frage, ob die *Ziffer 2* mit Rücksicht auf die Fassung der einzelnen in Frage kommenden Tatbestände des Besonderen Teils entfallen kann. Die abgeänderte Vorschrift lautete wie folgt:

> „Wer als vertretungsberechtigtes Organ einer juristischen Person, als dessen Mitglied oder als gesetzlicher Vertreter eines anderen handelt, wird als Täter bestraft, wenn
> 1. besondere persönliche Merkmale, welche die Strafbarkeit begründen, zwar beim Vertretenen, aber nicht bei ihm vorliegen.
> 2. die Strafbarkeit ein Handeln im eigenen Interesse voraussetzt und der Vertreter im Interesse des Vertretenen handelt."

Am 7. Dezember 1956 konnte die Große Strafrechtskommission die Beratung des Allgemeinen Teils in erster Lesung abschließen. Im Jahre 1958 veröffentlichte das Bundesministerium der Justiz den Entwurf des Allgemeinen Teils mit Begründung. § 14 E 1958[671] erhielt folgenden Wortlaut:

> „Wer als vertretungsberechtigtes Organ einer juristischen Person, als dessen Mitglied oder als gesetzlicher Vertreter eines anderen handelt, wird als Täter bestraft, wenn
> 1. besondere persönliche Merkmale (§ 28), welche die Strafbarkeit begründen, zwar bei dem Vertretenen, aber nicht bei ihm vorliegen oder
> 2. die Strafbarkeit ein Handeln im eigenen Interesse voraussetzt und der Vertreter im Interesse des Vertretenen handelt."

Diese Vorschrift stand unter dem bereits erwähnten Abänderungsvorbehalt.

---

668 Schäfer, Umdruck R 80, Anhang Nr. 49, Band 4 der Niederschriften über die Sitzungen der Großen Strafrechtskommission, S. 545 ff.

669 Vgl. Umdruck J 35, Anhang Nr. 50, Band 4 der Niederschriften über die Sitzungen der Großen Strafrechtskommission, S. 556.

670 Goßrau, Band 4 der Niederschriften über die Sitzungen der Großen Strafrechtskommission, S. 312, 320.

671 Entwurf des Allgemeinen Teils eines Strafgesetzbuchs 1958, S. 9.

Im Besonderen Teil wurde eine Vorschrift (§ 454 StGB)[672] erarbeitet, die unter der Überschrift „Handeln für einen anderen“ bestimmte:

> „Die §§ 446 bis 453 sind auf Vorstandsmitglieder und Geschäftsführer juristischer Personen sowie auf Liquidatoren von Handelsgesellschaften und eingetragenen Genossenschaften entsprechend anzuwenden.“

Nach dieser Vorschrift waren insbesondere die Konkursdelikte Schwerer Bankrott (§ 449) und Einfacher Bankrott (§ 450) auf Geschäftsführer und Liquidatoren einer GmbH entsprechend anwendbar. Eine Fußnote enthielt den Hinweis, dass die Vorschrift entfällt, wenn der Allgemeine Teil das Handeln für andere, insbesondere auch im Hinblick auf die Liquidatoren von Handelsgesellschaften, ausreichend regelt. Einer besonderen Vorschrift über das Handeln für einen anderen für die Konkursvergehen bedürfe es nicht, solange an der allgemeinen Vorschrift des § 14 E 1958 festgehalten werde; durch diese werde die gebotene Erweiterung der Tatbestände erreicht.[673]

Die Beratung des Besonderen Teils ergab schließlich die Notwendigkeit von Änderungen des Allgemeinen Teils: § 14 *Ziffer 2* des Gesetzesentwurfs war *überflüssig* geworden, *weil die Vorschriften, bei denen das Handeln im fremden Interesse erfasst werden sollte, entsprechend geändert worden sind.* So war beispielsweise die Auslegung des Begriffs „Sichzueignen“ in den §§ 242, 246 StGB a.F. und die Frage, ob und unter welchen Voraussetzungen es ausreichend ist, dass der Täter die Absicht hat, die Sache einem Dritten zuzueignen, streitig[674]. *Die Tatbestände wurden schließlich auf den in fremdem Interesse Handelnden ausgedehnt („sich oder einem Dritten“).*

Der Entwurf[675] eines Strafgesetzbuchs aus dem Jahre 1959 beinhaltete folgende Vorschrift:

> „§ 15
>
> Handeln für einen anderen
>
> Handelt jemand als vertretungsberechtigtes Organ einer juristischen Person, als dessen Mitglied oder als gesetzlicher Vertreter eines anderen, so ist ein Gesetz, nach dessen Tatbestand besondere persönliche Merkmale (§ 29) die Strafbarkeit begründen, auch auf den Vertreter anzuwenden, wenn diese Merkmale zwar nicht bei ihm, aber bei dem Vertretenen vorliegen.“

---

672 Anhang B, Band 5 der Niederschriften über die Sitzungen der Großen Strafrechtskommission, S. 322.

673 Umdruck J 74, Anhang Nr. 11, Band 8 der Niederschriften über die Sitzungen der Großen Strafrechtskommission, S. 528.

674 Vgl. Umdruck J 35, Anhang Nr. 50, Band 4 der Niederschriften über die Sitzungen der Großen Strafrechtskommission, S. 557.

675 Entwurf eines Strafgesetzbuchs 1959, S. 27.

Nach den Beschlüssen der Großen Strafrechtskommission in zweiter Lesung, zusammengestellt und überarbeitet vom Bundesministerium der Justiz, wurde § 15 E 1959 wie folgt in § 14 E 1959 II[676] abgeändert:

„§ 14 (§ 15)
Handeln für einen anderen

(1) Handelt jemand als vertretungsberechtigtes Organ einer juristischen Person, als Mitglied eines solchen Organs oder als gesetzlicher Vertreter eines anderen, so ist ein Gesetz, nach dessen Tatbestand besondere persönliche Eigenschaften, Verhältnisse oder Umstände (besondere persönliche Merkmale) die Strafbarkeit begründen, auch auf den Vertreter anzuwenden, wenn diese Merkmale zwar nicht bei ihm, aber bei dem Vertretenen vorliegen.
(2) Dem Vertreter im Sinne dieses Absatzes 1 steht gleich, wer wie ein solcher auftritt, ohne dazu berechtigt zu sein."

Im Entwurf[677] eines Strafgesetzbuches aus dem Jahre 1960 erhielt Absatz 2 zur Klarstellung, dass es nicht darauf ankommt, ob die Bestellung des Täters zum Organ rechtswirksam ist, folgenden Wortlaut:

„(2) Absatz 1 ist auch dann anzuwenden, wenn die Rechtshandlung, welche die Vertretungsbefugnis begründen sollte, unwirksam ist."

In dieser Fassung fand § 14 in den Entwurf[678] eines Strafgesetzbuchs aus dem Jahre 1962 Eingang.

Mit der Einbringung des Entwurfs 1962 setzte geradezu eine Flut von Vorschriften über das Handeln für einen anderen im Nebenstrafrecht ein.[679] Dem Protokoll des Sonderausschusses für die Strafrechtsreform über die 57. Sitzung vom 13. April 1967 ist zu entnehmen, dass eine Vorschrift über das Handeln für einen anderen im Nebenstrafrecht immer dann eingeführt worden ist, wenn es sich um die Verletzung von Pflichten handelte, die jemanden als Inhaber eines Betriebes oder Unternehmens treffen. Weiter heißt es, der Gesetzgebung sei es gelungen, die notwendige Beschränkung auf bestimmte gewillkürte Vertreter vorzunehmen, nämlich auf die Fälle, in denen jemand mit der Leitung oder Beaufsichtigung eines Betriebes beauftragt oder in denen jemand damit betraut ist, in eigener Verantwortung Pflichten zu erfüllen, die nach dem jeweiligen Gesetz den Inhaber des Betriebes treffen.

Im Rahmen des Einführungsgesetzes zum Gesetz über Ordnungswidrigkeiten (EGOWiG) vom 24. Mai 1968 ist die strafrechtliche Verantwortlichkeit von

676 Entwurf eines Strafgesetzbuchs E 1959 II, S. 25.
677 BT-Drs. 2150, S. 14.
678 BR-Drs. 200/62, S. 14; BT-Drs. IV/650, S. 14.
679 Vgl. Protokolle des Sonderausschusses für die Strafrechtsreform, 57. Sitzung v. 13.04.1967, S. 1097.

Organen und Vertretern im Strafgesetzbuch erstmals allgemein geregelt worden. Es hatte sich gezeigt, dass eine Ausdehnung der strafrechtlichen Verantwortlichkeit auf gewillkürte Vertreter unerlässlich ist, da die moderne arbeitsteilige Wirtschaft es einfach bedingt, dass Verantwortungsbereiche aufgeteilt werden müssen und dass sich dabei der eigentliche Normadressat, dem als Unternehmer oder Betriebsinhaber besondere Pflichten obliegen, einer Vielzahl von Mitarbeitern bedienen muss, die wiederum ihrerseits die ihnen aufgetragene Verantwortung zum Teil anderen Personen übertragen müssen, weil sie außerstande sind, die ihnen aufgetragenen Aufgaben in allen Teilbereichen selbst auszuführen.[680] Nach § 50 StGB wurde folgende Vorschrift[681] neu eingefügt:

„§ 50a

(1) Handelt jemand
1. als vertretungsberechtigtes Organ einer juristischen Person oder als Mitglied eines solchen Organs,
2. als vertretungsberechtigter Gesellschafter einer Personenhandelsgesellschaft oder
3. als gesetzlicher Vertreter eines anderen,

so ist ein Gesetz, nach dem besondere persönliche Merkmale die Strafbarkeit begründen, auch auf den Vertreter anzuwenden, wenn diese Merkmale zwar nicht bei ihm, aber bei dem Vertretenen vorliegen.

(2) Ist jemand von dem Inhaber eines Betriebes oder einem sonst dazu Befugten
1. beauftragt, den Betrieb ganz oder zum Teil zu leiten, oder
2. ausdrücklich beauftragt, in eigener Verantwortung Pflichten zu erfüllen, die den Inhaber des Betriebes treffen,

und handelt er auf Grund dieses Auftrages, so ist ein Gesetz, nach dem besondere persönliche Merkmale die Strafbarkeit begründen, auch auf den Beauftragten anzuwenden, wenn diese Merkmale zwar nicht bei ihm, aber bei dem Inhaber des Betriebes vorliegen. Dem Betrieb im Sinne des Satzes 1 steht das Unternehmen gleich. Handelt jemand auf Grund eines entsprechenden Auftrages für eine Stelle, die Aufgaben der öffentlichen Verwaltung wahrnimmt, so ist Satz 1 sinngemäß anzuwenden.

(3) Die Absätze 1 und 2 sind auch dann anzuwenden, wenn die Rechtshandlung, welche die Vertretungsbefugnis oder das Auftragsverhältnis begründen sollte, unwirksam ist."

Der Alternativ-Entwurf eines Strafgesetzbuches Allgemeiner Teil[682] enthielt demgegenüber folgende Regelung:

680 Vgl. BT-Drs. 10/318, S. 14.

681 Art. 1 Nr. 7 EGOWiG, BGBl I 1968, 506.

682 Alternativ-Entwurf eines Strafgesetzbuches Allgemeiner Teil 1969, S. 9 f.

„§ 13
Strafrechtliche Organ- und Vertreterhaftung

(1) Handelt jemand als Vertreter eines Personenverbandes, einer Anstalt oder einer Stiftung, so ist ein Gesetz, nach dessen Tatbestand besondere Eigenschaften, Verhältnisse oder Umstände die Strafbarkeit begründen, auf den Vertreter anzuwenden, wenn diese Merkmale zwar nicht bei ihm, aber bei dem Vertretenen vorliegen.
(2) Personenverbände im Sinne dieser Bestimmung sind die rechtsfähigen Personenvereinigungen, die nicht rechtsfähigen Vereine und die Personengesellschaften des Handelsrechts."

§ 13 AE schränkt im Vergleich zu § 14 E 1962 und § 50a StGB den Kreis der erfassten Vertretenen erheblich ein, nämlich auf juristische Personen, verwandte Personenvereinigungen und Zweckvermögen. Damit sollte den Bedenken Rechnung getragen werden, die in der Großen Strafrechtskommission gegen die Überwälzung von Tatbestandsmerkmalen bei Straftatbeständen mit stark personalem Bezug geäußert worden waren.[683] Ein dringliches Bedürfnis für eine solche Vorschrift bestehe nur im Bereich der Personenverbände und Zweckvermögen, da diese juristischen Gebilde sich notwendig und immer durch natürliche Personen vertreten lassen müssten. Angesichts dieser Beschränkung des Kreises der Vertretenen sei es unbedenklich möglich, über § 14 E 1962 hinaus auch die gewillkürten Vertreter einzubeziehen. Bei § 50a StGB habe man ohne triftigen Grund davon abgesehen, die Regelung auf alle gewillkürten Vertreter zu erstrecken. § 50a StGB lasse außerdem nicht erkennen, dass das Prinzip der strafrechtlichen Organ- und Vertreterhaftung – soweit es um die in § 13 AE nicht vorgesehene Vertretung natürlicher Personen gehe – sich nicht für alle Tatbestände und nicht für alle Tatbestandsmerkmale eigne.

Im Allgemeinen Teil des StGB in der Fassung des Zweiten Gesetzes zur Reform des Strafrechts vom 4. Juli 1969 ist mit § 14 StGB[684] die gleiche Regelung enthalten, wie in § 50a StGB. Sie unterscheidet sich von diesem nur dadurch, dass in Absatz 1 die „besonderen persönlichen Merkmale" definiert sind als „besondere persönliche Eigenschaften, Verhältnisse oder Umstände".

Das Zweite Gesetz zur Bekämpfung der Wirtschaftskriminalität (2. WiKG) vom 15. Mai 1986 führte zu folgender Änderung des § 14 Abs. 2 S. 1 Nr. 2 StGB:

„2. ausdrücklich beauftragt, in eigener Verantwortung Aufgaben wahrzunehmen, die dem Inhaber des Betriebes obliegen"[685]

683 Vgl. Alternativ-Entwurf eines Strafgesetzbuches Allgemeiner Teil 1969, S. 49.
684 BGBl I 1969, 719 f.
685 BGBl I 1986, 721.

Die letzte Änderung des § 14 StGB durch das Gesetz vom 22. August 2002[686] betrifft § 14 Abs. 1 Nr. 2 StGB: Das Wort „Personenhandelsgesellschaft" ist durch die Worte „rechtsfähigen Personengesellschaft" ersetzt worden.

In der aktuellen Fassung lautet § 14 StGB wie folgt:

> „Handeln für einen anderen
>
> (1) Handelt jemand
> 1. als vertretungsberechtigtes Organ einer juristischen Person oder als Mitglied eines solchen Organs,
> 2. als vertretungsberechtigter Gesellschafter einer rechtsfähigen Personengesellschaft oder
> 3. als gesetzlicher Vertreter eines anderen,
>
> so ist ein Gesetz, nach dem besondere persönliche Eigenschaften, Verhältnisse oder Umstände (besondere persönliche Merkmale) die Strafbarkeit begründen, auch auf den Vertreter anzuwenden, wenn diese Merkmale zwar nicht bei ihm, aber bei dem Vertretenen vorliegen.
>
> (2) Ist jemand von dem Inhaber eines Betriebs oder einem sonst dazu Befugten
> 1. beauftragt, den Betrieb ganz oder zum Teil zu leiten, oder
> 2. ausdrücklich beauftragt, in eigener Verantwortung Aufgaben wahrzunehmen, die dem Inhaber des Betriebs obliegen,
>
> und handelt er auf Grund dieses Auftrags, so ist ein Gesetz, nach dem besondere persönliche Merkmale die Strafbarkeit begründen, auch auf den Beauftragten anzuwenden, wenn diese Merkmale zwar nicht bei ihm, aber bei dem Inhaber des Betriebs vorliegen. Dem Betrieb im Sinne des Satzes 1 steht das Unternehmen gleich. Handelt jemand auf Grund eines entsprechenden Auftrags für eine Stelle, die Aufgaben der öffentlichen Verwaltung wahrnimmt, so ist Satz 1 sinngemäß anzuwenden.
>
> (3) Die Absätze 1 und 2 sind auch dann anzuwenden, wenn die Rechtshandlung, welche die Vertretungsbefugnis oder das Auftragsverhältnis begründen sollte, unwirksam ist."

Die nachgezeichnete Entwicklung des § 14 StGB bestätigt, dass der historische Gesetzgeber die Anfänge einer Vertreterhaftung, wie sie sich in den §§ 244 KO, 83 GmbHG fanden, verallgemeinern wollte.

Den Gesetzesmaterialien zu § 214 KO[687] (Vorläufer des § 244 KO) ist zu entnehmen:

> „Die Mitglieder des Vorstandes einer Aktiengesellschaft oder eingetragenen Genossenschaft sind nicht Schuldner oder Gemeinschuldner, vielmehr nur Vertreter derselben. Auf sie könnten daher die gegen Schuldner oder Gemeinschuldner selbst gerichteten Strafvorschriften der §§ 209-211 nicht unmittelbar Anwendung finden. Thatsächlich kann aber die Handlung eines Vorstandsmitgliedes dieselben Merkmale an sich tragen, welche die von einem Schuldner selbst begangene Handlung als

686 BGBl I 2002, 3387.

687 Hahn, Materialien zu der KO, S. 406 f.

betrüglichen oder einfachen Bankerutt kennzeichnen oder unter den Thatbestand des § 211 stellen würden, und rechtlich kann es dann nach Lage des Falles vielleicht auf das Maß der Strafe, nicht aber auf die Strafbarkeit von Einfluß sein, daß der Thäter die Handlung in seiner Eigenschaft als Vorstandsmitglied begangen hat. Die Handlung straffrei zu lassen, würde sowohl die Gläubiger der Gesellschaft oder Genossenschaft als die Aktionäre und Genossenschafter der Leichtfertigkeit und den Umtrieben der Vorstandsmitglieder Preis geben."

Der Gesetzgeber beabsichtigte mit dieser Regelung die Schließung einer Strafbarkeitslücke.

Der Begründung des Entwurfs eines Gesetzes betreffend die Gesellschaften mit beschränkter Haftung[688] vom 11. Februar 1892 ist zu § 80 (später § 81) GmbHG (Vorläufer des § 83 GmbHG) zu entnehmen:

„Die Bestimmung enthält nur eine nothwendige Ergänzung des §. 214 der Konkursordnung, welcher die Vorstandsmitglieder und Liquidatoren der dortselbst näher bezeichneten Gesellschaften den erwähnten Strafvorschriften unterwirft. Hinsichtlich der Liquidatoren der Gesellschaft mit beschränkter Haftung ist eine besondere Bestimmung nicht erforderlich, weil dieselben schon durch den angeführten §. 214 getroffen werden."

Der Gesetzgeber sah diese Vorschrift als notwendige Ergänzung des § 214 KO an.

In einem Referat zum Thema: „Handeln für einen anderen" führte *Karl Schäfer*[689] zu § 244 KO aus:

„Diese Vorschrift hat nun, obwohl ihr ein allgemeiner Gedanke zugrunde liegt, nämlich der, dass die strafrechtliche Verantwortlichkeit *an Stelle* der deliktsunfähigen juristischen Person die natürliche Person trifft, die als Organ gehandelt hat, nur einen beschränkten Anwendungsbereich. Sie bezieht sich einmal gegenständlich nur auf Konkursdelikte und auch nicht auf alle Konkursdelikte, sondern nur auf die in §§ 239-241 KO aufgeführten (einfacher und betrügerischer Bankrott, Gläubigerbegünstigung), also nach dem Wortlaut nicht auf den in § 243 KO unter Strafe gestellten Stimmenverkauf eines Gläubigers, und sie bezieht sich weiterhin, was den Täterkreis anlangt, nur auf die Organe und Vertreter der in § 244 bezeichneten juristischen Personen und Handelsgesellschaften, nicht auf andere juristische Personen (...)." [Hervorhebungen nicht im Original]

Darin wird deutlich, dass die strafrechtliche Verantwortlichkeit *an Stelle* der deliktsunfähigen juristischen Person die natürliche Person treffen sollte, die „als" Organ gehandelt hat. Um die bestehende Strafbarkeitslücke zu schließen, sollte sowohl der sachliche als auch der persönliche Anwendungsbereich des § 244

---

688 RT-Drs. 1890/92 Nr. 660, S. 93.

689 Umdruck R 80, Anhang Nr. 49, Band 4 der Niederschriften über die Sitzungen der Großen Strafrechtskommission, S. 547.

KO ausgedehnt werden. Die Gesetzesmaterialien belegen, dass zunächst auch Sachverhalte erfasst werden sollten, bei denen ein Vertreter im Interesse des Vertretenen handelt, während das Gesetz ein Handeln in eigenem Interesse tatbestandsmäßig voraussetzt, z.B. das „Sichzueignen" i.S.d. §§ 242, 246 StGB a.F. Der Grundgedanke der sog. Organ- und Vertreterhaftung bestand also darin, das äußere oder innere Merkmal, das beim Vertretenen, wenn er handeln könnte und handelte, vorhanden wäre, dem Vertreter, bei dem es fehlt, zugerechnet wird. Soweit der Gesetzgeber eine Regelung in das Strafgesetzbuch aufnehmen wollte, die das Handeln „im Interesse des Vertretenen" voraussetzt (vgl. § 14 *Ziffer 2* E 1958), betraf dies ein „inneres Merkmal", das dem Vertreter zugerechnet werden sollte. Die Einbeziehung dieser Fallkonstellation ist schließlich *überflüssig* geworden, da die *Vorschriften*, bei denen das Handeln im Interesse eines Dritten erfasst werden sollte, im Besonderen Teil entsprechend *geändert* worden sind („sich oder einem Dritten").

> „Der Entwurf sieht [...] davon ab, die allgemeine Ausdehnung der Tatbestände für die Fälle vorzusehen, in denen nach der ausdrücklichen Fassung der Vorschrift die Strafbarkeit ein Handeln im eigenen Interesse voraussetzt und ein Vertreter tätig geworden ist, der im Interesse des Vertretenen gehandelt hat. [...] *Im Besonderen Teil des Entwurfs sind alle Vorschriften, bei denen ein Handeln im eigenen und zugleich im fremden Interesse bestraft werden soll, entsprechend gefaßt* [...]."[690] [Hervorhebungen nicht im Original]

In den verbleibenden Fallkonstellationen sollen „äußere Merkmale", die zwar bei dem Vertretenen, nicht aber beim Vertreter vorliegen, dem Vertreter zugerechnet werden.

Die Auswertung der Gesetzesmaterialien führt nach alledem zu dem Ergebnis, dass besondere persönliche Merkmale, welche den Täter objektiv[691] charakterisieren, dem Vertreter zugerechnet werden, wenn diese Merkmale zwar nicht bei ihm, aber bei dem Vertretenen vorliegen.

Dabei ist das mit der Tat verfolgte Interesse irrelevant. Der Gesetzgeber nimmt nicht zuletzt in der Begründung[692] der letzten Gesetzesänderung, durch welche das Wort „Personenhandelsgesellschaft" in § 14 Abs. 1 Nr. 2 StGB durch die Wörter „rechtsfähigen Personengesellschaft" ersetzt wurde, nur auf die Funktionsausübung Bezug, nicht etwa auf die Interessenverfolgung:

> „... anhand der für die bereits erfassten Gesellschaften entwickelten Kriterien wird z.B. zu beurteilen sein, ob der in einer Partnerschaftsgesellschaft tätige Freiberufler

---

690 Entwurf eines Strafgesetzbuches E 1962 mit Begründung – Bundesratvorlage –, BR-Drs. 200/62, S. 128.

691 Ausführlich dazu: Geers, S. 106 ff. (112).

692 BT-Drs. 14/8998, S. 8.

„in Ausübung" seiner Funktion als vertretungsberechtigter Gesellschafter handelt oder nur „bei Gelegenheit" (...)."

Damit zeigt die Entstehungsgeschichte des § 14 StGB, dass – obwohl der Wortlaut der Vorschrift mehrfach geändert wurde – das Handeln „im Interesse" des Vertretenen *nicht* Gesetzesinhalt wurde. Dies legt die Schlussfolgerung nahe, dass es bei der Anwendung des § 14 StGB auf das vom Täter verfolgte Interesse nicht ankommt. Dieses Verständnis der Norm wird weiter dadurch gestützt, dass das „Handeln für einen anderen", das für sich genommen zwei Interpretationsmöglichkeiten zulässt – zum einen im Sinne von Handeln *zugunsten* eines anderen und zum anderen im Sinne von Handeln *an Stelle* eines anderen –, nur als Überschrift in das Strafgesetzbuch aufgenommen wurde, während es in den ersten Fassungsvorschlägen noch Bestandteil des Gesetzeswortlautes war. Ferner ist den Gesetzesmaterialien[693] zu entnehmen, dass der Gesetzgeber das „Handeln für einen anderen" im Sinne eines Handelns *an Stelle* eines anderen interpretiert: Anstelle der deliktsunfähigen juristischen Person soll die natürliche Person zur Verantwortung gezogen werden, die als deren Organ gehandelt hat. In der Begründung zum Entwurf eines Deutschen Strafgesetzbuchs (Kabinettsvorlage Juni 1938) war ausdrücklich festgelegt, dass der Täter als Organ oder Vertreter für einen anderen handelt, wenn er die Straftat gerade in dieser Eigenschaft *kraft der Befugnisse* begeht, die er *aus der Stellung als Organ oder Vertreter* herleitet, die Straftat also in den Geschäftsbereich des Organs oder Vertreters fallen muss. Schließlich ist für den Besonderen Teil des StGB eine Vorschrift entworfen worden, die unter der Überschrift „Handeln für einen anderen" bestimmte, dass die Konkursdelikte auf Vorstandsmitglieder und Geschäftsführer juristischer Personen sowie auf Liquidatoren von Handelsgesellschaften und eingetragenen Genossenschaften *entsprechend anzuwenden* sind. Diese Vorschrift sollte entfallen, wenn an der allgemeinen Vorschrift des § 14 festgehalten wird, was der Fall war. Ein Handeln „im Interesse" der juristischen Person wird selbst in dieser Vorschrift mit keiner Silbe erwähnt. Das Gesetz ordnete einfach die entsprechende Anwendbarkeit an.

Im Rahmen der Rechtsprechungsanalyse wurde bereits aufgezeigt, dass sich die Formulierung des Reichsgerichts: „im Interessenkreise der Gesellschaft" – Anknüpfungspunkt der sog. Interessenformel des BGH – ausschließlich auf das Tatbestandsmerkmal „Aufwand" im Sinne des § 240 Nr. 1 KO bezog.

Die sog. „Interessenformel" der Rechtsprechung kann nach alldem im Ergebnis nicht auf historische Argumente gestützt werden. Den Gesetzesmaterialien sind vielmehr gewichtige Gründe dafür zu entnehmen, dass es für die straf-

693 Umdruck R 80, Anhang Nr. 49, Band 4 der Niederschriften über die Sitzungen der Großen Strafrechtskommission, S. 547.

rechtliche Organ- und Vertreterhaftung gerade *nicht* darauf ankommt, in wessen Interesse das Organ bzw. der Vertreter handelt.

Die Auslegung aus dem Wortlaut der Norm hat ergeben, dass der Gesetzgeber das Wort „als" zur Einleitung einer näheren Erläuterung verwendet. Warum der Wortlaut der §§ 83 GmbHG, 244 KO: „in dieser Eigenschaft" in § 14 StGB nicht übernommen wurde, sondern durch das Wort „als" ersetzt wurde, ist den Gesetzesmaterialien freilich nicht zu entnehmen. Wenn man sich aber vor Augen führt, dass das Wort „als" zur Bezeichnung einer Eigenschaft allgemein gebräuchlich ist und der Begriff „in der Funktion" gleichbedeutend mit dem Wort „als" benutzt wird, kann dieser Änderung des Gesetzeswortlautes keine ausschlaggebende Bedeutung beigemessen werden. Dies bestätigt auch die Rechtsprechung des BGH, der die Änderung des Gesetzeswortlautes ebenfalls nicht zum Anlass genommen hat, seine Rechtsauffassung zu ändern.

Damit unterstreicht die Entstehungsgeschichte die ihm Rahmen der grammatischen Auslegung des § 14 Abs. 1 Nr. 1, 1. Alt. StGB gewonnene Erkenntnis, dass der Begriff „jemand" mit den Worten „vertretungsberechtigtes Organ einer juristischen Person" lediglich näher erläutert wird und das Gesetz ein Handeln „im Interesse" der juristischen Person gerade nicht voraussetzt.

3. Teleologische Auslegung des § 14 StGB

Die teleologische Auslegung orientiert sich am Gesetzeszweck (ratio legis). Zur ratio legis gehören die mit der konkreten Norm verfolgten Zwecke; sie wird aber zugleich durch allgemeine Zweckmäßigkeits- und Gerechtigkeitserwägungen mitbestimmt.[694]

Grundgedanke des § 14 StGB ist, den Anwendungsbereich derjenigen Tatbestände, die sich an bestimmte Normadressaten richten, auf Personen auszudehnen, die an Stelle des eigentlichen Normadressaten handeln[695]. Ohne eine gesetzliche Regelung der Fälle, in denen ein anderer für den Normadressaten handelt, entstünde eine Strafbarkeitslücke, da weder der Normadressat noch der Handelnde zur Verantwortung gezogen werden könnte: Der eine nicht, weil er nicht gehandelt hat, der andere nicht, weil er nicht Normadressat ist. „Die Lücke zu schließen" war das „eigentliche Anliegen"[696] des Gesetzgebers. § 14 StGB sollte aber nicht nur bestehende Strafbarkeitslücken schließen und Zweifelsfragen beseitigen, sondern auch der Vereinfachung und Vereinheitlichung der straf-

694 Palandt/Sprau Einleitung Rn. 46.

695 Vgl. EGOWiG, BT-Drs. V/1319, S. 62 (zu § 50a StGB).

696 Schwalm, Band 4 der Niederschriften über die Sitzungen der Großen Strafrechtskommission, S. 319.

rechtlichen Sondervorschriften dienen. Normzweck ist somit die Erweiterung des Kreises der Normadressaten bestimmter Straftatbestände des Haupt- und Nebenstrafrechts sowie die Anpassung des Normbefehls dieser Straftatbestände an das Handeln von Organen und Vertretern.[697]

Es wurde bereits dargelegt [E.II.4.-6.], dass die Rechtsprechung bislang beim Handeln als vertretungsberechtigtes Organ einer juristischen Person i.S.d. § 14 Abs. 1 Nr. 1, 1. Alt. StGB voraussetzt, dass der Täter (wenigstens auch) im Interesse der juristischen Person handelt. Im Folgenden soll gezeigt werden, dass Sinn und Zweck des § 14 StGB indes eine streng am Wortlaut orientierte Auslegung gebieten.

Ausgangspunkt der Überlegung ist, dass die erforderliche Beziehung zwischen der Handlung und der Organ- bzw. Vertreterstellung bereits durch die Eigenart des Täterkreises zum Ausdruck kommt. *Goßrau*[698] hat diesen Gedanken schon bei der Grundsatzfrage nach Sondermaßnahmen gegen juristische Personen im Rahmen der Strafrechtsreform aufgegriffen, als es darum ging, festzulegen, welche Beziehung zwischen der Tat und dem „Verband" bestehen soll. Das heißt, die Sonderdelikte stellen in Verbindung mit § 14 StGB den Vertretungsbezug selbst her[699]. Zusätzlicher Kriterien bedarf es nicht. Gemäß § 14 StGB ist ein Gesetz, nach dem besondere persönliche Merkmale die Strafbarkeit begründen, nur dann auf den Vertreter anzuwenden, wenn diese Merkmale zwar nicht bei ihm, aber bei dem Vertretenen vorliegen. Es handelt sich also immer um Straftatbestände, die den Pflichtenkreis – die Sonderpflichten – des Vertretenen betreffen.[700] Solange der Geschäftsführer in seiner Funktion „vertretungsberechtigtes Organ einer juristischen Person" handelt, also Aufgaben wahrnimmt, die ihm nach dem Normalstatut zur eigenen Wahrnehmung zugewiesen sind oder für die er zwingend zuständig ist (unentziehbarer Kernbereich der Geschäftsführung), *ist* § 14 Abs. 1 Nr. 1, 1. Alt. StGB erfüllt.

Das gewonnene Resultat wird auch von der Begründung des Entwurfs eines Deutschen Strafgesetzbuchs (Kabinettsvorlage Juni 1938) getragen, wonach der Täter als Organ oder Vertreter für einen anderen handelt, wenn er die Straftat gerade in dieser Eigenschaft *kraft der Befugnisse* begeht, die er *aus der Stellung als Organ oder Vertreter herleitet*. Die Straftat muss ihrer Art nach in den *Geschäftsbereich* des Organs oder Vertreters fallen [vgl. E.V.2.].

697 MüKo/Radtke § 14 Rn. 5.

698 Goßrau, Band 1 der Niederschriften über die Sitzungen der Großen Strafrechtskommission, S. 304.

699 So auch Ransiek, Unternehmensstrafrecht, S. 92.

700 Vgl. Ransiek, Unternehmensstrafrecht, S. 92.

Dies führt zu der Erwägung, ob nicht an die Stelle der Interessenformel, die danach fragt, ob der Täter zumindest auch im Interesse der GmbH handelte oder ausschließlich eigennützig, besser die Unterscheidung treten sollte, ob der Täter „*beruflich*“ oder „*privat*“ gehandelt hat. Mit „privat“ ist dabei gemeint, dass der Täter für sich persönlich handelt, also in Bezug auf sein Privatvermögen bzw. Privatgewerbe, sprich: die eigene Person angehend[701]. „Beruflich“ ist im Sinne von geschäftlich, in Bezug auf das Vermögen der GmbH, zu verstehen. Der Begriff „Beruf“ steht als Synonym für Amt, Anstellung, Arbeit, Arbeitsfeld, Arbeitsgebiet, Beschäftigung, Broterwerb, Dienst, Erwerbstätigkeit, Gewerbe, Handwerk, Metier, Position, Posten, Stelle, Stellung, Tätigkeit; umgangssprachlich: Job.[702]

Die vorgeschlagene Unterscheidung geht zurück auf die Kommentierungen zu § 244 KO, denen zufolge „Bankerutt“ nicht vorlag, wenn von den Vorstandsmitgliedern oder Liquidatoren Schulden gemacht wurden, welche nur das eigene Vermögen belasteten oder Handelsbücher vernichtet worden sind, welche nur auf ihr Privatgewerbe Bezug nahmen.[703] Für das Handeln „in dieser Eigenschaft“ war hiernach „erforderlich, aber auch genügend“, dass die Vorstandsmitglieder oder Liquidatoren im Zeitpunkt der Handlung die bezeichnete Stellung einnahmen und als solche, d.h. in Ausübung des für sie als Vorstandsmitglieder oder Liquidatoren in Betracht kommenden Geschäftskreises die Handlung mit Bezug auf das Vermögen und den Geschäftsbetrieb der bezeichneten Gesellschaft oder Genossenschaft vornahmen, nicht aber soweit sie die Handlung in Ausübung anderweitiger Geschäfte, etwa mit Bezug auf ihr Privatvermögen oder auf einen privaten Geschäftsbetrieb vornahmen.[704] § 83 GmbHG wurde als Ergänzung[705] des § 244 KO verstanden. Den Kommentaren zu § 83 GmbHG zufolge mussten die Konkurshandlungen auch hier mit Bezug auf das Vermögen und den Geschäftsbetrieb der Gesellschaft[706] vorgenommen worden sein; der Geschäftsführer musste als solcher aufgetreten sein[707]. Alle auf das Privatvermögen oder den privaten Geschäftsbetrieb bezüglichen Handlungen

701 DUDEN, Fremdwörterbuch, S. 848.

702 Vgl. DUDEN, Synonymwörterbuch, S. 200.

703 Vgl. Jaeger KO (1904) § 244 Anm. 7.

704 Vgl. Meyer/Bleyer KO (1921) § 244 Anm. 2; Bleyer KO (1928) § 244 Anm. 2; Mentzel KO (1928) § 244 Anm. 2; Busch/Krieg KO § 244 Anm. 5; Böhle-Stamschräder KO (1953) § 244 Anm. 3.

705 Crüger/Crecelius GmbHG (1922) § 83.

706 Crüger/Crecelius, a.a.O.; Merzbacher GmbHG (1922) § 83 Anm. 2; Warneyer/Koppe GmbHG (1924) § 83 Anm. 3; Liebmann/Saenger GmbHG (1927) § 83 Anm. 4; Scholz GmbHG (1950) § 83 Anm. 1.

707 Scholz GmbHG (1947) § 83 Anm. 2; Vogel GmbHG (1950) § 83 Anm. 2.

schieden aus.[708] Soweit Kommentare zum Strafgesetzbuch die Konkursdelikte überhaupt behandelten und nicht auf die Kommentierungen zu §§ 244 KO, 83 GmbHG verwiesen, ergab sich auch dort, dass die „Bankerutthandlungen" mit Bezug auf das Vermögen und den Geschäftsbetrieb der Gesellschaft vorgenommen sein mussten, so dass alle Handlungen, welche sich auf das Privatvermögen des Täters oder seinen privaten Geschäftsbetrieb bezogen, ebenso wie gleichartige, nicht in der KO unter Strafe gestellte Handlungen, ausschieden.[709]

Bedenken gegen die Interessenformel folgen insbesondere daraus, dass sie zu einem nur *eingeschränkten Schutz* führt, wenn über den Wortlaut des § 14 StGB hinaus als zusätzliches Kriterium verlangt wird, dass der Geschäftsführer „im Interesse" der Gesellschaft handelt – zumal die Rechtsprechung offen lässt, wie das Interesse zu bestimmen ist. Fest steht nur, dass eine „wirtschaftliche Betrachtung" maßgebend sein soll. Der Ausdruck „im Interesse" der Gesellschaft stellt bei wirtschaftlicher Betrachtung auf das Unternehmen ab. Es geht um das „Wohl" des Unternehmens als Wirkungseinheit[710], d.h. den Bestand des Unternehmens als eine wirtschaftliche, auf Rentabilität ausgerichtete Leistungseinheit[711]. De facto bestimmen die Gesellschafter nach ihren Interessen über das Unternehmensinteresse[712]. Ein schützenswertes Eigeninteresse der Gesellschaft ist hinsichtlich solcher Einwirkungen der Gesellschafter anerkannt, welche die GmbH in ihrem Bestand gefährden.[713] Der „Integritätsschutz" der GmbH im Verhältnis zu ihren Gesellschaftern spiegelt sich in der Finanzverfassung der Gesellschaft wider, insbesondere in der normativen Ausprägung des Gebots der Kapitalerhaltung. § 30 Abs. 1 GmbHG erstreckt den Grundsatz der Kapitalerhaltung nur auf das satzungsmäßige Stammkapital. Eine Bindung der darüber hinausreichenden Gesellschaftsmittel ist dem GmbH-Recht fremd. Die Gesellschafter sind nicht gehindert, eigennützig und in schädigender Weise auf die Gesellschaft und damit das Gesellschaftsvermögen einzuwirken. Sie können – soweit nicht besondere gesetzliche Regelungen entgegenstehen – vorbehaltlich der Erhaltung des Stammkapitals nach ihren Interessen die Geschäftsführung bestimmen. Der Sinn und Zweck des § 283 StGB, der vom Gesetzgeber intendierte

708 Vgl. Merzbacher GmbHG (1922) § 83 Anm. 2; Hachenburg GmbHG (1927) § 83 Anm. 6; Liebmann/Saenger GmbHG (1927) § 83 Anm. 4; Groschuff GmbHG (1943) § 83 Anm. 1; Vogel GmbHG (1950) § 83 Anm. 2; Scholz GmbHG (1950) § 83 Anm. 1.

709 Vgl. Ebermayer u.a. StGB (1920) KO § 244 Anm. 2; J. von Olsenhausens's Kommentar zum StGB (1927) KO § 244 Anm. 4; Schwarz StGB (1956) KO § 244 Anm. 1.

710 Vgl. Flume, S. 57, zum Begriff des Unternehmensinteresses.

711 Flume, S. 58.

712 So zutreffend Flume, S. 61.

713 Vgl. BGHZ 149, 10 (16); Radtke, GmbHR 2008, 729 (732); Keßler, GmbHR 2001, 1095 (1097) m.w.N.

Gläubigerschutz in der wirtschaftlichen Krise, läuft bei Anwendung der Interessenformel somit weitgehend leer, denn die Gläubiger wären nur in Höhe des Stammkapitals abgesichert.

Dass die Interessenformel nahezu paradox ist, ergibt sich aus den Anforderungen der Tathandlungen des § 283 StGB (insbes. „in einer den Anforderungen einer ordnungsgemäßen Wirtschaft widersprechenden Weise", „zerstört, beschädigt oder unbrauchbar macht"), denn eine Schadenszufügung liegt nicht im maßgebend wirtschaftlich verstandenen Interesse der Gesellschaft, möglicherweise aber im Interesse der Gesellschafter.

Hinzu kommt, dass der Geschäftsführer in der wirtschaftlichen Krise der GmbH auch gar nicht anders als im Sinne des § 14 Abs. 1 Nr. 1, 1. Alt. StGB „als" vertretungsberechtigtes Organ handeln kann, da seine Organstellung – wie aufgezeigt wurde – selbst von der Eröffnung des Insolvenzverfahrens unberührt bleibt. In Bezug auf das Gesellschaftsvermögen handelt er also immer in seiner Eigenschaft „als" Geschäftsführer. Insofern erweist sich die Differenzierung, ob der Geschäftsführer im Interesse der GmbH und/oder eigennützig handelt, als Scheinproblematik.

Soweit das Interesse subjektiv, aus der Perspektive des agierenden Organs bzw. Vertreters bestimmt wird, handelt es sich um ein (zusätzlich geschaffenes) Vorsatzproblem, da die Frage, ob der Geschäftsführer eigennützig handelte oder im Interesse der GmbH, darauf abzielt, was der Geschäftsführer in seinen Vorsatz aufgenommen hat. Diese Abgrenzung erweist sich für die Praxis aber als kontraproduktiv, hatte doch der Wegfall der noch in § 239 KO geforderten Gläubigerbenachteiligungsabsicht beim Täter und die Neugestaltung der §§ 283 ff. StGB ohne eine besondere anderweitige subjektive Komponente die praktischen Probleme in der Beweisführung gerade beseitigt. Die vom Gesetzgeber vorgenommene grundlegende, auf subjektive Absichten verzichtende Änderung in der Tatbestandsgestaltung[714] beruhte gerade auf der praktisch schweren Nachweisbarkeit einer solchen Absicht beim Täter.[715] Insbesondere bei einem geschäftsführenden Alleingesellschafter bringt die Interessenformel praktische Probleme in der Beweisführung mit sich. Die Feststellung des voluntativen Elements des Vorsatzes hat aber gerade im Rahmen von Wirtschaftsstraftaten besonderes Gewicht.[716]

Dass der Geschäftsführer in seiner Funktion als „vertretungsberechtigtes Organ der GmbH" handelt, stellt die höchstrichterliche Rechtsprechung übrigens nicht in Frage. Die Strafbarkeit wegen Missbrauchsuntreue (§ 266 Abs. 1, 1. Alt.

714 Ausführlich dazu: Hager, S. 98 ff., 105.

715 Vgl. BT-Drs. 7/3441, S. 19 f.

716 Zum bedingten Vorsatz: BGH wistra 2008, 342 (343).

StGB) ist schließlich an die formal ordnungsgemäße Stellung des Geschäftsführers zum Gesellschaftsvermögen geknüpft, die Strafbarkeit wegen Treubruchsuntreue (§ 266 Abs. 1, 2. Alt. StGB) an die tatsächliche Einwirkungsmacht auf das Gesellschaftsvermögen, die eine außenstehende Privatperson gar nicht hätte.

Im Ergebnis führen die vorstehenden Überlegungen zum Sinn und Zweck der Vorschrift zu der Erkenntnis, dass das Handeln als vertretungsberechtigtes Organ einer juristischen Person i.S.d. § 14 Abs. 1 Nr. 1, 1. Alt. StGB streng am Gesetzeswortlaut auszulegen ist.

4. Systematische Auslegung des § 14 StGB

Unter systematischen Gesichtspunkten bietet sich ein Rückgriff auf § 75 S. 1 Nr. 1, 1. Alt. StGB an, der im Vergleich zu § 14 Abs. 1 Nr. 1, 1. Alt. StGB die umgekehrte Zurechnungssituation erfasst:

> „Hat jemand als vertretungsberechtigtes Organ einer juristischen Person eine Handlung vorgenommen, die ihm gegenüber unter den übrigen Voraussetzungen der §§ 74 bis 74c und 74f die Einziehung eines Gegenstandes oder des Wertersatzes zulassen oder den Ausschluss der Entschädigung begründen würde, so wird seine Handlung bei Anwendung dieser Vorschriften dem Vertretenen zugerechnet."

Diese Vorschrift soll den Zugriff auf Einziehungsobjekte ermöglichen, die im Eigentum von juristischen Personen stehen. Voraussetzung für die Zurechnung ist wie bei § 14 Abs. 1 Nr. 1, 1. Alt. StGB, dass der Täter „als vertretungsberechtigtes Organ" handelt. Nach dem Inhalt der Gesetzesmaterialien[717] muss das vertretungsberechtigte Organ „für den Vertretenen gehandelt" haben. Rechtsprechung[718] und Schrifttum[719] legen den Wortlaut der Vorschrift übereinstimmend dahin aus, dass der Betreffende in dieser Eigenschaft, also nicht für sich persönlich, sondern aufgrund seiner besonderen Stellung in Wahrnehmung von Angelegenheiten des Vertretenen, nicht nur gelegentlich solcher Wahrnehmung, handeln muss, auch wenn er im Innenverhältnis zu der konkreten Handlung nicht berechtigt sein sollte. Selbst wenn der Täter ein Handeln für die juristische Person mit der Wahrnehmung eigener Interessen verknüpft, was insbesondere bei einer Ein-Mann-GmbH nahe liege, soll ein Handeln als vertretungsberechtigtes Organ vorliegen. Bei der Auslegung des § 75 S. 1 Nr. 1, 1. Alt. StGB werden die

717 BR-Drs. 200/62, S. 251 = BT-Drs. IV/650, S. 251.

718 BGH NStZ 1997, 30 (31).

719 Fischer § 75 Rn. 3; LK/Schmidt § 75 Rn. 13; MüKo/Joecks § 75 Rn. 12; NK/Herzog § 75 Rn. 9; S/S/Eser § 75 Rn. 10.

von der Rechtsprechung und dem Schrifttum zu § 14 Abs. 1 Nr. 1, 1. Alt. StGB aufgestellten Kriterien vermischt.

Das Gesetz über Ordnungswidrigkeiten enthält in § 29 Abs. 1 Nr. 1, 1. Alt. OWiG eine Parallelregelung zu § 75 S. 1 Nr. 1, 1. Alt. StGB:

> „Hat jemand als vertretungsberechtigtes Organ einer juristischen Person eine Handlung vorgenommen, die ihm gegenüber unter den übrigen Voraussetzungen der §§ 22 bis 25 und 28 die Einziehung eines Gegenstandes oder des Wertersatzes zulassen oder den Ausschluss der Entschädigung begründen würde, so wird seine Handlung bei Anwendung dieser Vorschriften dem Vertretenen zugerechnet."

Auch hier wird vorausgesetzt, dass der Täter „als vertretungsberechtigtes Organ", d.h. in Wahrnehmung von Angelegenheiten der juristischen Person[720], handelt. Bei einem Handeln im Eigeninteresse soll diese Voraussetzung in der Regel fehlen; anders liege es aber, wenn das Organ zugleich im Interesse der juristischen Person handelt.[721] Auch hier erfolgt eine Auslegung des Gesetzeswortlautes anhand der von der Rechtsprechung und dem Schrifttum im Rahmen des § 14 StGB aufgestellten Kriterien.

In § 9 Abs. 1 Nr. 1, 1. Alt. OWiG ist eine § 14 Abs. 1 Nr. 1, 1. Alt. StGB entsprechende Vorschrift enthalten:

> „Handelt jemand als vertretungsberechtigtes Organ einer juristischen Person, so ist ein Gesetz, nach dem besondere persönliche Eigenschaften, Verhältnisse oder Umstände (besondere persönliche Merkmale) die Möglichkeit der Ahndung begründen, auch auf den Vertreter anzuwenden, wenn diese Merkmale zwar nicht bei ihm, aber bei dem Vertretenen vorliegen."

Danach setzt § 9 OWiG ebenso wie § 14 StGB voraus, dass der Täter „als vertretungsberechtigtes Organ" handelt. Auch hier vertritt das Schrifttum[722] die Auffassung, dass der Täter in Wahrnehmung des Aufgabenkreises des Vertretenen, nicht nur bei dieser Gelegenheit, eine positive Handlung vorgenommen oder pflichtwidrig unterlassen haben muss. Ein Teil des Schrifttums[723] fordert unter ausdrücklicher Bezugnahme auf die Interessenformel, dass der Täter dabei zumindest auch im Interesse des Vertretenen tätig geworden ist. Als Organ handle er nicht, wenn er seine Position zu eigennützigen, dem Vertretenen nachteiligen Handlungen ausnutze, es sei denn, der Vertretene sei mit dem eigennützi-

---

720 KK-OWiG/Mitsch § 29 Rn. 18; Lemke/Mosbacher OWiG § 29 Rn. 4.

721 Vgl. Göhler/König OWiG § 29 Rn. 3 i.V.m. § 30 Rn. 24 m.w.N. Nach Bohnert OWiG § 29 Rn. 6 und PdK-Bund OWiG § 29 Erläuterung 2. muss das Organ bzw. der Vertreter innerhalb des Geschäftsbereichs sowie im Interesse des Verbandes tätig geworden sein.

722 Göhler/König OWiG § 9 Rn. 15a; KK-OWiG/Rogall § 9 Rn. 61; Lemke/Mosbacher OWiG § 9 Rn. 12; Bohnert OWiG § 9 Rn. 16; PdK-Bund OWiG § 9 Erläuterung 1.2.

723 Göhler/König, a.a.O.; KK-OWiG/Rogall, ebenda; Bohnert, ebendort.

gen Verhalten einverstanden. Insoweit wird die Interessenformel ebenfalls als zusätzliches Kriterium verstanden, das zur Funktionsanalyse hinzutritt[724].

Ein Handeln des Täters „als vertretungsberechtigtes Organ" setzt ferner § 30 Abs. 1 Nr. 1, 1. Alt. OWiG voraus:

> „Hat jemand als vertretungsberechtigtes Organ einer juristischen Person eine Straftat oder Ordnungswidrigkeit begangen, durch die Pflichten, welche die juristische Person treffen, verletzt worden sind oder die juristische Person bereichert worden ist oder werden sollte, so kann gegen diese eine Geldbuße festgesetzt werden."

Hiernach kann gegen eine juristische Person eine Geldbuße bis zu 1 Mio. € verhängt werden, wenn deren vertretungsberechtigtes Organ eine Straftat oder Ordnungswidrigkeit begangen hat, durch welche entweder eine die juristische Person treffende Pflicht verletzt wurde oder für die juristische Person eine Bereicherung eingetreten oder erstrebt worden ist. Damit soll dem rechtspolitischen Bedürfnis entsprochen werden, den Verbänden mit ihren juristisch verselbstständigten Vermögen diejenigen Gewinne wieder abzunehmen, die ihnen durch Delikte ihrer Organe zugeflossen sind.[725] Hier wird ebenfalls in Anwendung der Interessenformel neben einem funktionalen Zusammenhang zwischen der Handlung des Organs und seiner Organstellung ein Handeln im Interesse der juristischen Person verlangt.[726]

Nach alledem kann festgestellt werden, dass in den §§ 75 S. 1 Nr. 1, 1. Alt. StGB, 29 Abs. 1 Nr. 1, 1. Alt. und 30 Abs. 1 Nr. 1, 1. Alt. OWiG ein einheitliches Verständnis vom Handeln „als vertretungsberechtigtes Organ" herrscht; die Interessenformel wird mit der objektiv-funktionalen Betrachtungsweise kombiniert. In § 14 Abs. 1 Nr. 1, 1. Alt. StGB und der Parallelvorschrift im Ordnungswidrigkeitenrecht, § 9 Abs. 1 Nr. 1, 1. Alt. OWiG, stehen sich die Interessenformel und die objektiv-funktionale Betrachtungsweise allerdings gegenüber, wobei ein Teil des Schrifttums bei § 9 OWiG das Interessenkriterium zusätzlich heranzieht.

Wegen des engen Sachzusammenhangs lässt sich die Frage der Zurechnung jedoch nur einheitlich beantworten. Denn durch § 14 StGB findet eine Erweiterung strafrechtlicher Sanktionsmöglichkeiten in doppelter Hinsicht statt: Einmal wird das vertretungsberechtigte Organ aufgrund dieser Vorschrift selbst verpflichtet mit allen strafrechtlichen Konsequenzen; zum anderen wird die juristische Person durch das vertretungsberechtigte Organ handelndes Subjekt und kann damit erst zum Normadressat wirtschaftsordnender Rechtsvorschriften

724 KK-OWiG/Rogall § 9 Rn. 61.

725 KK-OWiG/Rogall § 30 Rn. 1.

726 KK-OWiG/Rogall § 30 Rn. 91 ff.; Lemke/Mosbacher OWiG § 30 Rn. 55 f.; Göhler/König OWiG § 30 Rn. 24.

werden.[727] Diese Zurechnung auch zu Lasten der juristischen Person ist wieder die Grundlage dafür, dass gegen diese eine Ahndung nach § 30 OWiG möglich wird, der die Verhängung einer Geldbuße im Falle der Verletzung eigener, die juristische Person selbst treffender strafbewehrter Pflichten gegen diese erlaubt. Ist eine Zurechnung der besonderen persönlichen Merkmale der juristischen Person gegenüber dem vertretungsberechtigten Organ aufgrund fehlenden Vertretungsbezuges nicht möglich (§ 9 OWiG oder § 14 StGB), kann auch der juristischen Person die Tat des vertretungsberechtigten Organs nicht zugerechnet werden (§ 29 OWiG oder § 75 StGB) und umgekehrt.

Bedenken gegen die sowohl im Schrifttum als auch in der Rechtsprechung vertretenen Auffassungen, die an das Interessenkriterium anknüpfen, ergeben sich insbesondere daraus, dass § 14 StGB keinen eigenen Straftatbestand bildet, sondern eine allgemeine Strafausdehnung bewirkt, indem der Anwendungsbereich derjenigen Tatbestände, die sich an einen bestimmten Normadressaten richten, auf Personen ausgedehnt wird, die für diesen handeln.

Gerade bei einer *allgemeinen Regelung* – das Wort „allgemein" bedeutet „allen gemeinsam", „generell", „für alle geltend"[728] – müssen indes die Voraussetzungen für alle Sonderdelikte gleich sein: Die Vorschrift des § 14 StGB steht im Allgemeinen Teil des Strafgesetzbuchs, Zweiter Abschnitt, Erster Titel. Dieser Abschnitt betrifft „Die Tat", der Titel die „Grundlagen der Strafbarkeit". § 14 StGB trägt die Überschrift „Handeln für einen anderen". Aus Abschnitt, Titel und Überschrift der Norm wird deutlich, dass damit die grundlegende Frage des Handelns für einen anderen strafrechtlich geregelt worden ist. Die Auswertung der Gesetzesmaterialien hat ergeben, dass mit dem „Handeln für einen anderen" nicht das Handeln zugunsten eines anderen, sondern das Handeln *anstelle* eines anderen gemeint ist und der Täter die Straftat gerade in dieser Eigenschaft kraft der Befugnisse begangen haben muss, die er aus der Stellung als Organ oder Vertreter herleitet. Dann aber kann das Handeln „als vertretungsberechtigtes Organ einer juristischen Person" im Rahmen der §§ 283, 14 StGB nicht dahin ausgelegt werden, dass der Geschäftsführer zumindest auch im Interesse der GmbH handeln muss. Denn warum sollte ausgerechnet eine allgemeine Vorschrift des Strafgesetzbuchs so eng auszulegen sein? Und warum lediglich in Verbindung mit § 283 StGB? Wertungswidersprüche können jedenfalls nur durch einen einheitlichen Sprachgebrauch vermieden werden.

Das einheitliche Verständnis vom Handeln „als" vertretungsberechtigtes Organ erfordert kein Handeln im Interesse der Gesellschaft. Durch den Täterkreis handelt es sich immer um Tatbestände, die den Pflichtenkreis – die Son-

---

727 Vgl. Wabnitz/Janovsky/Raum, Handbuch des Wirtschafts- und Steuerstrafrechts, 4/8.
728 DUDEN, Das Bedeutungswörterbuch, S. 77.

derpflichten – des Vertretenen betreffen [vgl. Ausführungen unter E.V.3.]. Solange der Vertreter in seiner Funktion handelt, ist der in den Vorschriften der §§ 14, 75 StGB bzw. §§ 9, 29, 30 OWiG vorausgesetzte Vertretungsbezug gegeben. Die erforderliche Beziehung zwischen der Handlung und der Organ- bzw. Vertreterstellung kommt bereits durch die Eigenart des Täterkreises zum Ausdruck. Ein Bedürfnis, bei der Gesetzesauslegung das Interessenkriterium heranzuziehen, besteht aus den genannten Gründen nicht.

Im Übrigen lassen sich aus Absatz 2 des § 14 StGB entgegen der Auffassung des BGH[729] keine Schlüsse für die Interessenformel ziehen. Nach § 14 Abs. 2 StGB soll die strafrechtliche Verantwortlichkeit den gewillkürten Vertreter anstelle des Vertretenen treffen, wenn er aufgrund des ihm erteilten Auftrags handelt. Eine entsprechende Formulierung in § 14 Abs. 1 StGB fehlt aber gerade (argumentum e contrario). Ein Handeln „aufgrund dieses Auftrags" setzt auch nicht zwingend ein Handeln im Interesse des Auftraggebers voraus.[730]

Bei dem Versuch, vergleichbare Erkenntnisse im Bereich anderer Vorschriften des StGB aufzufinden, erscheint nur § 356 StGB der Erörterung wert. Mit § 356 StGB enthält das Gesetz eine Vorschrift, in welcher statt des Wortlautes „als" Anwalt oder anderer Rechtsbeistand der Ausdruck „in dieser Eigenschaft" verwendet wird: Ein Anwalt oder ein anderer Rechtsbeistand, welcher bei den ihm *in dieser Eigenschaft* anvertrauten Angelegenheiten in derselben Rechtssache beiden Parteien durch Rat oder Beistand pflichtwidrig dient, wird mit Freiheitsstrafe von drei Monaten bis zu fünf Jahren bestraft. Voraussetzung ist, dass dem Täter in seiner Eigenschaft als Rechtsanwalt oder Rechtsbeistand eine Rechtsangelegenheit anvertraut worden ist. Der Ausdruck „in dieser Eigenschaft" wird von der Rechtsprechung und dem Schrifttum dahin ausgelegt, dass dem Anwalt bzw. Rechtsbeistand gerade im Zusammenhang mit und als Teil seiner beruflichen Tätigkeit eine Rechtsangelegenheit anvertraut sein muss.[731] Der Anwalt bzw. Rechtsbeistand muss „beiden Parteien *beruflich*, in der Eigenschaft als Anwalt gedient"[732] haben; nur die berufliche Tätigkeit des Anwalts[733] wird erfasst. Tritt der Anwalt bzw. Rechtsbeistand in eigener Sache oder außerberuflich auf, scheidet § 356 StGB aus.

Auch hier kommt also die Unterscheidung „beruflich" oder „privat" zum Tragen. Mit anderen Worten: Täter ist, wer die *Funktion* des Rechtsbeistands *als professionelle Rolle* ausübt[734]. Diese wird in folgendem Sinne verstanden: In

729 BGHSt 30, 127 (130).

730 Zutreffend: Wehleit, S. 65.

731 Vgl. statt vieler MüKo/Dahs § 356 Rn. 31, 33 jeweils m.w.N.

732 BGHSt 20, 41.

733 BGHSt 45, 148 (153).

734 MüKo/Dahs § 356 Rn. 12.

modernen, funktional differenzierten Gesellschaften sei das Rechtssystem notwendig komplex strukturiert, materiell ausdifferenziert und international verwoben; Rollenanforderungen seien durch Spezialisierung und Professionalisierung gekennzeichnet.[735] Wenn das Rechtssystem nach der normativen Selbstbeschreibung auf Verfassungsebene als Praxis personaler Freiheit legitimiert sein soll, dann müsse jeder, insbesondere auch der Rechtsuchende, als Person, d.h. in den Prozessen der Rechtsauseinandersetzung als 'autonomes alter ego' beschrieben und erkannt werden können.[736] Hier liege die soziale Funktion der an den Rechtsbeistand gerichteten Rollenanforderungen; es handele sich um eine im Rechtssystem ausdifferenzierte professionelle Rolle, die (idealiter) den Zugang zum Recht allgemein garantieren soll.[737] Der Rechtsbeistand sei – regelmäßig in der Rolle des Vertreters – „Rechtssubjekts-Gehilfe", der die im Rechtssystem zur Wahrnehmung rechtlicher Interessen notwendige kommunikative Kompetenz für den Mandanten einbringe.[738] Die – insoweit fragmentarische – strafrechtliche Garantie erstrecke sich dabei auf die Rollenkonstanz zugunsten des Mandanten: Gefordert sei die unabhängige, uneingeschränkte und ausschließliche Wahrnehmung rechtlicher Interessen für *eine* Partei – und der Parteiverrat sei der drastische Bruch dieser Rollenanforderung.[739]

Auch der Geschäftsführer einer GmbH nimmt eine Rolle ein: Die des vertretungsberechtigten Organs der GmbH. Die Organ- bzw. Vertreterhaftung beruht auf der Ausdifferenzierung von Rollen in der wirtschaftlich verfassten Gesellschaft. Der Betroffene, der nur verantwortlich ist, wenn er in seiner Eigenschaft *als* Organ oder Vertreter tätig wird (Vertretungsbezug der Handlung), haftet als Träger einer Rolle.[740] Jede private, nicht berufstypische Handlung, also ein Verhalten, das der allgemeinen Lebensführung[741] des Täters zugehörig ist, vermag die Zurechnung und damit die Organ- bzw. Vertreterhaftung nicht zu begründen. Der Täter muss die Straftat kraft der Befugnisse begehen, die er aus der Stellung als Organ oder Vertreter herleitet. Die Handlung muss in den Geschäftsbereich des Organs oder Vertreters fallen. Dies bedeutet, dass sich der Täter innerhalb der eingenommenen Rolle bewegen muss. Handelt er als Privatperson, also au-

735 MüKo/Dahs § 356 Rn. 3.

736 MüKo/Dahs, a.a.O.

737 MüKo/Dahs, ebenda.

738 MüKo/Dahs, ebendort.

739 MüKo/Dahs, § 356 Rn. 3.

740 So zutreffend KK-OWiG/Rogall § 9 Rn. 3: „Rollenhaftung"; SK/Rudolphi/Rogall § 356 Rn. 15.

741 Staudinger/Löwisch/Caspers § 278 Rn. 53 als Abgrenzungskriterium bei der Haftung des Schuldners für ein Fehlverhalten seines Erfüllungsgehilfen.

ßerhalb der Rolle, fehlt der erforderliche Vertretungsbezug; die Organ- bzw. Vertreterhaftung entfällt.

Die systematische Auslegung des § 14 StGB führt nach alldem zu dem Ergebnis, dass die Anwendung der Interessenformel mit der Gesetzessystematik nicht in Einklang zu bringen ist.

Demgegenüber ist die hier entwickelte Auffassung, dass die erforderliche Beziehung zwischen der Handlung und der Organ- bzw. Vertreterstellung bereits durch die Eigenart des Täterkreises zum Ausdruck kommt, also die Sonderdelikte in Verbindung mit § 14 StGB den Vertretungsbezug selbst herstellen, zweckmäßig und fügt sich in den Gesamtzusammenhang der Strafrechtsordnung ein.

5. Ergebnis

Damit führen alle Auslegungselemente zu dem Ergebnis, dass die Interessenformel abzulehnen ist.[742] Die Auslegung hat gezeigt, dass die Interessenformel im Gesetzeswortlaut keine Stütze findet; das Abstellen auf das Interesse des Vertretenen wird vom Wortlaut des § 14 StGB nicht gefordert. Auch den Gesetzesmaterialien sind gewichtige Gründe dafür zu entnehmen, dass es für die strafrechtliche Organ- bzw. Vertreterhaftung gerade nicht darauf ankommt, in wessen Interesse das Organ bzw. der Vertreter handelt. Der Sinn und Zweck des § 14 StGB besteht in der Schließung von Strafbarkeitslücken; § 14 StGB soll zudem der Vereinfachung und Vereinheitlichung der strafrechtlichen Sondervorschriften dienen. Die Interessenformel führt darüber hinaus zu einem eingeschränkten Schutz der Gläubiger, da sie über den Vertretungsbezug hinaus ein Handeln im Interesse des Vertretenen fordert. Sie ist im Weiteren mit der Gesetzessystematik nicht in Einklang zu bringen. Gerade bei einer allgemeinen Regelung müssen die Voraussetzungen für alle Sonderdelikte gleich sein.

Mit dem „Handeln für einen anderen" ist das Handeln *anstelle* eines anderen gemeint. Durch den Täterkreis handelt es sich immer um Tatbestände, die den Pflichtenkreis – die Sonderpflichten – des Vertretenen betreffen. Da der Geschäftsführer Träger einer Rolle ist – der des vertretungsberechtigten Organs der GmbH – haftet er als vertretungsberechtigtes Organ i.S.d. § 14 Abs. 1 Nr. 1, 1. Alt. StGB, wenn er sich innerhalb dieser Rolle bewegt. Handelt er demgegen-

742 Die Frage, ob die objektive oder die subjektive Auslegungstheorie vorzugswürdig ist, bedarf daher keiner Entscheidung. Zum Methodenstreit siehe Rüthers/Fischer, Rechtstheorie, Rn. 796 ff.

über als Privatperson, also außerhalb der Rolle, fehlt der erforderliche Vertretungsbezug; die Organ- bzw. Vertreterhaftung entfällt.

Der hier entwickelten Auffassung und der im Schrifttum in unterschiedlichen Ausprägungen vertretenen objektiv-funktionalen Betrachtungsweise ist gemeinsam, dass sie an einen funktionalen Zusammenhang zwischen der Handlung und der Organ- bzw. Vertreterstellung anknüpfen. Aus den dargelegten Gründen überzeugen die bisherigen Ansätze zur Bestimmung des Vertretungsbezuges jedoch nicht.

Es wird vorgeschlagen, danach zu unterscheiden, ob der Täter beruflich, innerhalb der eingenommenen Rolle, oder privat gehandelt hat.

Das hier erarbeitete Ergebnis – die Ablehnung der Interessenformel – scheint neuerdings jedenfalls tendenziell Eingang in die Rechtsprechung zu finden. In obiter dicta brachten sowohl der 1. Strafsenat als auch der 3. Strafsenat des Bundesgerichtshofs ihre „Neigung" zum Ausdruck, die Interessenformel aufzugeben.[743] Damit wird das Ergebnis bestätigt, dass es für die Interessenformel keine rechtliche Grundlage gibt – weder im Gesetzeswortlaut, noch in den Gesetzesmaterialien, dem Gesetzeszweck oder der Gesetzessystematik.

743 Diese Entscheidungen wurden unter E.II.4.p),q) (S. 140 ff.) ausführlich erörtert.

F. Schlussbetrachtung: Gläubigerschutz durch § 283 StGB

Mit der Ablehnung der Interessenformel entfällt das Problem, dass Tateinheit zwischen Untreue und Bankrott nur dann möglich sein soll, wenn der Geschäftsführer durch eine und dieselbe Handlung sowohl im Interesse der GmbH als auch zu deren Nachteil tätig wird.

Die hier entwickelte Auslegung des § 14 StGB führt dazu, dass nur die Kernvorschrift des Insolvenzstrafrechts, § 283 StGB, Anwendung findet, wenn der Geschäftsführer in seiner Rolle – der des vertretungsberechtigten Organs der GmbH – agiert.

Eine strafrechtliche „Doppelhaftung" wegen Untreue und Bankrott kommt nicht in Betracht. Nach der Konkurrenzlehre[744] liegt zwar Tateinheit (Idealkonkurrenz) vor, wenn dieselbe Handlung mehrere Strafgesetze oder dasselbe Strafgesetz mehrmals verletzt (§ 52 Abs. 1 StGB). Verwirklicht der Geschäftsführer durch eine und dieselbe Handlung den Straftatbestand der Untreue und des Bankrotts, sind dem Gesetzeswortlaut nach mehrere Straftatbestände erfüllt. Der unterschiedliche Rechtsgüterschutz des Insolvenzstrafrechts (Schutz der Vermögensinteressen der Gläubiger der sich in einer Krise befindlichen GmbH) und des Untreuestrafrechts (Schutz des Gesellschaftsvermögens) könnte zu einem tateinheitlichen Vorwurf des Bankrotts und der Untreue[745] führen; insofern könnte man von einer strafrechtlichen „Doppelhaftung" des Geschäftsführers in der Insolvenz sprechen. Dabei bliebe aber unberücksichtigt, dass der Unrechtsgehalt der Handlung durch den Straftatbestand des Bankrotts erschöpfend erfasst[746] wird (sog. Gesetzeseinheit, auch Gesetzeskonkurrenz[747] genannt).

In einer wirtschaftlichen Krise i.S.d. § 283 StGB werden die Vermögensinteressen der GmbH von den Vermögensinteressen der Gläubiger völlig überlagert[748]. Man könnte sogar von einer Identität[749] der Interessen sprechen: Die GmbH ist an der Erhaltung des Stammkapitals (§§ 30, 31 GmbHG) interessiert. Daran sind die Gläubiger der GmbH gleichermaßen interessiert; schließlich haftet ihnen nur das Gesellschaftsvermögen. Der Sinn und Zweck des § 283 StGB besteht darin, die Interessen der Gläubiger an einer vollständigen oder möglichst

744 Vgl. dazu: Wessels/Beulke, AT, Rn. 750 ff.; Fischer Vor § 52 Rn. 39 ff.

745 So auch Richter, GmbHR 1984, 113 (144); Bittmann, wistra 2010, 8 (10); Köhler, in: Beck/Depré, Praxis der Insolvenz, § 37 Rn. 70.

746 Vgl. i.E. auch AG Halle-Saalkreis NJW 2002, 77 (78), allerdings ohne Begründung.

747 Wessels/Beulke, AT, Rn. 787.

748 So zutr. Weber, StV 1988, 16 (18).

749 Weber, a.a.O.

hohen Befriedigung ihrer vermögensrechtlichen Ansprüche zu schützen. Jede Beeinträchtigung des Gesellschaftsvermögens tangiert auch die Gläubigerinteressen. Hinzu kommt, dass die GmbH in einer wirtschaftlichen Krise primär daran interessiert sein muss, ihre Gläubiger zu befriedigen. Insofern hat sie auch ein Interesse daran, dass ihre vertretungsberechtigten Organe auf Verhaltensweisen verzichten, die dieses Ziel gefährden könnten. Des Weiteren wird die GmbH gem. § 60 Abs. 1 Nr. 4, 1. Hs. GmbHG durch die Eröffnung des Insolvenzverfahrens aufgelöst. Sie besteht zwar als Rechtsträgerin fort, allerdings ändert sich der Gesellschaftszweck, der durch den Zweck der vollständigen Liquidation nach den Regeln des Insolvenzrechts ersetzt wird. Auch hier wird deutlich, dass das Befriedigungsinteresse der Insolvenzgläubiger im Vordergrund steht. Darüber hinaus bleibt die Organstellung des Geschäftsführers von der Eröffnung des Insolvenzverfahrens zwar unberührt, seine Zuständigkeit wird jedoch auch durch den Insolvenzzweck und die Zuständigkeit des Insolvenzverwalters überlagert.

Als Ergebnis bleibt festzuhalten, dass sich die strafrechtliche Verantwortlichkeit des Geschäftsführers ausschließlich nach den Bankrottstraftatbeständen des § 283 StGB i.V.m. § 14 StGB bestimmt. In den einschlägigen Tatbestandsalternativen konsumiert der Bankrott die Untreue.

G. Thesen

1. Im Insolvenz(eröffnungs-)verfahren kommt eine Strafbarkeit des Geschäftsführers wegen Untreue durch den Missbrauch der Verfügungsbefugnis gem. § 266 Abs. 1, 1. Alt. StGB nicht in Betracht, wenn die Verfügungsbefugnis über das im Falle der Eröffnung des Insolvenzverfahrens zur Insolvenzmasse gehörende Gesellschaftsvermögen auf den (vorläufigen) Insolvenzverwalter übergegangen ist.
2. Darüber hinaus kommt im Insolvenz(eröffnungs-)verfahren eine Strafbarkeit des Geschäftsführers wegen Bankrott hinsichtlich rechtsgeschäftlicher Verfügungen i.S.d. § 283 Abs. 1 Nr. 1, 1. Alt. StGB (Beiseiteschaffen von Vermögensbestandteilen) sowie im Hinblick auf die in § 283 Abs. 1 Nr. 3 StGB (Waren- oder Wertpapierverschleuderung) vorausgesetzte Verfügungsbefugnis nicht in Betracht, wenn die Verfügungsbefugnis über das im Falle der Eröffnung des Insolvenzverfahrens zur Insolvenzmasse gehörende Gesellschaftsvermögen auf den (vorläufigen) Insolvenzverwalter übergegangen ist.
3. In den verbleibenden Fällen, in denen der Geschäftsführer die Täterqualifikation im Insolvenz(eröffnungs-)verfahren behält, stellt sich das Problem einer strafrechtlichen „Doppelhaftung" wegen Untreue und Bankrott.
4. Mit der Ablehnung der Interessenformel entfällt das Problem, dass Tateinheit zwischen Untreue und Bankrott nur dann möglich sein soll, wenn der Geschäftsführer durch eine und dieselbe Handlung sowohl im Interesse der GmbH als auch zu deren Nachteil tätig wird.
5. Die Vorschrift des § 283 StGB stellt in Verbindung mit § 14 Abs. 1 Nr. 1, 1. Alt. StGB den Vertretungsbezug selbst her.
6. Der Geschäftsführer ist Träger einer Rolle – der des vertretungsberechtigten Organs der GmbH. Bewegt er sich innerhalb dieser Rolle, handelt er als vertretungsberechtigtes Organ i.S.d. § 14 Abs. 1 Nr. 1, 1. Alt. StGB. Handelt er demgegenüber als Privatperson, also außerhalb der Rolle, fehlt der erforderliche Vertretungsbezug; die Organ- bzw. Vertreterhaftung entfällt.
7. Die hier entwickelte Auslegung des § 14 Abs. 1 Nr. 1, 1. Alt. StGB führt dazu, dass nur die Kernvorschrift des Insolvenzstrafrechts, § 283 StGB, Anwendung findet, wenn der Geschäftsführer in seiner Rolle als vertretungsberechtigtes Organ der GmbH agiert. Eine strafrechtliche „Doppelhaftung" wegen Untreue und Bankrott kommt nicht in Betracht. Die Vermögensinteressen der GmbH werden in der Krisensituation von den Vermögensinteressen der Gläubiger völlig überlagert. Der Unrechtsgehalt der Handlungen des Geschäftsführers wird durch die Straftatbestände des Bankrotts erschöpfend er-

fasst. Der Bankrott konsumiert in den einschlägigen Tatbestandsalternativen die Untreue.

H. Literaturverzeichnis

Achenbach, Hans: Schwerpunkte der BGH-Rechtsprechung zum Wirtschaftsstrafrecht, in: 50 Jahre Bundesgerichtshof, Festgabe aus der Wissenschaft, Band IV, Strafrecht, Strafprozessrecht, 2000, S. 593 ff. (zit.: Achenbach, BGH-FG)

Achenbach, Hans/Ransiek, Andreas: Handbuch Wirtschaftsstrafrecht, 2. Aufl. 2008 (zit.: HWSt)

Alternativ-Entwurf eines Strafgesetzbuches, Hrsg.: *Baumann, Jürgen/Quensel, Stephan*, Allgemeiner Teil, 2. Aufl. 1969

Alwart, Heiner: Zurechnen und Verurteilen, 1998

- *ders.*: Unternehmensethik durch Sanktion? Möglichkeiten und Grenzen des deutschen Straf- und Ordnungswidrigkeitenrechts, in: Verantwortung und Steuerung von Unternehmen in der Marktwirtschaft, Hrsg.: *Alwart, Heiner*, 1998, S. 75 ff. (DNWE-Schriftenreihe; Folge 3)

- *ders.*: Strafrechtliche Haftung des Unternehmens – vom Unternehmenstäter zum Täterunternehmen, in: ZStW 105 (1993), 752 ff.

- *ders.*: Bekämpfung von Wirtschaftskriminalität mit den Mitteln des Strafrechts, in: Wirtschaftskriminalität und Ethik, Hrsg.: *Löhr, Albert/Burkatzki, Eckhard*, 1. Aufl. 2008, S. 95 ff. (DNWE-Schriftenreihe; Folge 16) (zit.: *Alwart*, in: Wirtschaftskriminalität und Ethik)

Amend, Angelika: Konkursrecht in der anwaltlichen Praxis, 1995

Andres, Dirk/Leithaus, Rolf: Insolvenzordnung (InsO) Kommentar, 1. Aufl. 2006 (zit.: *Andres/Leithaus* InsO)

Arens, Stephan: Die Bestimmung der Zahlungsunfähigkeit im Strafrecht – unter Beachtung des Urteils des BGH in Zivilsachen – vom 24. Mai 2005 – IX ZR 123/04 –, wistra 2007, 450 ff.

Arloth, Frank: Zur Abgrenzung von Untreue und Bankrott bei der GmbH, NStZ 1990, 570 ff.

Arzt, Gunther/Weber, Ulrich: Strafrecht Besonderer Teil, Lehrbuch, 2. Aufl. 2009 (zit.: BT)

Auer, Martin: Gläubigerschutz durch § 266 StGB bei der einverständlichen Schädigung einer Gesellschaft mit beschränkter Haftung, Diss. Berlin 1991

Balz, Manfred/Landfermann, Hans-Georg: Die neuen Insolvenzgesetze: mit Einleitung, Begründung des Regierungsentwurfs, Bericht des Rechtsausschusses des Deutschen Bundestages sowie ergänzenden Hinweisen, Verweisungen und Sachverzeichnis. Im Anh.: Konkursordnung [u.a.], 1995

Baumbach, Adolf/Hopt, Klaus J.: Handelsgesetzbuch, Beck'sche Kurz-Kommentare Band 9, 34. Aufl. 2010 (zit.: *Bearbeiter*, in: Baumbach/Hopt HGB)

Baumbach, Adolf/Hueck, Alfred: GmbH-Gesetz, Beck'sche Kurz-Kommentare Band 20, 19. Aufl. 2010 (zit.: *Bearbeiter*, in: Baumbach/Hueck GmbHG)

Baur, Fritz/Stürner, Rolf: Zwangsvollstreckungs-, Konkurs- und Vergleichsrecht, Ein Lehrbuch, Band II, Insolvenzrecht, 12. Aufl. 1990

Beck, Siegfried/Depré, Peter: Praxis der Insolvenz, Ein Handbuch für die Beteiligten und ihre Berater, 2. Aufl. 2010 (zit.: *Bearbeiter*, in: Beck/Depré, Praxis der Insolvenz)

Beck'scher Bilanz-Kommentar, Hrsg.: *Ellrott, Helmut/Förschle, Gerhart/Kozikowski, Michael/Winkeljohann, Norbert*, Handels- und Steuerbilanz, 7. Aufl. 2010 (zit.: *Bearbeiter*, in: Beck'scher Bilanz-Kommentar)

Beck'sches Handbuch der GmbH, Hrsg.: *Müller, Welf/Winkeljohann, Norbert*, Gesellschaftsrecht – Steuerrecht, 4. Aufl. 2009 (zit.: *Bearbeiter*, in: Beck'sches Handbuch der GmbH)

Beling, Ernst: Die Lehre vom Verbrechen, 1964

Berliner Kommentar zum Insolvenzrecht, Hrsg.: *Breutigam, Axel/Blersch, Jürgen/Goetsch, Hans-W.*, Band I (Stand: September 2010), (zit.: BK-InsO/*Bearbeiter*)

Binding, Karl: Handbuch des Strafrechts, Erster Band, 1885

Bittmann, Folker: Insolvenzstrafrecht, Handbuch für die Praxis, 2004

Bittmann, Folker: Das Ende der Interessentheorie – Folgen auch für § 266 StGB? – Zugleich Anmerkung zu BGH, wistra 2009, 275 ff. – wistra 2010, 8 ff.

Bittmann, Folker/Rudolph, Carolin: Untreue des GmbH-Geschäftsführers trotz Anordnung der Insolvenzverwaltung? wistra 2000, 401 ff.

Bittmann, Folker/Volkmer, Mathias: Zahlungsunfähigkeit bei (mindestens) 3-monatigem Rückstand auf Sozialversicherungsbeiträge, wistra 2005, 167 ff.

Blauth, Peter: „Handeln für einen anderen“ nach geltendem und kommendem Strafrecht, 1968

Bleyer, Joseph: Die Konkursordnung für das Deutsche Reich und ergänzende Gesetze, Handausgabe mit Erläuterungen, 3. Aufl. 1928

Bockemühl, Jan: Handbuch des Fachanwalts Strafrecht, 4. Aufl. 2009

Böhle-Stamschräder, Aloys: Konkursordnung (Beck'sche Kurz-Kommentare; Bd. 27), 3. Aufl. 1953

Bohnert, Joachim: Kommentar zum Ordnungswidrigkeitenrecht, 3. Aufl. 2010

Bork, Reinhard: Einführung in das Insolvenzrecht (JZ-Schriftenreihe; H. 5), 5. Aufl. 2009

Brand, Christian: Abschied von der Interessentheorie – und was nun? – Besprechung von BGH, Beschl. v. 10.02.2009 – 3 StR 372/08 (NStZ 2009, 437) –, NStZ 2010, 9 ff.

Braun, Eberhard: Insolvenzordnung, Kommentar, 4. Aufl. 2010

Braun, Eberhard/Uhlenbruck, Wilhelm: Unternehmensinsolvenz: Grundlagen, Gestaltungsmöglichkeiten, Sanierung mit der Insolvenzordnung, 1997

Brockhaus Wahrig, Deutsches Wörterbuch in sechs Bänden, Hrsg.: *Wahrig, Gerhard/Krämer, Hildegard/Zimmermann, Harald*, Erster Band, 1980

Bruns, Hans-Jürgen: Grundprobleme der strafrechtlichen Organ- und Vertreterhaftung (§ 14 StGB, § 9 OWiG), GA 1982, 1 ff.

- *ders.*: Über die Organ- und Vertreterhaftung im Strafrecht, Ein Beitrag zur Strafrechtsreform, JZ 1954, 12 ff.

Bundeskriminalamt: Bundeslagebild Wirtschaftskriminalität 2004

Bundeskriminalamt: Bundeslagebild Wirtschaftskriminalität 2007 – Pressefreie Kurzfassung, http://www.bka.de/lageberichte/wi/wikri_2007.pdf (28.12.2010)

Bundeskriminalamt: Polizeiliche Kriminalstatistik, Bundesrepublik Deutschland, Berichtsjahr 2009, 2010

Bünting, Deutsches Wörterbuch, Hrsg.: *Bünting, Karl Dieter/Karatas, Ramona*, 1996

Busch, L./Krieg, O.: Konkursordnung, Vergleichsordnung und Anfechtungsgesetz mit Erläuterungen (Guttentag'sche Sammlung Deutscher Reichsgesetze; Nr. 13), 15. Aufl. 1929

Buth, Andrea K./Hermanns, Michael: Restrukturierung, Sanierung, Insolvenz, Handbuch, 3. Aufl. 2009

Crüger, Hans/Crecelius, Adolf: Das Reichsgesetz, betreffend die Gesellschaften mit beschränkter Haftung. Systematische Darstellung und Kommentar nebst Entwürfen von Gesellschaftsverträgen und praktischen Anleitungen für die Registerführung, 6. Aufl. 1922

Dannecker, Gerhard/Knierim, Thomas/Hagemeier, Andrea: Insolvenzstrafrecht, 2009

Dehne-Niemann, Jan: Ein Abgesang auf die Interessentheorie bei der Abgrenzung von Untreue und Bankrott – zugleich Anmerkung zu BGH wistra 2009, 275 –, wistra 2009, 417 ff.

Demuth, Hennrich/Schneider, Tilmann: Die besondere Bedeutung des Gesetzes über Ordnungswidrigkeiten für Betrieb und Unternehmen, BB 1970, 642 ff.

Deutscher, Jörg/Körner, Peter: Strafrechtlicher Gläubigerschutz in der Vor-GmbH, wistra 1996, 8 ff.
Dierlamm, Alfred: Der faktische Geschäftsführer im Strafrecht – ein Phantom? NStZ 1996, 153 ff.
DUDEN, Das Bedeutungswörterbuch, Hrsg.: Dudenredaktion (Duden, Bd. 10), 4. Aufl. 2010
DUDEN, Das Fremdwörterbuch, Hrsg.: Dudenredaktion (Duden, Bd. 5), 10. Aufl. 2010
DUDEN, Das große Wörterbuch der deutschen Sprache, Hrsg.: vom wissenschaftlichen Rat der Dudenredaktion, Band 1: A-Bedi, 3. Aufl. 1999
DUDEN, Das Synonymwörterbuch, Ein Wörterbuch sinnverwandter Wörter, Hrsg.: Dudenredaktion (Duden, Bd. 8), 5. Aufl. 2010

Ebenroth/Boujong/Joost/Strohn, Handelsgesetzbuch, Hrsg.: *Joost, Detlev/ Strohn, Lutz*, Band 1, §§ 1-342e, 2008 (zit.: Ebenroth/Boujong/Joost/ *Bearbeiter* HGB)
Ebermayer, Ludwig/Eichelbaum, Julius/Lobe, Adolf/Rosenberg, Werner: Das Reichs-Strafgesetzbuch mit besonderer Berücksichtigung der Rechtsprechung des Reichsgerichts, 1920
Erdmann, Sven: Die Krisenbegriffe der Insolvenzstraftatbestände (§§ 283 ff. StGB), (Schriften zum Strafrecht; Heft 191), 2007.

Federmann,Rudolf: Bilanzierung nach Handelsrecht, Steuerrecht und IAS/IFRS, Gemeinsamkeiten, Unterschiede und Abhängigkeiten – mit über 180 Abbildungen, 12. Aufl. 2010
Fichtelmann, Helmar: Die Rechtsstellung des Geschäftsführers der GmbH in der Insolvenz der Gesellschaft, GmbHR 2008, 76 ff.
Fischer, Thomas: Strafgesetzbuch (Beck'sche Kurz-Kommentare Band 10), 58. Aufl. 2011
- *ders.*: Anmerkung zu BGH, Urt. v. 12.12.1996 – 4 StR 489/96, WiB 1997, 1030 f.
Floeth, Michael: Anmerkung zu BGH, Beschl. v. 10.02.2009 – 3 StR 372/08 – (Bankrott, Untreue, Abgrenzung, Interessentheorie), (§ 283 StGB, 1/09), EWiR 2009, 589 f.
Flume, Werner: Allgemeiner Teil des Bürgerlichen Rechts, Erster Band, Zweiter Teil, Die juristische Person, 1983
Frankfurter Kommentar zur Insolvenzordnung, Hrsg.: *Wimmer, Klaus*, 4. Aufl. 2006 und 5. Aufl. 2009 (zit.: FK-InsO/*Bearbeiter*)

Fritsche, Stefan: Entwicklungstendenzen der Zustimmungsverwaltung nach §§ 21 Abs. 2 Nr. 2, 2. Alt., 22 Abs. 2 InsO im Insolvenzeröffnungsverfahren, DZWIR 2005, 265 ff.

Frühneuhochdeutsches Wörterbuch, Hrsg.: *Anderson, Robert R./Goebel, Ulrich/ Reichmann, Oskar*, Band 1, 1989

GABLER Wirtschaftslexikon, Band 6, 12. Aufl. 1988

Geers, Marion: Der taugliche Täter im Konkursstrafrecht, Diss. Freiburg im Breisgau 1985

Gerhardt, Walter: Verfügungsbeschränkungen in der Eröffnungsphase und nach Verfahrenseröffnung, in: Kölner Schrift zur Insolvenzordnung, Das neue Insolvenzrecht in der Praxis, Hrsg.: Arbeitskreis für Insolvenz- und Schiedsgerichtswesen e.V., 2. Aufl. 2000, S. 193 ff. (zit.: *Gerhardt*, in: Kölner Schrift zur Insolvenzordnung)

GmbH-Handbuch, Hrsg.: *Centrale für GmbH Dr. Otto Schmidt*, I. Gesellschaftsrecht, Stand: November 2007 (zit.: *Bearbeiter*, in: GmbH-Handbuch)

Gogger, Martin: Insolvenzrecht, Schriftenreihe der Juristischen Schulung, Band 174, 2. Aufl. 2006

Göhler, Erich: Ordnungswidrigkeitengesetz, Beck'sche Kurz-Kommentare, Band 18, 15. Aufl. 2009

Gössel, K.H.: Anmerkung zu BGH, Urt. v. 17.03.1987 – 5 StR 272/86, JR 1988, 256 ff.

Götker, Uwe: Der Geschäftsführer in der Insolvenz der GmbH, Der Einfluss der Insolvenzordnung auf die Rechts- und Pflichtenstellung eines GmbH-Geschäftsführers (Beiträge zum Insolvenzrecht; 21), 1999

Gottwald, Peter: Insolvenzrechts-Handbuch, 4. Aufl. 2010

- *ders.*: Nachtrag „Gesamtvollstreckungsordnung" zum Insolvenzrechts-Handbuch, 1993

Graf-Schlicker, Marie Luise: InsO – Kommentar zur Insolvenzordnung, 2. Aufl. 2010 (zit.: Graf-Schlicker/*Bearbeiter*)

Grimm, Deutsches Wörterbuch von Jacob Grimm und Wilhelm Grimm, Hrsg.: von der Berlin-Brandenburgischen Akademie der Wissenschaften und der Akademie der Wissenschaften zu Göttingen, 2. Band, Neubearbeitung 1998

Groschuff, Hans: Reichsgesetz betreffend die Gesellschaften mit beschränkter Haftung in der am 1. November 1942 geltenden Fassung (Guttentagsche Sammlung Deutscher Reichsgesetze; Nr. 32), 2. Aufl. 1943

Haarmeyer, Hans: Guter Rat bei Insolvenz – Problemlösungen für Schuldner und Gläubiger, 3. Aufl. 2008

Haarmeyer, Hans/Wutzke, Wolfgang/Förster, Karsten: Handbuch zur Insolvenzordnung, InsO/EGInsO, 3. Aufl. 2001

Haarmeyer, Hans/Wutzke, Wolfgang/Förster, Karsten: Präsenzkommentar zur Insolvenzordnung, Bearbeitungsstand: 01.01.2010 (zit.: PK-HWF/*Bearbeiter*)

Hachenburg, Gesetz betreffend die Gesellschaften mit beschränkter Haftung (GmbHG), Hrsg.: *Ulmer, Peter*: Großkommentar, Bd. 2, §§ 35-52; Bd. 3, §§ 53-85; Register, 8. Aufl. 1997 (zit.: Hachenburg/*Bearbeiter*)

Hachenburg, Max: Kommentar zum Gesetz betreffend die Gesellschaften mit beschränkter Haftung (früher Staub-Hachenburg), Bd. 2, §§ 35-84, 5. Aufl. 1927

Hagemeier, Andrea: Anmerkung zu BGH, Beschl. v. 24. März 2009 – 5 StR 353/08, StV 2010, 26 ff.

Hager, Paul Sebastian: Der Bankrott durch Organe juristischer Personen. Zugleich ein umfassender Beitrag zur historischen Entwicklung des Insolvenzstrafrechts (Bochumer Schriften zur Rechtsdogmatik und Kriminalpolitik; Bd. 5), 2007

Häger, Michael: Checkbuch Überschuldung und Sanierung: 18 Checklisten von Krisenerkennung über Fortbestehensprognose bis Sanierungsprüfung, 3. Aufl. 2004

Hahn, Carl: Die gesammten Materialien zu den Reichs-Justizgesetzen. Auf Veranlassung des Kaiserlichen Reichs-Justizamtes. Vierter Band. Materialien zu der Konkursordnung und dem Einführungsgesetz vom 10. Februar 1877, 1898 (zit.: Hahn, Materialien zu der KO)

Hamburger Kommentar zum Insolvenzrecht, Hrsg.: *Schmidt, Andreas*, 3. Aufl. 2009 (zit.: Hmb-Komm InsO/*Bearbeiter*)

Hamburger Leitlinien zum Insolvenzeröffnungsverfahren, Hrsg.: *Frind, Frank/ Rüther, Sönke, Schmidt, Andreas/Wendler, Cornelius*, ZInsO 2004, 24 f.

Harz, Michael/Baumgartner, Uwe/Conrad, Günther: Kriterien der Zahlungsunfähigkeit und der Überschuldung, Stand und Sichtweisen nach knapp sieben Jahren InsO, ZInsO 2005, 1304 ff.

Heidelberger Kommentar zur Insolvenzordnung, Hrsg.: *Kreft, Gerhart*, 5. Aufl. 2008 (zit.: HK-InsO/*Bearbeiter*)

Hellmann, Uwe/Beckemper, Katharina: Wirtschaftsstrafrecht, 3. Aufl. 2010

Helmrich, Jan: Zur Abkehr von der Interessentheorie bei Insolvenzstraftaten (§§ 283-283c StGB) – zugleich eine Besprechung von BGH, Beschl. v. 10.02.2009 – 3 StR 372/08 (LG Oldenburg), ZInsO 2009, 1011 ff. –, ZInsO 2009, 1475 ff.

Hess, Harald: Insolvenzrecht, Großkommentar in drei Bänden, Band I, Kommentar §§ 1-112 InsO, 2007

- *ders.*: Kommentar zur Konkursordnung, 6. Aufl. 1998
Hey, Andreas: Wirtschaftsstraftaten und Wirtschaftsstraftäter in den neuen Bundesländern – Bankrottdelikte, ZAP-Ost Fach 21, S. 197 ff.
Heyn, Michaela: Arbeitshilfen für Insolvenzsachbearbeiter, 2. Aufl. 2010
Hocke, Ernst/Berwald, Siegfried/Maurer, Heinz Dieter/Friedrich, Klaus: Außenwirtschaftsrecht. Gesetze, Verordnungen und Erlasse zum Außenwirtschaftsrecht mit Kommentar, Ordner 1, Stand: Oktober 2010 (zit.: *Bearbeiter*, in: H/B/M/F)

Jaeger, Insolvenzordnung, Großkommentar, Hrsg.: *Henckel, Wolfram/Gerhardt, Walter*, Erster Band, §§ 1-55, 1. Aufl. 2004 (zit.: Jaeger/*Bearbeiter*)
Jaeger, Ernst: Kommentar zur Konkursordnung und den Einführungsgesetzen, 2. Aufl. 1904
Jakobs, Günther: Strafrecht, Allgemeiner Teil: die Grundlagen und die Zurechnungslehre; Lehrbuch, 2. Aufl. 1993 (zit.: Jakobs, AT)
Jescheck, Hans-Heinrich/Weigend, Thomas: Lehrbuch des Strafrechts, Allgemeiner Teil, 5. Aufl. 1996 (zit: Jescheck/Weigend, AT)
Jordan, Adolf-Dietrich: Übungshausarbeit Strafrecht, Jura 1999, 304 ff.
J. von Olsenhausens's Kommentar zum Strafgesetzbuch für das Deutsche Reich, Zweiter Band, 11. Aufl. 1927
J. von Staudingers Kommentar zum Bürgerlichen Gesetzbuch: mit Einführungsgesetz und Nebengesetzen, Buch 2, Recht der Schuldverhältnisse, §§ 255-304 (Leistungsstörungsrecht 1), 2009 (zit.: Staudinger/*Bearbeiter*)

Karlsruher Kommentar zum Gesetz über Ordnungswidrigkeiten, Hrsg.: *Senge, Lothar*, 3. Aufl. 2006 (zit.: KK-OWiG/*Bearbeiter*)
Kasiske, Peter: Existenzgefährdende Eingriffe in das GmbH-Vermögen mit Zustimmung der Gesellschafter als Untreue, wistra 2005, 81 ff.
Kawan, Ulrike: Die strafrechtliche Organ- und Vertreterhaftung (§ 14 StGB) in ihrem normlogischen Begründungszusammenhang, Diss. Hamburg 1992
Keßler, Jürgen: Kapitalerhaltung und normativer Gläubigerschutz in der Einpersonen-GmbH – zum „beiläufigen“ Ende des „qualifizierten faktischen“ GmbH-Konzerns, Besprechung der Entscheidung BGH v. 17.09.2001 – II ZR 178/99, GmbHR 2001, 1036 – „Bremer Vulkan“, GmbHR 2001, 1095 ff.
Kießling, Erik/Singhof, Bernd: Verfügungsbeschränkungen in der vorläufigen Insolvenz – insbesondere zu Grundlagen und Wirkungen besonderer Verfügungsverbote und Zustimmungsvorbehalte –, DZWIR 2000, 353 ff.
Kindhäuser, Urs: NOMOS Kommentar, Lehr- und Praxiskommentar StGB, 4. Aufl. 2010 (zit.: LPK-StGB)

Kindler, Peter/Nachmann, Josef: Handbuch Insolvenzrecht in Europa, 1. Aufl. 2010 (zit.: *Bearbeiter*, in: Kindler/Nachmann, Handbuch Insolvenzrecht in Europa)

Kohlmann, Günter/Pfeiffer, Gerd: Die strafrechtliche Verantwortlichkeit des GmbH-Geschäftsführers, wistra Schriftenreihe, Band 1, 1990

Krekeler, Wilhelm/Werner, Elke: Unternehmer und Strafrecht, 2006

Kübler, Friedrich/Assmann, Heinz-Dieter: Gesellschaftsrecht: Die privatrechtlichen Ordnungsstrukturen und Regelungsprobleme von Verbänden und Unternehmen, 6. Aufl. 2006

Kübler, Bruno M./Prütting, Hanns/Bork, Reinhard: Kommentar zur Insolvenzordnung, Band I, Stand: November 2008

Kühl, Kristian: Strafgesetzbuch Kommentar, 27. Aufl. 2011

Kuhn, Georg/Uhlenbruck, Wilhelm: Konkursordnung, Kommentar, 11. Aufl. 1994

Labsch, Karl Heinz: Die Strafbarkeit des GmbH-Geschäftsführers im Konkurs der GmbH, wistra 1985, 1 ff.; 59 ff.

Lampe, Ernst-Joachim: Unternehmensaushöhlung als Straftat, GA 1987, 241 ff.

Larenz, Karl/Canaris, Claus-Wilhelm: Methodenlehre der Rechtswissenschaft (Studienausgabe), 3. Aufl. 1995

Leipold, Klaus/Schaefer, Torsten: Vermögensverschiebung des GmbH-Geschäftsführers in der Krise – Bankrott oder Untreue? NZG 2009, 937 ff.

Leipziger Kommentar zum Strafgesetzbuch, Hrsg.: *Laufhütte, Heinrich Wilhelm/Rissing-van Saan, Ruth/Tiedemann, Klaus*, Erster Band, Einleitung, §§ 1 bis 31, 12. Aufl. 2007; Dritter Band, §§ 56 bis 79b, 12. Aufl. 2008; Neunter Band, §§ 263 bis 283d, 2. Teilband, §§ 267 bis 283d, 12. Aufl. 2009; Hrsg.: *Jähnke, Burkhard/Laufhütte, Heinrich Wilhelm/Odersky, Walter*, Siebenter Band, §§ 264 bis 302, 11. Aufl. 2005 (zit.: LK/*Bearbeiter*)

Lemke, Michael/Mosbacher, Andreas: Ordnungswidrigkeitengesetz, Kommentar, 2. Aufl. 2005

Liebmann, J./Saenger, A.: Kommentar zum Gesetz betreffend die Gesellschaften mit beschränkter Haftung, 7. Aufl. 1927

Link, Holger: Anmerkung zu BGH, Beschl. v. 10.02.2009 – 3 StR 372/08 – (Bankrott-Strafbarkeit eines GmbH-Geschäftsführers – Interessentheorie), NJW 2009, 2228 f.

Louven, Christoph/Böckmann, Tobias: Ermächtigung des schwachen vorläufigen Insolvenzverwalters zur Begründung von Masseverbindlichkeiten beim Verkauf von Unternehmen, NZI 2004, 128 ff.

Lutter, Marcus/Hommelhoff, Peter: GmbH-Gesetz Kommentar, 17. Aufl. 2009

Mentzel, Franz: Kommentar zur Reichskonkursordnung, 3. Aufl. 1928

Merzbacher, Sigmund: Reichsgesetz betreffend die Gesellschaften mit beschränkter Haftung in der Fassung der Bekanntmachung vom 20. Mai 1898, 8. Aufl. 1922

Meyer, Karl/Bleyer, Joseph: Die Konkursordnung für das Deutsche Reich und ergänzende Gesetze, Handausgabe mit ausführlichen Erläuterungen, 2. Aufl. 1921

Michalski, Lutz: Kommentar zum Gesetz betreffend die Gesellschaften mit beschränkter Haftung (GmbH-Gesetz), Band II, §§ 35-85 GmbHG, §§ 1-4 EGGmbHG, 2. Aufl. 2010

Mittelsdorf, Kathleen: Unternehmensstrafrecht im Kontext, 2007

Mohr, Randolf: Bankrottdelikte und übertragende Sanierung. Zur Konkursstrafbarkeit des GmbH-Geschäftsführers bei Vermögensverschiebungen im Zusammenhang mit der Krise der Gesellschaft, Diss. Bonn 1992

Mohrbutter, Harro/Ringstmeier, Andreas: Handbuch der Insolvenzverwaltung, 8. Aufl. 2007 (zit.: *Bearbeiter*, in: Mohrbutter/Ringstmeier, Insolvenverwaltung)

Müller-Gugenberger, Christian/Bieneck, Klaus: Handbuch des Wirtschaftsstraf- und -ordnungswidrigkeitenrechts, 4. Aufl. 2006 (zit.: Wirtschaftsstrafrecht)

Münchener Anwalts-Handbuch Sanierung und Insolvenz, Hrsg.: *Nerlich, Jörg/ Kreplin, Georg*, 2006 (zit.: Nerlich/Kreplin/*Bearbeiter*, MAH Sanierung und Insolvenz)

Münchener Handbuch des Gesellschaftsrechts, Hrsg.: *Priester, Hans-Joachim/ Mayer, Dieter*, Band 3, Gesellschaft mit beschränkter Haftung, 3. Aufl. 2009 (zit.: *Bearbeiter*, in: Münchener Handbuch des Gesellschaftsrechts)

Münchener Kommentar zum Bürgerlichen Gesetzbuch, Hrsg.: *Säcker, Franz-Jürgen/Rixecker, Roland*, Band 1, Allgemeiner Teil, 1. Halbband, 5. Aufl. 2006 (zit.: MüKo-BGB/*Bearbeiter*)

Münchener Kommentar zum Handelsgesetzbuch, Hrsg.: *Karsten Schmidt*, Band 1, Erstes Buch, Handelsstand, §§ 1-104, 2. Aufl. 2005; Band 4, Drittes Buch, Handelsbücher, §§ 238-342e HGB, 2. Aufl. 2008 (zit.: MüKo-HGB/*Bearbeiter*)

Münchener Kommentar zur Insolvenzordnung, Hrsg.: *Kirchhof, Hans-Peter/ Lwowski, Hans-Jürgen/Stürner, Rolf*, Band 1, §§ 1-102 InsO, Insolvenzrechtliche Vergütungsverordnung (InsVV), 2. Aufl. 2007 (zit.: MüKo-InsO/*Bearbeiter*)

Münchener Kommentar zum Strafgesetzbuch, Hrsg.: *Joecks, Wolfgang/ Miebach, Klaus*, Band 2/1, §§ 52-79b StGB, 2005; Band 4, §§ 263-358 StGB, §§ 1-8, 105, 106 JGG, 2006 (zit.: MüKo/*Bearbeiter*)

Nerlich, Jörg/Römermann, Volker: Insolvenzordnung Kommentar, Stand: September 2010

NOMOS Kommentar, Hrsg.: *Kindhäuser, Urs/Neumann, Ulfrid/Paeffgen, Hans-Ullrich*: Strafgesetzbuch, Band 1 und 2, 3. Aufl. 2010 (zit.: NK/*Bearbeiter*)

Otto, Harro: Grundkurs Strafrecht, Die einzelnen Delikte, 7. Aufl. 2005

Palandt, Otto: Bürgerliches Gesetzbuch, Beck'sche Kurz-Kommentare, Band 7, 70. Aufl. 2011

Pape, Gerhard: Zahlungsunfähigkeit in der Gerichtspraxis, WM 2008, 1949 ff.

Pape, Gerhard/Uhlenbruck, Wilhelm: Insolvenzrecht (Schriftenreihe der Neuen Juristischen Wochenschrift; Bd. 67), 2002

Pelka, Jürgen/Niemann, Walter: Praxis der Rechnungslegung in Insolvenzverfahren, 5. Aufl. 2002

Pelz, Christian: Strafrecht in Krise und Insolvenz, 2004

Penzlin, Dietmar: Kritische Anmerkungen zum Insolvenzeröffnungsgrund der Zahlungsunfähigkeit (§ 17 InsO), NZG 1999, 1203 ff.

- *ders.*: Strafrechtliche Auswirkungen der Insolvenzordnung (Studien zum Wirtschaftsstrafrecht; Bd. 11), 2000

Poertzgen, Christoph: Die künftige Insolvenzverschleppungshaftung nach dem MoMiG, GmbHR 2007, 1258 ff.

Praxis der Kommunalverwaltung, Gesetz über Ordnungswidrigkeiten, Hrsg.: *Köberl, Georg/Effner, Sabine/Schuff, Karl*, Stand: Juli 2008 (zit.: PdK-Bund OWiG)

Radtke, Henning: Die strafrechtliche Organ- und Vertreterhaftung (§ 14 StGB) vor der Neuausrichtung? – zugleich Besprechung von BGH v. 10.02.2009 – 3 StR 372/08 in diesem Heft S. 267 ff. –, JR 2010, 233 ff.

- *ders.*: Anmerkung zu BGH, Beschl. v. 10.02.2009 – 3 StR 372/08 – (Geschäftsführer: Strafbarkeit wegen Beihilfe zum Bankrott; Aufgabe der Interessentheorie durch den BGH?), GmbHR 2009, 875 f.

- *ders.*: Untreue zu Lasten von ausländischen Gesellschaften mit faktischem Sitz in Deutschland? GmbHR 2008, 729 ff.

- *ders.*: Einwilligung und Einverständnis der Gesellschafter bei der sog. GmbH-rechtlichen Untreue (II), GmbHR 1998, 361 ff.

Ransiek, Andreas: Risiko, Pflichtwidrigkeit und Vermögensnachteil bei der Untreue, ZStW 116 (2004), 634 ff.

- *ders.*: Unternehmensstrafrecht: Strafrecht, Verfassungsrecht, Regelungsalternativen (Schriften zum gesamten Wirtschaftsstrafrecht; Bd. 23), 1996

Rebmann, Kurt/Roth, Werner/Herrmann, Siegfried: Gesetz über Ordnungswidrigkeiten, Kommentar, Band 1, 3. Aufl. (Stand: Januar 2003)

Reck, Reinhard: Insolvenzstraftaten und deren Vermeidung (Insolvenzrecht in der Praxis), 1999

- *ders.*: Auswirkungen der Insolvenzordnung auf die GmbH aus strafrechtlicher Sicht, GmbHR 1999, 267 ff.

Reiß, W.: Verdeckte Gewinnausschüttungen und verdeckte Entnahmen als strafbare Untreue des Geschäftsführers? wistra 1989, 81 ff.

Richter, Hans: Der Konkurs der GmbH aus der Sicht der Strafrechtspraxis, GmbHR 1984, 113 ff.; 137 ff.

Rowedder, Heinz/Schmidt-Leithoff, Christian: Gesetz betreffend die Gesellschaften mit beschränkter Haftung (GmbHG), Kommentar, 4. Aufl. 2002 (zit.: Rowedder/Schmidt-Leithoff/*Bearbeiter* GmbHG)

Roxin, Claus: Strafrecht Allgemeiner Teil, Bd. II, Besondere Erscheinungsformen der Straftat, 2003 (zit.: Roxin, AT II)

Runkel, Hans P.: Anwalts-Handbuch Insolvenzrecht, 2. Aufl. 2008 (zit.: *Bearbeiter*, in: Runkel, AHB Insolvenzrecht)

Rüsen, Tom A.: Bedrohung und Chance – Was bedeutet die Krise eines Familienunternehmens für die Inhaberfamilie? Eine Studie gibt Antworten, Creditreform 9/2008, S. 28 ff.

Rüthers, Bernd/Fischer, Christian/Birk, Axel: Rechtstheorie, 5. Aufl. 2010

Satzger, Helmut/Schmitt, Bertram/Widmaier, Gunter: Strafgesetzbuch Kommentar, 1. Aufl. 2009 (zit.: SSW-StGB/*Bearbeiter*)

Schäfer, Carsten: Zur strafrechtlichen Verantwortlichkeit des GmbH-Geschäftsführers (II), GmbHR 1993, 780 ff.

Schäfer, Ernst: Der „Allgemeine Teil" des kommenden Deutschen Strafrechts nach den Ergebnissen der zweiten Lesung der amtlichen Strafrechtskommission, DJ 1935, 1515 ff.

Schäfer, Helmut: Die Entwicklung der Rechtsprechung zum Konkursstrafrecht, wistra 1990, 81 ff.

Schmidt, Karsten: Gesellschaftsrecht, 4. Aufl. 2002

- *ders.*: Handelsrecht, 5. Aufl. 1999

- *ders.*: Insolvenzgesetze: KO/VglO/GesO (Beck'sche Kurz-Kommentare, Bd. 27), 17. Aufl. 1997 (zit.: Kilger/Karsten Schmidt)

Schmidt, Karsten/Uhlenbruck, Wilhelm: Die GmbH in Krise, Sanierung und Insolvenz, 4. Aufl. 2009

Scholz, Franz: Klein-Kommentar zum GmbH.-Gesetz, 1947

- *ders.*: Kommentar zum GmbH-Gesetz in seiner neuesten Fassung, 2. Aufl. 1950

- *ders.*: Kommentar zum GmbH-Gesetz mit Anhang Konzernrecht, I. Band, §§ 1-34, Konzernrecht, 10. Aufl. 2006; II. Band, §§ 35-52, 10. Aufl. 2007; III. Band, §§ 53-85, Nachtrag MoMiG, §§ 1-4 EGGmbHG, 10. Aufl. 2010 (zit.: Scholz/*Bearbeiter* GmbHG)
Schönke, Adolf/Schröder, Horst: Strafgesetzbuch Kommentar, 28. Aufl. 2010 (zit.: S/S/*Bearbeiter*)
Schrader, Siegfried/Uhlenbruck, Wilhelm/Delhaes, Karl: Konkurs- und Vergleichsverfahren (Handbuch der Rechtspraxis; Bd. 3), 5. Aufl. 1990
Schramm, Edward: Untreue durch Insolvenzverwalter, NStZ 2000, 398 ff.
- *ders.*: Untreue und Konsens [Strafrechtliche Abhandlungen, Neue Folge, Band 159], zugleich Diss. Tübingen 2003/2004
Schröder, Olaf: Der erweiterte Täterkreis der Organhaftungsbestimmungen des § 14 Abs. 1 Nr. 1-2 StGB (§ 9 Abs. 1 Nr. 1-2 OWiG), Diss. Berlin 1997
Schulz, Dirk/Bert, Ulrich/Lessing, Holger: Handbuch Insolvenz, 3. Aufl. 2009
Schünemann, Bernd: Unternehmenskriminalität, in: 50 Jahre Bundesgerichtshof, Festgabe aus der Wissenschaft, Band IV, Strafrecht, Strafprozessrecht, 2000, S. 621 ff. (zit.: Schünemann, BGH-FG)
Schwarz, Alexandra: Die Aufgabe der Interessenformel des BGH – Alte Besen kehren gut? Zugleich Anmerkung zu BGH 3 StR 372/08 – Beschluss vom 10. Februar 2009 (BGH HRRS 2009 Nr. 529), HRRS 2009, 341 ff.
Schwarz, Otto: Strafgesetzbuch mit Nebengesetzen und Verordnungen (Beck'sche Kurz-Kommentare; Bd. 10), 19. Aufl. 1956
Schwarz, Otto/Dreher, Eduard: Strafgesetzbuch (Beck'sche Kurz-Kommentare Band 10), 30. Aufl. 1968
Statistisches Bundesamt, Statistisches Jahrbuch 2010, Für die Bundesrepublik Deutschland mit „Internationalen Übersichten“, 2010
Sydow, R./Busch, L./Krieg, O.: Konkursordnung, Vergleichsordnung und Anfechtungsgesetz mit Erläuterungen (Guttentag'sche Sammlung Deutscher Reichsgesetze; Nr. 13), 16. Aufl. 1932
Systematischer Kommentar zum Strafgesetzbuch, Hrsg.: *Rudolphi, Hans-Joachim*, Band I, Allgemeiner Teil (§§ 1-79b), Stand: Februar 2005 (zit.: SK/*Bearbeiter*)

Thiemann, Stephan: Anmerkung zu BGH, Beschluss vom 11.01.2007 – IX ZB 271/04, DZWIR 2007, 254
Tiedemann, Klaus: Wirtschaftsstrafrecht, Besonderer Teil, 2. Aufl. 2008
Tuhr, Andreas von: Der allgemeine Teil des deutschen Bürgerlichen Rechts, Zweiter Band, Erste Hälfte, 1914

Vahs, Dietmar: Organisation. Ein Lehr- und Managementbuch, 7. Aufl. 2009

Vogel, Hermann: GmbH-Gesetz, Kommentar, 1950

Wabnitz, Heinz-Bernd/Janovsky, Thomas: Handbuch des Wirtschafts- und Steuerstrafrechts, 2. Aufl. 2004 und 3. Aufl. 2007

Wahrig, Deutsches Wörterbuch, Hrsg.: *Wahrig-Burfeind, Renate*, Das universelle Standardwerk zur deutschen Gegenwartssprache, Mit einem Lexikon der Sprachlehre, 8. Aufl. 2006

Warneyer, Otto/Koppe, Fritz: Das Reichsgesetz betreffend die Gesellschaften mit beschränkter Haftung vom 20. April 1892/20. Mai 1898 in der seit dem 28. März 1924 geltenden Fassung, 1924

Weber, Ulrich: Anmerkung zu BGH, Urt. v. 6. November 1986 – 1 StR 327/86, StV 1988, 16 ff.

Wegner, Carsten: Anmerkung zu BGH, Beschl. v. 23. Mai 2007 – 1 StR 88/07, wistra 2007, 386 ff.

Wehleit, Burkhard: Die Abgrenzung von Bankrott und Untreue, Zugleich ein Beitrag zur strafrechtlichen Vertreterhaftung, Diss. Kiel 1985

Wessels, Johannes/Beulke, Werner: Strafrecht Allgemeiner Teil, Die Straftat und ihr Aufbau, 40. Aufl. 2010 (zit.: AT)

Wessels, Johannes/Hillenkamp, Thomas: Strafrecht Besonderer Teil/2, Straftaten gegen Vermögenswerte, 33. Aufl. 2010 (zit.: BT/2)

Weyand, Raimund/Diversy, Judith: Insolvenzdelikte, Unternehmenszusammenbruch und Strafrecht, 8. Aufl. 2010

Wiesener, Axel: Die strafrechtliche Verantwortlichkeit von Stellvertretern und Organen, Diss. Bochum 1971

Winkelbauer, Wolfgang: Strafrechtlicher Gläubigerschutz im Konkurs der KG und der GmbH & Co. KG, wistra 1986, 17 ff.

Winkler, Walter: Interessentheorie beim eigennützigen Beiseiteschaffen durch einen GmbH-Geschäftsführer, Anmerkung zu BGH, Beschl. v. 10.02.2009 – 3 StR 372/08, jurisPR-StrafR, Hrsg.: *Janssen, Gerhard*, Ausgabe: 16/2009, Erscheinungsdatum: 05.08.2009

Winnefeld, Robert: Bilanz-Handbuch: Handels- und Steuerbilanz, rechtsformspezifisches Bilanzrecht, bilanzielle Sonderfragen, Sonderbilanzen, IAS/US-GAAP, 4. Aufl. 2006

Wohlers, Wolfgang/Kudlich, Hans: Literaturbericht Wirtschaftsstrafrecht, ZStW 118 (2006), 717 ff.

Zippelius, Reinhold: Juristische Methodenlehre, 10. Aufl. 2006

Tobias Rösner

Verlust des Stammkapitals und Geschäftsführerhaftung in der GmbH

Ein deutsch-spanischer Rechtsvergleich

Frankfurt am Main, Berlin, Bern, Bruxelles, New York, Oxford, Wien, 2009.
XXX, 191 S.
Schriften der Deutsch-Spanischen Juristenvereinigung.
Herausgegeben von der Deutsch-Spanischen Juristenvereinigung. Bd. 29
ISBN 978-3-631-57710-3 · br. € 39.–*

Der Autor befasst sich in dieser rechtsvergleichenden Untersuchung mit Fragen der Geschäftsführerhaftung im deutschen und spanischen GmbH-Recht. Nach einem einleitenden Teil beginnt er mit einer detaillierten Darstellung aller wesentlichen Anspruchsgrundlagen der Verwalterhaftung in der Sociedad de Responsabilidad Limitada (SRL), die das Werk auch für den deutschsprachigen Praktiker interessant macht. Ein Schwerpunkt liegt bei der Haftung für Verbindlichkeiten der Gesellschaft (Art. 105 Abs. 5 LSRL), insbesondere bei Verstoß gegen Handlungspflichten bei Verlust von 50 % des Stammkapitals. Aufgrund der weitgehend parallelen Regelungen gelten die meisten Erkenntnisse auch für die spanische Sociedad Anónima (SA). Der anschließende Rechtsvergleich prüft, inwieweit die gewonnenen Ergebnisse für die deutsche Rechtsordnung fruchtbar gemacht werden können. Neben anderen Reformen wird zur Verbesserung des Gläubigerschutzes die Einführung einer Sanierungspflicht bei Absinken des Gesellschaftsvermögens unter einen Wert von 50 % des Stammkapitals vorgeschlagen. Die Gesetzesänderungen durch das MoMiG werden in der vom Bundestag im Juni 2008 beschlossenen Fassung berücksichtigt.

Aus dem Inhalt: Entwicklung des spanischen GmbH-Rechts · Organisation des Geschäftsleitungsorgans · Allgemeine Innenhaftung · Allgemeine Außenhaftung · Haftung für Verbindlichkeiten der Gesellschaft bei Nichtauflösung (Art. 105 Abs. 5 LSRL) · u.v.m.

Frankfurt am Main · Berlin · Bern · Bruxelles · New York · Oxford · Wien
Auslieferung: Verlag Peter Lang AG
Moosstr. 1, CH-2542 Pieterlen
Telefax 0041 (0) 32 / 376 17 27

*inklusive der in Deutschland gültigen Mehrwertsteuer
Preisänderungen vorbehalten

Homepage http://www.peterlang.de